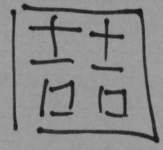

일본을 생각하다

목근춘추
3
—

목근회 편

한음출판

| 책머리에 |

목근회는 반일 정서가 남아 있는 사회적·시대적 배경 하에 한국의 일본학계에서 연구와 교육에 종사하다 정년퇴직한 교수들의 친목 모임이다. 회원 서로의 건강과 여가선용 등에 대한 정보를 교환하고 친목을 도모하기 위해 1998년 3월 7일 발족하였다. 발족 당시 12명이던 회원이 총 25명이 되었다. 그러나 22년이라는 세월이 흐르는 동안 기개가 충만하던 초로들이 백발이 되었으며, 유감스럽게도 발기 회원 9명은 이미 유명을 달리하였다. 이래 선배 교수들의 유지(有志)를 이어받아 후배 교수들이 입회, 세대 간의 문화와 정서의 간극을 초월하여 화합과 기쁨으로 모임의 조직과 전통을 이어가고 있다.

목근회는 회원 상호 간의 연대를 도모하고 지적 호기심을 자기 향상의 기회로 공유하고자 2006년 12월에 첫 번째 문집 『구름 따라 세월 따라』를 발간하였으며, 2014년 10월에는 두 번째 문집 『목근춘추(木槿春秋)』를 발간하였다. 지금 와서 돌이켜보면 초창기의 일본학 분야의 연구와 교육 환경의 열악함은 아득한 기억으로 잊히기 쉽다. 그 혼란스럽던 시기, 각 대학에서 혼신의 힘을 쏟은 노력을 조금이나마 기억에 새기고자 이번에 『일본을 생각하다―목근춘추 3』을 새롭게 발간하게 되었다.

이 문집은 목근회 정기모임 등에서 발표한 내용과 평소 관심을 갖는 분야 등으로 이루어져 있다. 구체적으로는 '일본 문화·문학론'을 비롯해 '한일 교류와 소통', '일본에 대한 사고', '기억의 의미' 등이다. 이 문집은 집필자들의 학문적 연구 성과를 발표하는 본격적인 학술서가 아니라, 오히려 다양한 분야에 걸쳐 각자의 스타일에 맞게 자유롭게 기술한 글모음집이라 할 수 있다. 따라서 내용도 필자 각자의 몫이고, 테마의 선정이나 분량의 제한, 문체의 통일 등이 이루어져 있지 않다. 이 점 양해를 바란다.

  이 문집이 성공적으로 간행된 것은 전체 회원 여러분의 힘의 결집에 의한 하나의 도정(道程)의 계승으로 회원 전체의 크나큰 기쁨이라 하겠다. 끝으로 목근회가 회원들의 의미 있는 만남의 장으로 영속되기를 희망하며, 과거를 뒤돌아보고 지금껏 계승해 온 성과가 더욱 발전하여 다음 세대로 전승되기를 희구하는 바이다.

2020년 11월 일
목근회 회장 **임영철**

책머리에 ·· 3

01 일본 문화·문학론

일본적 문화 패턴에 관하여—죽음의 미의식 | 황윤주 ·· 9
사상으로 본 나쓰메 소세키—문명론을 중심으로 | 김태정 ·· 31
일본문학에 나타난 질병과 치유—『겐지 이야기』를 중심으로 | 김종덕 ·· 39

02 한·일 교류와 소통

일본인과의 커뮤니케이션 | 임영철 ·· 67
일본 수상 '사토 에이사쿠'와의 만남 | 신근재 ·· 93
한일 고유문자의 발명과 여류문학—한글과 가나 | 김종덕 ·· 103
모리 오가이와 한국, 그리고 나 | 최재철 ·· 129

03 보물과 가극과 꽃과

보물 제285호 '금동보살입상'과 관련한 미스터리 | 신근재 ·· 157
가극 「나비부인」에 대하여 | 이종덕 ·· 171
꽃 싸움 놀음 | 이덕봉 ·· 183

04 일본에 대한 사고

일제말 창씨개명의 실제 | 이종덕 ·· 197
'82년생 김지영' 신드롬 | 이덕봉 ·· 229
친일 반일 극일 | 유상희 ·· 245

05 기억의 의미

기독교 신자가 되다 | 박희태 ·· 259
나는 사적(史蹟) 속에 산다 | 황윤주 ·· 265
잊히지 않는 일 | 유상희 ·· 283
나의 가족사 단편 | 김태정 ·· 309
나의 롤 모델 서송 선생님을 기리며 | 유상희 ·· 331
증정 받은 책과 일본 저자와의 만남
　―작고한 세 분의 기억과 오에 켄자부로를 중심으로 | 최재철 ·· 339

부록

보물 · 국보 ·· 368
필자소개 ·· 370
목근회 이모저모 ·· 373
목근회 발자취 ·· 375
편집후기 ·· 382

일본을 생각하다
목근춘추 3

일본 문화·문학론

일본적 문화 패턴에 관하여
- 죽음의 미의식 -

황윤주

머리말

이 세상에 죽음을 피할 수 있는 장사는 없다. 생자는 필멸이다. 그런데 그 죽음을 굳이 앞당겨 자청하는 사람들이 있으니 그들의 속사정은 무엇일까? 저마다 서로 다른 사연들이 있겠지만, 대개는 생의 의의를 상실하였거나, 그렇지 아니하면 더 살고 싶어도 여건이 그것을 허락지 아니하여 하는 수 없이 죽음을 택하는 것이리라. 말하자면 죽을 수밖에 없기 때문에 죽는 것이다.

일본에서 최초로 노벨문학상을 수상한 가와바타 야스나리(川端康成)씨는 그 영광의 정상에서 어느 날 이렇다 할 말 한마디 없이 이 세상을 떠났다. 도쿄대(東京大) 출신의 미남 작가인 미시마 유키오(三島由紀夫)씨도 그 인기가 절정인 때에 갑자기 스스로 할복 자결로서 세인의 아쉬움을 한 몸에 샀다. 천황의 영정이 불의의 화재로 소실된 것을 번뇌하던 끝에 목매 죽은 어느 소학교의 교장 선생. 천황의 사망을 애통해 하다못해 부인과 함께 할복 자결한 어느 유명한 장군. 심지어는 부하 직원의 부정대출 사건이 세상에 알려지자 단지 상사로서 면목을 잃었다고 하여 자살한 어느 은행 지점장. 예를 들자면 끝도 없는 일본인들의 자살 행진은 대관절 그 연유가 어디에 있을까.

일본인의 사생관은 육신은 죽어도 영혼은 남는다고 하는 영혼불멸형이다. 죽는 것은 가치관이 변한 세계로 가는 것이므로 비교적 편한 마음으로라고 할까, 담백하게 죽어간다. 이와 같은 발상에 불을 당긴 것이 불교의 왕생사상이다.

영혼의 불멸을 믿고 '깨끗하게 죽어가는'지는 더 두고 생각해 볼 일이지만, 일본인들의 죽음을 대하는 자세가 특이한 것만은 분명하다. '정사(心中)'·'切腹儀式(할복의식)'·'葉隱精神(하가쿠레, 무사도 정신)' 등이 그것인데, 이러한 사례들을 통하여 일본인들의 또 다른 모습을 엿봄으로써 그들이 갖고 있는 특유의 문화 패턴(pattern)이 무엇인가를 탐색해보기로 하겠다.

정사(心中)

'신쥬(心中)'가 무엇이냐고 물으면 '정사(情死)'라고 대답한다. 그리고 정사는 남녀가 함께 자살하는 것을 말한다. 이 세상에서 못다 이룬 사랑을 저승에 가서 이루자는 것이다.

일곱 번 종이 칠 때 함께 죽는데, 여섯 번 종이 울려 남은 한 번이 이승에서 들어보는 마지막 종소리…
(七つの時が六つ鳴りて、残る一つが今生の、鐘の響きの聞きおさめ…)
- 치카마쓰(近松)의 「소네자키 정사(曾根崎心中)」

이 밤으로 작별하는 그믐달마저, 어느새 꺼져버린 쓸쓸한 바다. 저 멀리 고깃배의 희미한 불빛, 눈물이 앞을 가려 보기 어렵네. 이 세상 못다 이룬 두 사람의 사랑, 참으로 덧없고 허망하구나.
(今宵名残りの三日月も 消えて淋しき相模灘 涙にうるむ漁火に この世の恋の儚さよ)

우리 둘의 사랑은 청결하였다. 하나님만이 알아줄 거야. 죽어서 행복한 하늘나라에서 당신의 아내가 되고말고요.
(二人の恋は清かった。神様だけがご存知よ。死んで楽しい 天国であなたの妻になりますわ。)
- 사이죠 야소(西條八十)

1703년, 겐로쿠(元禄) 16년에 작가 치카마쓰 몬자에몬(近松門左衛門)이 쓴 「소네자키 정사(曾根崎心中)」는 오사카의 간장집 주인 히라노야 규에몬(平野屋久右衛門)의 대리인인 도쿠베(徳兵衛)가 덴만야(天満屋)의 오하쓰(お初)라는 여자와 함께 소네자키 덴신(曾根崎天神)의 숲속에서 이루지 못한 사랑을 한스러워하며 정사한다는 내용의 소설인데, 그 이후로 신쥬=정사라고 하는 개념이 일반화되었다.

그러나 신쥬의 의미는 처음에는 반드시 남녀의 정사만을 의미하지는 않았다.

필경 저마저 그렇게 매정한 인간으로 여기시지만 제가 당신을 생각하는 진실한 마음은 바로 이와 같을진데 그것을 서약문으로 적어 드리오리까.
(さだめてわれらをも左様にし(客に冷たくすること)おぼしめし候わんが、わが身のしんじうは此のとおりなどとせいしをかいてみすべし。)

윗글은 유녀평판기(遊女評判記)의 일종인 「비전서(秘傳書)」에 나오는 글인데, 유녀(遊女)가 손님을 접대하는 법을 서술한 대목으로서 문중의 'しんじう(しんじゅう)' 즉, '心中'는 '당신(손님)을 생각하는 마음', '손님을 생각하는 유녀의 진심의 심도'라는 뜻이다. 그러니까 신쥬는 겐로쿠 이전에는 '애정의 표현'을 의미하는 말이었다. 당시에 통용되었던 '心中'라는 말의 구체적 의미로는 다음과 같은 것이 있다.

① かみきり(가미키리): 유녀가 머리카락을 잘라 진심을 표함
② せいし(세이시): 유녀가 서약서를 써서 진심을 표함
③ つめ(쓰메): 유녀가 손톱을 뽑아서 진심을 표함
④ 入ぼくろ(이레보쿠로): 유녀가 문신을 하여 진심을 표함
⑤ ちぶみ(치부미): 유녀가 혈서로써 진심을 표함
⑥ 指切り(유비키리): 유녀가 단지로써 진심을 표함

이와 같은 행위로써 손님에게 애정을 표현한 것이었다. 이처럼 '신쥬'의 본뜻은 진심을 표시하는 것, 애정을 표증하는 것에서 차츰 함의의 '성적 공동자살' 즉, 남녀의 정사로 그 말뜻이 변하여 갔다. 현세에서 이룰 수 없었던 사랑을 사랑하는 사람과 함께 죽음으로써 얻을 수 있는 지복감은 마침내,

저만 행복한 죽음의 방법을 택해 미안합니다.
(私ばかり幸わせな死に方をしてすみません。)
- 다자이 오사무(太宰治)의 애인, 야마자키 도미에(山崎富栄)의 유서에서

함께 죽어서 더 없이 행복한 두 얼굴
(死に切ってうれしそうなる顔二つ。)

등과 같이 정사의 비장미, 충족감을 노래하기에 이르렀다. 그리하여 남녀의 성애에 의한 동행 자살은 겐로쿠 시대에 만개하더니 차츰 관서에서 관동쪽으로 확대하여 문학에서, 예능에서 또는 시정에서 선망의 현장으로까지 되기에 이르렀다.
  이하 '신쥬(정사)'의 사례를 몇 가지 들면서 '신쥬'에 관한 실감적인 이해를 유발토록 해보겠다.

사례 1. 이마도(今戶) 사건 - 1885년(메이지 18년)

  유곽(공창)의 유녀(娼女)인 요시자토(吉里)의 애인은 히라타(平田). 그런데 요시자토를 따로 열렬하게 짝사랑하는 남자는 젠키치(善吉). 요시자토를 좋아해 자주 유곽을 드나들기를 근 일년 동안 반복하던 중 점포를 날리고 아내가 가출을 하고 끝내 파산지경에 이르게 된 젠키치가 죽음을 결심하고 이 세상을 하직하기 전에 한번만 더 요시자토를 만나보려고 어느날 저녁 요시자토를 찾아온다.
  그러나 가는 날이 마침 장날이라고 요시자토의 방에는 선객이 있었으니 바로 히라타 그 사람이었다. 히라타와 요시자토는 젠키치를 밖에서 기

다리게 한 채 밤새 떨어질 줄 몰랐다. 그들은 이 밤이 최후의 만찬으로서 동이 트면 영원히 작별하여야만 하는 것이었다. 왜냐하면 집안 형편으로 히라타는 향리로 멀리 내려가야 했기 때문이다. 히라타가 돌아간 다음 밤새도록 대기실에서 뜬눈으로 새웠던 젠키치가 히라타와의 이별로 눈이 부은 요시자토를 찾아 그녀의 방으로 안내되었을 때 뜻밖에도 따뜻하고 상냥하게 맞아주는 요시자토의 환대에 젠키치는 눈이 휘둥그레졌다. 슬픔의 절정에서 자기 따위는 안중에도 없었어야 할 경황인데, 그러나 요시자토는 젠키치를 끌어안고 전에 없이 뜨거운 사랑 속에 제 몸을 불사르는 것이었다. 그들은 그렇게 꼬박 사흘 밤낮을 보냈다. 며칠 후, 요시자토는 히라타의 친구의 애인인 유녀 고만(小万)에게 그동안 히라타로부터 받은 연서를 다발로 묶어서 히라타에게 전해주도록 부탁하였다. 고만은 우선 그 편지 다발을 풀어보았다. 그 속에는 자기(요시자토)는 이 세상을 하직한다는 유서와 몇 장의 사진이 들어있었는데 특히 히라타와 자기의 사진을 앞뒤로 한장이 되게 붙이고 그곳에는 심(心)자를 써서 십자로 묶여있는 것이 눈에 띄었다. 당신과 나는 영원히 일심동체라는 뜻이리라. 히라타가 내 곁에 없는 세상, 더 살아서 무엇하랴 싶었으리라.

다음날 정오. 이마도 다리 아래 남녀 한쌍의 신발이 놓여 있었고 스미다가와(隅田川) 상류에는 여인의 시체가 하나 떠있었다. 요시자토였다.

그러나 또 하나의 신발의 주인공, 딴 남자를 사랑해서 죽어가는 요시자토를 좋아해 함께 명도의 길벗이 된 젠키치의 사체는 영영 보이지 않았다.

사례 2. 치바(千葉) 정사 - 1916년(다이쇼 5년)

구라모치 리쿠스케(倉持陸助·24세)는 그 해 6월에 염원하였던 자동차 면허증을 받았다. 그 무렵 전국적으로 면허증을 가지고 있는 사람은 극소수였기에 금방 취직이 되었다. 종이위훈일등백작(從二位勳一等伯爵)이자 추밀원부의장(樞密院副議長)이던 요시카와 아키마사(芳川顕正)의 운전수. 정확하게는 백작의 딸인 당시 27세인 유부녀 가마코(鎌子)의 전속 운전수였다. 요시카와 가마코는 16세 때 소네(曾禰) 자작의 차남 히로하루(寬治)를 입양하여 남편으로 삼고 다섯살 난 딸이 있었다. 그러나 남편 히로하루는 밤마다 신바시(新橋)나 야나기바시(柳橋)의 유녀들과 놀아났고 가마코는 남아도는 시간과 돈을 주체할 수 없어 매일같이 구라모치가 운전하는 자가용을 몰고 외식, 쇼핑 그리고는 교외로 드라이브나 하는 것이 소일의 전부였다. 차내에는 젊은 운전수와 젊은 유부녀 단 두 사람뿐. 그들은 어느새 신분의 장벽을 넘어 육교(肉交)에 몰입하였다.

이듬 해인 1917년 3월 4일 아침, 가마코는 병을 핑계삼아 시골 온천장으로 요양간다고 하면서 신변정리를 말끔히 끝냈다. 그리고 이틀 뒤인 6일 아침에는 운전수인 구라모치로부터 요시카와가 집사에게 이틀간의 휴가원이 제출되었다. 사전에 그들은 그렇게 짜고 그날 오후 2시 가마코는 료고쿠바시(兩國橋)에서 기다리고 있던 구라모치와 함께 치바현립사범학교 근처를 지나는 화물열차에 몸을 던졌다.

> 아아, 이른 봄날 저녁 나절
> 사랑에 번뇌하는 여인(麗人)의
> 하얀 손가락에 반짝이는

다이아 반지에 시름이 서리는구나
아아, 치바행 막차를 타려고
료고쿠바시의 정거장에서
손을 마주 잡는 그림자 둘
치바로 치바로 죽음으로 죽음으로

치바의 여인숙 가와타(河田)여관에서
잠시 동안 눈물로 지새는 잠자리
꿀보다도 달콤한 사랑의 그 맛
죽음도 두렵지 않은 사랑의 그 맛
엉크러진 머리카락의 아름다움이여
여신을 떼다 박은 잠든 그 얼굴
달님도 시기하듯 들여다보는
어슴푸레 먼동 트는 유리창인저.

- 이시다 이치마쓰(石田一松)「치바신쥬의 노래(千葉心中の歌)」

사례 3. 철학 정사

다이쇼 10년(1921) 여름, 음악학교에서「노무라 와이한(野村隈畔) 철학강습회」가 열렸다. 철학자요, 문명비평가인 노무라 와이한에게 그해 그곳을 갓 졸업한 24세의 오카모토 우메코(岡本梅子)가 타는 듯한 시선을 보내고 있었다. 그리고 그들은 불륜의 사랑을 불태우며 그해 가을 증발해버렸다. 10월 4일, 이치카와(市川)의 여관에서 노무라는 "영원한 세계를 동경하는 자를 속인들이 알 턱이 있겠는가. 제 아무리 세론이 떠들어대고 비난하더라도 우리들의 세계, 우리들의 마음을 알 턱이 없다."라고 일기에 적어놓았다. 19일자에서는 "유한한 현세(現世)에 태어나 영겁무한의 세계로 떠난다."로 끝을 맺고 있다. 그 다음날 이치카와의 강물에 투신한 두 사람의 사체를 익일인 11월 5일에야 쓰다누마(津田沼)의 해중에서 발견하였다. 24세의 음악전공 여성은 34세의 철학자 양쪽 소매에 두 팔을 넣고 (일본 옷은 소매가 헐렁함) 사내의 등을 꼭 껴안은 채 이인동체가 되어 있었다.

사례 4. 후지산록 정사

기타가와 사부로(北川三郎)는 당년 31세로 도쿄고등학교 교수직에 있으면서 H.G.웰즈(Wells)의 「세계문화사대계」를 번역하였다. 이따금 머리를 식히기 위하여 하숙집 가까이에 있는 롯폰기(六本木)의 세이시도(誠志堂)식당에 가서 여급인 18세의 고바야시 요네(小林よね)와 잡담을 하곤 했다. 그러던 중 어느 새 그들은 사랑에 빠지고 신분의 차이 때문에 현실의 갈등을 느끼게 되었다. 고바야시의 집에서는 그들의 결합을 불안해 하면서도 가문의 영광으로 알고 있었으나 기타가와집에서는 한사코 반대했다. 그래도 결혼을 하겠다면 호적에서 빼겠다는 것이다. 쇼와 3년(1928) 3월 6일. 두 사람은 후지산록전철로 후지요시다(富士吉田)역에 하차. 가와구치코(河口湖)호텔에 묵었다. 8일 아침, 두 사람은 호수를 건너 동굴 속에서 수면제를 다량으로 마시고 죽음을 청했다. 그날 밤 기타가와는 잠에서 깨어났다. 그러나 고바야시는 이미 옆에서 숨져 있었다. 기타가와는 자기가 걸치고 있는 옷을 몽땅 벗어 그녀의 시체를 덮어주고 팬티 하나만 걸친 채 9일 아침 내리기 시작한 눈보라 속을 헤매고 또 헤매면서 동사할 때까지 멈추지 않았다. 그가 끝내 힘이 다해 쓰러져 서서히 몸이 식어간 것은 일주일 뒤인 16일이었다. 장인 앞으로 남긴 유서에는 다음과 같은 글이 적혀져 있었다.

제가 찾고 있던 사람, 제가 생각하고 있었던 사람이 바로 요네였습니다. 저는 요네의 신체의 모든 곳을 제 것으로 만들었습니다. 제가 지난번 찾아뵙던 때가 저의 결혼일이었고 그리고 지금 둘이서 집을 뛰쳐나온 것이 신혼여행인 셈입니다. 한발 먼저 천국으로 가서 기다리겠습니다.
장인께서 오시게 될 때는 요네의 손을 잡고 원만한 부부의 모습으로 인사를 올리겠습니다. 기타가와 사부로

그 밖에도 사카타야마 정사(坂田山心中), 아마기야마 정사(天城山心中), 아리시마 다케오(有島武郎)와 하타노 아키코(波多野秋子)의 가루이자와 정사(軽井沢心中), 다자이 오사무(太宰治)와 야마자키 도미에(山崎富栄)의 다마가와죠스이 정사(玉川上水心中), 마쓰이 스마코(松井須磨子)가 시마무라 호게츠(島村抱月)의 급사에 충격을 받고 뒤따라 자살하여 뒤따른 정사(後追い心中), 모리타 소헤이(森田草平)와 히라쓰카 하루코(平塚明子)의 시오바라오바나(塩原尾花)고개의 정사 미수 등 저명인사들의 정사사건도 많이 있으나 꽁무니를 빼는 경우도 없지 아니하였으니, 다음에 소개하는 가부키 교겐(狂言)인「도리베야마 정사(鳥辺山心中)」는 그와 같은 정서를 아주 코믹하게 잘 풍자해 주고 있다.

시치베(七兵衛) 말하기를,
"여봐요. 오마쓰(お松), 당신이 좀 보자고 쪽지를 보내서 이렇게 달려 왔소이다."
"다름 아니라 제 일신상에 죽지 않으면 아니 될 일이 생겨, 늘 죽으려면 언제든지 함께 죽자고 했던 그대와의 약속이 생각나서 쪽지를 보냈지요."

"그래서 함께 죽자 그거로군. 아암, 그래야지. 그런데 깜박 잊은 것이 있어. 내 얼른 갔다올게."
"그게 뭔데요?"
"유서를 안 써놓고 왔걸랑."
"그것은 제가 벌써 써놓고 그 안에 저와 당신 이름을 밝혀놓았으므로 안심해도 돼요."
"뭐라고? 여자가 써놓다니, 내가 뭐라고 쓸지도 모르면서! 이건 남자를 모독한 짓이야."
"어머, 지금 죽는 마당인데 기분을 상하시면 안 되잖아요."
"죽는 일이 뭐가 좋아서 싱글벙글 해야 하나."
"아니, 당신은 겁쟁이. 죽기 싫은 거군요."
"사나이를 겁쟁이라니. 암, 깨끗이 죽어주지. 그렇지만 목매 죽는 따위는 안 하겠어. (허리에 차는) 칼을 놓고 왔단 말씀이야. 얼른 가서 가져올게."
"허구헌 날, 당신은 칼을 차고 다니지 않았잖아요. 그래서 이런 일이 있을 줄 알고 (술집 기생이므로) 주인 남자의 단도를 슬쩍해 가지고 왔거든요."
하면서 큰 보자기를 풀고 꺼내본 즉
"훔친 물건으론 (함께) 죽을 수 없어. 여자답게 면도칼 같은 것을 준비했음 직도 한데(고작 단도야?)"
오마쓰 그 소리를 듣고
"단도가 잘 들지 않을 경우도 생각해서 면도칼도 두개 가지고 왔거든요."
하고 꺼내 보인 즉, 시치베 풀이 죽어서
"하는 수 없군. 죽어야지. 그런데 여기는 진드기가 많아서 좋지 않아."
투덜대며 (한사코) 죽기를 주저하면서 (죽기에) 마땅한 곳을 찾아 장소를 (이리저리) 더듬고 있는데, (또 다른 정사 애인 사이인) 겐고베(源五兵衛)와 오만(おまん)이 함께 나타나더니
"응, 여기가 인적이 뜸해서 (죽기에) 좋겠군."
하며 웃도리를 벗기 시작하자 (그 광경을 숨어서) 시치베가 보고는

"저자들은 신쥬(정사)하러 온 모양이로군. (아아) 오늘은 신쥬 날이구나."

오만과 겐고베가 함께 죽는 장면을 보자 사지가 떨려서 (더 이상) 못 참고 도망치자

"여봐요. 어딜 도망치려는 거예요."

고함지르며 면도칼을 든 채 뒤를 쫓노라면

"사람 살려요! 누구 없어요! 누구 없어요!"

(또한) 고함지르며 내달으면서 절간의 중이나 그 밖에 많은 사람들이 모여드는 그 속에 파묻히듯 도망쳐 사라져버리니 불신쥬(不心中)야말로 (참으로) 웃기는 일이로구나.

할복(切腹)

일본인들에게는 장렬한 죽음이 인간의 인격이나 결백성 또는 그 사람의 성격이 아름다운 것을 표현해준다고 하는 발상이 있는가 보다.

게이오 4년(1868), 메이지 유신 무렵에 사카이(堺)사건이라는 것이 있었다. 사카이를 경비중이던 도사(土佐)번병(시코쿠)이 프랑스 수병 11명을 살해한 사건으로 그 때문에 프랑스 정부로부터 관계자의 단죄와 배상을 요구받아, 도사번병이 묘코쿠지(妙國寺)에서 프랑스 공사의 임석하에 차례차례 할복한 사건이다.

제6번 대장이던 미노우라 이노키치(箕浦猪之吉)가 배를 가르는 차례가 왔다. 미노우라는 할복을 하고서도 "가이샤쿠(介錯)를 하시오(목을 치세요)"라고 청을 하지 않는 것이었다. 옆에 서있는 가이샤쿠인은 그의 목을 칠 수가 없었다. 하는 수 없이 잠자코 있자니까 미노우라 대장은 스스로

내장을 끄집어 내 앞에다 나란히 정리한 후에 손에 묻은 피로 사세(辞世)를 쓴 다음 남아있는 내장을 움켜쥐더니 냅다 프랑스 공사의 면전으로 던지니 공사가 기겁을 하여 할복은 중지되었다. 그러나 남은 도사번병들은 죽지 않아도 된다는 것이 돌이킬 수 없는 수치라고 화를 내면서 이튿날 모두가 오사카의 오에(大江)다리 부근에서 할복했다.

이 사건에서 미노우라 대장이 행한 할복 방법은 배를 십자형으로 가르는 방법이다. 십자형으로 절단한 다음 앉은 자세이므로 심장, 폐, 위 등에 눌려서 저절로 밀려 나온 장기들을 한곳에 모아놓은 다음 숨을 거두었던 것이다. 오늘날 생각하면 극적인 장면으로밖에 보이지 않지만 그렇게 하고 있는 본인은 자학성이 강할수록 장렬해서 그만큼 영혼이 재생산된다고 믿고 있었으므로 웃을 일이 아니었다.

사람이 스스로 자기의 배를 가르고 죽는다. 이와 같은 할복이라는 형식의 자살의 발생 시기는 언제부터였을까? 대체로 할복도 다른 문화, 풍속들이 그러했던 것처럼 고대에 중국에서 유입된 것이었다. 이미 전한서(前漢書)에는 한고조(漢高祖, B.C.202)때 전횡(田橫)이라는 사람이 할복하여 충의의 표본을 보였다는 기록이 있는데, 이것은 기록상의 효시일 뿐, 사실관계는 그 이전부터 있었다고 보아야 한다. 한나라 초기라고 하면 아직 일본에서는 할복에 사용하는 철기조차 없던 때이므로 일본에서 행해진 시기는 훨씬 후대이어야 한다. 988년에 후지와라노 야스스케(藤原保輔)라는 도적이 체포되는 순간에 할복하고 말았다는 기록이 어딘가 있다고 하는데, 아마도 이것이 일본 역사상 최고(最古)의 할복이 아닌가 한다. 무사계급의 발흥과 함께 할복은 일본 무사들의 자살방법으로 채용되기에 이르고, 그것은 후술하는 바와 같은 형식미를 갖추고 장렬함을 과시하는 지경으로 발전하게 되는데, 사실 자살방법으로서는 미련하기 그지없는 것이었으니, 까닭인즉 배를 가르는 것만으로는 고통만 있을 뿐 얼른 죽지 않기 때문이다. 예컨대, 1185년 교토에서 전사한 미나모토노 요시쓰네(源義経)의 부하인 사토 다다노부(佐藤忠信)는 큰 칼 끝을 움켜쥐고 왼쪽 옆구리에 푹 찌른 다음 오른 쪽으로 힘차게 긋고 또 다시 가슴에 꽂은 다음 배꼽 아래까지 내려 그은 후 내장을 움켜쥐고 밖으로 집어냈는데도 쉽게 숨이 끊어지지 않자, 칼을 입에 물고 앞으로 엎어지면서 겨우 숨을 거두었다고 한다. 그럼에도 불구하고 할복이 선택된 것은 인체 각 부분 중에서 인간의 소중한 혼이 담겨진 곳이 복중(腹中)이라고 믿어왔기 때문이다.

그리고 죽음을 맞이함에 있어서 얼마만큼 의연했던가가 그 사람됨을 보여주는 것이라고 하는 불교사상의 영향을 받고 죽음은 장렬할수록 좋다고 하는 생각이 일반화하기에 이른 것 같다.

그러면 할복의 방법과 종류에는 어떤 것이 있을까? 먼저 그 방법을 알아보자.

장소

할복의 장소는 사방 약 3간(間; 1간은 약 1.8m)으로 그 한 가운데 할복하는 자리가 마련된다. 대개 할복인과 검사(檢使)는 마주 보고 앉는 것이 관례이고 양자 간의 거리는 2간에서 3간 사이였다. 할복하는 자리에는 일본 면(綿) 5폭과 대형 보자기가 놓여진다. 신분이 높은 사람은 다다미 석 장 위에 또 다시 한 장의 방석을 깔도록 허락하였다. 백색 병풍을 세워놓고 그 뒤쪽에 단도, 산보(三方, 칼을 놓는 작은 쟁반), 구비오케(首桶, 목을 담는 통), 향로, 손씻는 통 등을 준비해둔다. 신분이 낮은 경우는 뜰에서 할복

한다. 그때는 신발을 신지 않으며 자실(自失)상태에서 신을 잘못 신거나 맨발로 허둥대는 추태를 없애기 위해 처음부터 신발을 치우도록 하였다. 객지에서 할복할 때는 가장 가까운 곳에 있는 절의 한 구석을 빌려 행하였다.

순서

정사(正使)가 할복하는 본인을 향하여「그대는 ~한 도저히 용서할 수 없는 죄를 지었기에, 할복 자결할 것을 명하노라(その方儀〜せし段重重不届きに付き、切腹申しつけるるものなり)」하고 상의서(上意書·상전이 보낸 글)를 읽어주면 본인은 「감사합니다」하면서 머리를 조아린다. 정사가 자리를 뜨고 부사(副使)가 좌정하고 나면 본인은 일단 물러나서 할복 준비에 착수한다. 우선 손발을 씻고 상투를 매만진다. 머리카락이 목덜미에 어른거리지 않도록 하여 목이 잘리는데 장애가 없도록 하기 위해서이다. 본인이 할복하는 자리로 되돌아와 정좌하면 (이때 북 또는 서쪽을 향한다) 급사가 술잔을 내온다. 안주로는 다시마 세 쪽이다. 세 쪽(三切れ; 미키레)은 즉 '제 몸 자르기(身切れ)'라는 뜻이다. 본인은 첫 잔을 받아 땅위에 붓고 두 번째 잔을 받아 마신다. 더 이상은 금지된다. 마지막 가는 길인데 한 두 잔 더라는 생각이 들더라도 중지해야 한다. 할복의 실수를 염려하기 때문이다.

할복용의 단도는 9촌 5분(약 32cm)이 정식 길이이다. 가장자리를 떼어낸 산보 위에 놓여져 나온다. 단도는 손잡이를 떼어내고 그 대신 칼끝을 4, 5분 정도 맨살로 두고 남은 부분은 봉서지(奉書紙)로 싸맨다. 그 밖에 구비오케, 백목면, 향로, 물통, 수건, 벼루, 붓, 종이 등이 준비된다. 벼루, 붓, 종이는 사세를 적어두기 위함이다. 그리고 할복의 순간이 다가온다.

우선 검사(부사)에게 묵례를 하고 오른편부터 왼편으로 차례로 옷소매를 벗은 다음 상반신을 드러내놓고 왼손으로 칼을 받아쥔 다음 오른손으로 세 번 아랫배를 주무르고 다음 배꼽 위 약 3cm에서 왼쪽으로 칼날을 세워 푹 찌른 후에 오른쪽으로 당긴다.(칼끝이 살 속으로 파고드는 깊이는 3~5푼 정도이다.) 그 순간 장도 일섬, 옆에 서 있던 가이샤쿠인의 칼이 할복인의 목을 내려친다.

가이샤쿠인도 셋으로 분류한다.

가이샤쿠는 할복인의 목을 치는 것. 소에가이샤쿠(添介錯)는 단도가 놓인 산보를 가져다 바치는 것, 그리고 쇼카이샤쿠(小介錯)는 자른 목을 검사의 실검에 제공하는 것, 이상 세 가지이다.

가이샤쿠를 부탁 또는 하명받은 사람은 할복인에게 어떤 종류의 칼을 사용함이 좋을지를 묻는다. 즉, 장도(長刀)냐 와키자시(脇差, 허리에 차고 다니는 중도)냐를 묻는 것이다. 가이샤쿠인은 자기의 칼을 사용하지 않는 것이 실례(実例)이다.

가이샤쿠인은 할복인에게 정중히 「이번에 제가 당신의 목을 치는 역할을 맡게 된 즉, 양해 있으시기 바랍니다」 하고 인사한다. 그리고 사용해야 할 칼에 관하여 「귀하의 목을 치는 일에 있어서 귀하의 칼을 빌려 사용했으면 하는데요. 낯익은 칼이고 보면 혹 마음이 편하시지 않을까 해서…」라고 묻고는 할복인이 아무거나 좋다고 하면 제3자의 칼을 쓰도록 한다.

가이샤쿠의 방법은 이러하다.

먼저 칼을 빼서 칼자루는 바닥에 놓는다. 와키자시는 그대로 차고 있는 자세로, 뽑아든 칼날이 할복인의 눈에 띄지 않도록 할복인의 왼쪽 뒤로 바싹 다가서서, 산보 위에 단도를 올려놓고 소에가이샤쿠인이 나타나면 배꼽 아래 힘을 주며 호흡을 정돈한 다음, 그 산보가 할복인 앞에 놓여짐과 동시에 내려칠 자세로 접어든다. 즉, 왼쪽 다리를 앞으로 내딛고 오른쪽 다리는 바깥쪽으로 벌리고 선다. 할복인이 어깨를 가린 옷을 당기면서 맨살이 노출되면 칼날을 아래로 고쳐 잡는다. 할복인이 손을 뻗어 산보를 자기 앞쪽으로 당기려 할 때, 순간 칼을 내려친다. 목이 떨어지면 그 자세 그대로 약간 뒤로 물러선 다음, 한쪽 무릎만 세운 자세로 몸을 낮추고 품에 간직하였던 종이로 칼날을 닦는다.

다음에는 칼을 칼집에 넣고 옷매무새를 고친 다음 그 자리에서 조용히 대기한다. 쇼카이샤쿠인이 나와서 할복인의 목을 집어들고 검사 앞으로 가져가, 검사의 「확인 끝」의 언질이 있고 나면 모든 절차가 끝난다.

아무래도 일본인과 할복이라고 하는 자살 형식 사이에는 이치로는 도저히 설명이 불가능한 연결고리가 있는 모양이다. 2차 세계대전 중에도 일본 군인들은 간단히 죽을 수 있는 방법을 택하지 않고 시간이 걸리며 고통이 따르는 비효과적인 할복을 자결 수단으로 선택하여 고식(古式)대로 행한 사례가 많았다. 그들은 이 방법을 택한 것에 조금도 모순을 느끼지 아니하였고 또 주위 사람들도 그것을 당연한 것으로 받아들였다. 쇼와 44년(1969) 10월 15일 아사히(朝日)신문은 오사카대학 공학부의 데라다 마사즈미(寺田正純) 교수(48세)가 대학분쟁을 고민한 나머지 자택에서 부엌칼로 할복하여 죽은 사건을 보도하고 있다. 구미문화가 유입된 전후시대가 한참 경과한 시기였으며 고도의 과학적 교양을 가진 사람이 그런 행동을 했을 때, 일본인과 할복은 아무래도 상상 이상의 깊고 깊은 관련이 있는 모양이다.

하가쿠레(葉隱)

　본래「하가쿠레(무사도)」는「하가쿠레 기키가키(葉隱聞書)」라고 하여 사가번사인 다시로 즈라모토(田代陣基)가 자기의 스승인 사가번사 야마모토 쓰네토모(山本常朝)의 강론을 편집한 책명이다.
　야마모토 쓰네토모의 철학은 언제나 죽을 수 있도록 결의를 새롭게 가지면서 행동을 한다면 매사에 실수가 없고 만약 인간이 행동을 잘못하였다면 우물쭈물 핑계대면서 살려고 할 것이 아니라 그저 죽음으로 매진하는 것만이 최선이라는 것이다. 그것은 인간의 자유의사의 극치에 죽음에의 자유의사를 놓고 또 그 죽음의 자유의사는 필경 '할복(자살)'이거나 '참살'(무사끼리의 칼싸움으로 죽는 것)로 표현되어야 한다는 것이다. 이럴 때 죽음은 서양에서 말하는 패배가 아니라 명예로운 자유의사의 극한적 표현이라고 보는 것이다. 야마모토 쓰네토모에게는 죽음이 바로 이처럼 선택 가능한 행위이며 제 아무리 강요된 상황이었다 하더라도 죽음을 선택함으로써 속박을 돌파한다면 그 행위는 자유의 극치가 된다는 풀이이다.
　여기에 하나의 웃지 못할 일화를 소개하겠다. 오랜 낭인생활로 굶기를 밥 먹듯 하는 무사가 있었다. 하루는 이웃집 떡가게 영감이 어린 그 무사의 아들을 끌고 와서 떡값을 내라고 윽박지르는 것이었다. 연유인 즉, 그 무사의 아들이 가게에서 떡을 훔쳐 먹었다는 것이다. 무사는 실로 난감하였다. 오죽하면 아들이 이웃집 가게의 떡을 훔쳐 먹었겠는가? 그 책임은 전적으로 무능한 자기에게 있었다. 그렇다고 무사의 체면상 자기 아들이 남의 것을 훔쳤다고 자인할 수는 없는 일이었다. '무사는 굶었어도 이쑤시개를 높이 문다(武士は食わねど高楊枝)'라고 하지 않았던가.

무사는 가게 주인에게 단호히 말하였다. "당신 말이 사실인지 아닌지를 곧 확인하겠소. 확인한 결과 만약 우리 아이가 떡을 훔쳐먹은 사실이 없을 때는 나는 당신을 가만두지 않겠소."

무사는 허리에 찬 칼을 뽑아들었다. 그리고는 단칼에 아들의 목을 치고 죽은 아들의 배를 가르고 그 속에 떡이 들어있지 않음을 가게 주인에게 확인시켰다. 떡은 이미 형체가 없었던 것이다. "보았소? 이 아이가 그래도 당신네 떡을 훔쳐 먹었단 말이오?"

순간 사색이 된 가게 주인의 목을 향하여 일도섬광, 무사의 칼은 허공을 가르고 떡집 주인의 목이 땅에 뒹구는 것을 확인하자 자기도 그 자리에서 할복하여 목숨을 끊었다는 것이다.(八切止夫,『切腹の美學』, 秋田書店, 1971.『心中』, 学燈社, 1968. 7. 외 참조)

무사로서 갈 길이 어떤 것인가를 극명하게 보여준 일화의 한 토막이다. 바로 「하가쿠레 정신」인 것이다.

맺음말

「생이 끝나면 죽음이 시작되는 것이다. 생이 끝남과 동시에 죽음도 끝나는 것이다.」 둘 다 음미해 볼 만한 경구이다.

본래 죽음이란 존재하지 않는다. 다만 생이 한 때 존재할 뿐이어서 그 반대말을 죽음으로 나타냈을 뿐이다. 그러나 생의 반대말도 실은 생을 설명하기 위하여 존재하는 하나의 조역에 불과하다고 보면 본체에 속한 그림자처럼 생과 더불어 소멸되어야 한다. 그러면 생이 있기 이전과 생이 끝난 그 후는 무엇이라고 해야 하는가? 그것은 '본래의 상태' '본시 있는 그대로의 상태' 즉, 자연법이(自然法爾)이다. 다 물거품이 흐른다. 잠시 대하(大河) 위에 떠있더니 금방 꺼진다. 여전히 대하만 흐른다. 이때 물거품은 생이다. 그렇지만 흐르는 대하는 죽음이 아니다. 그것은 본래 있던 대하이다. 자연법이의 일편이다.

일본인들의 사생관도 지금은 많이 변하였다. 시대적 배경 -특히 종교적 영향이나 시류를 타는 도덕률의 영향- 에 따라 변할 수밖에 없는 것이다. 한때는 쵸닌(町人) 사이에서 신쥬가 유행하기도 하였고 무인사회에서 장쾌한 미의 극치표현으로 할복의 관행도 있었다. 하가쿠레 역시 죽음을 만만하게 본 관행에서 나왔다.

> 그저 죽는 일은 간단하지요.
> 보여주는 죽음이 의미가 있지.
> (ただ死ぬのは簡単なんだ。
> 死んでみせなきゃ意味がないよ。)

죽음의 의식이라고 할까. 의식이나 형식 속에서 미를 추구하는 경향이 있는 일본인들은 죽음에 있어서조차 형식(틀)을 떨쳐버리지 못할 뿐 아니라 오히려 그들은 장렬하리만치 장식함으로써 더 한층 의미를 부여하고 또 실제로 명분을 지키기 위해 곧잘 죽음을 선택하는 '바보스러울 만큼 고지식'한 민족이기도 하다.

> 살고 있다는 의미는 그 누군가에 빚을 지고 있다는 것
> 살아간다는 의미는 그 누군가에 빚을 갚고 있다는 것
> 누군가로부터 빌렸다면 누군가에게 갚도록 하자

누군가로부터 그렇게 얻은 것처럼 누군가에게 주자꾸나
(生きているということは
誰かに借りをつくること
生きてゆくということは
その借りを返してゆくこと
誰かに借りたら
誰かに返そう
誰かにそうして貰ったように
誰かにそうしてあげよう。)

생(生)이 단지 내 것만이 아니라는 것을 일깨워주는 글이다.

생에 집착하고 죽음에 공포를 느끼지 않는 사람은 없을 것이다. 일본인들이라고 해서 다를 수는 없다. 다만, 그들이 우리와 좀 다른 점이 있다면 신쥬나 할복이나 하가쿠레 등에서 보아온 바와 같이 죽음을 갖고 노는 듯한 일련의 작태를 보여준 바 있다는 것이다. 그렇지만 그들이라고 해서 공연히 죽음을 갖고 놀았겠는가. 그들이 이방인의 눈에 그렇게 비쳐진 것은 필경 일본인들의 지나친 율의성(律儀性)-쿠소마지메(クソマジメ)성 때문이었을 것이며 열반의 정토사상(淨土思想) 때문이었을 것이며, 왜곡된 무사도 때문이 아니었을까 싶기도 하다.

사상으로 본 나쓰메 소세키
-문명론을 중심으로-

김태정

일본에서 국민 작가로 불리는 나쓰메 소세키(夏目漱石)는 2000년대 들어와 우리나라에서도 널리 알려지게 되었다. 일본 근대문학사에서 차지하는 그의 위치와 명성을 생각하면 우리나라에서는 너무 오랫동안 그의 이름이 알려지지 않았다.

나쓰메 소세키는 1867년에 태어나 1916년에 사망하기까지 49년의 짧은 생애를 보내면서 많은 작품을 남겼다. 2016년이 마침 그가 서거한 지 100주년이 되는 해이다. 작년까지 그의 작품은 소설뿐만 아니라 문명론, 문예론 등 평론과 서간, 일기에 이르기까지 거의 모두 우리나라에 번역 소개되었다.

나는 나쓰메 소세키에 대해 사상적 측면을 살펴보고 싶다. 소설 작가 나쓰메 소세키가 아니라 근대 지식인, 근대 사상가로서의 나쓰메 소세키의 면모를 보고자 한다.

소세키는 대학 졸업 후 지방에서 영어 교사를 하던 중, 정부장학생으로 영국 런던에 유학을 하게 되었다. 유학 기간은 1900년 9월부터 1903년 1월까지 2년간으로 결코 긴 기간은 아니었으나, 소세키의 사상 형성에는 절대적으로 중요한 의미를 갖는 시기였다. 소세키는 도쿄(東京)대학에서 영문학을 전공하긴 했지만, 실제로 당시 유럽 근대문명의 중심이었던 런던을 직접 체험함으로써 일본을 밖에서 바라볼 수 있는 눈을 가질 수 있게 되었다.

소세키는 영국 유학을 통해서 오히려 영국에 대한 반감과 혐오감이 증대했다. 그는 유학에서 돌아와 친지들에게 보낸 서간문(1906~1907년)에서 「영국인은 바보라고 느끼고 귀국했다」고 말하기도 하고, 「그런 무분별한 국민은 세계에 없다」고도 혹평했다. 또 런던 유학 중에 쓴 「문학론」의 서문에는 「런던에서 지낸 2년은 가장 불쾌한 2년이었다」고도 서술하고 있다.

소세키가 그토록 영국을 싫어하게 된 원인에 대해서 그가 구체적이고 체계적으로 남긴 글은 없다. 아마도 2년간 영국에 체제하면서 영국인의 실체를 접하고 영국의 외면만이 아니라 내면까지 깊숙이 관찰한 결과였을 것이다.

소세키는 일찍이 영국 유학 중에, 영국은 일본이 표본으로 삼아야 할 나라라고는 생각하지 않았다. 그 이유는 그의 1901년 1월 4일자 일기에서 찾아볼 수 있다.

일기에는 「런던의 거리를 산책하고 시험 삼아 가래를 뱉어보라. 새까만 덩어리가 나오는 데 놀랄 것이다. 몇 백만의 시민은 이 매연과 먼지를 마시고 매일 그들의 폐를 오염시키고 있다」라고 쓰고 있다.

당시 세계에서 일등국이라는 영국의 실상을 본 소세키는 영국에서 일본의 장래의 희망을 보기보다는 머지않아 일본에도 닥칠 어두운 미래를 예상했을 것이다.

소세키는 영국 유학 중 밤낮으로 일본의 장래를 걱정하며 거의 매일같이 하숙집에 틀어박혀 문학·심리학·철학·사회학 등 폭넓게 독서를 하며 보냈다고 한다.

1901년 1월 27일자 일기에는 「밤에 하숙집 3층에서 곰곰이 일본의 앞날을 생각했다. 일본은 진지해지지 않으면 안 된다. 일본인의 눈은 좀 더 커지지 않으면 안 된다」고 쓰고 있다. 1901년 1월 27일은 세계 제패의 상징인 대영제국의 빅토리아 여왕 장례식이 끝난 바로 다음날이다.

소세키의 눈에는 빅토리아 여왕의 죽음이, 명치유신 이후 일본이 문명개화의 모델로 삼아왔던 대영제국이 쇠퇴하기 시작한 징후로 비쳤다. 영국은 빅토리아 여왕이 서거한지 1년만인 1902년 1월 30일에 러시아의 아시아 진출을 저지하기 위해 일본과 군사동맹을 맺었다. 광영의 고립을 유지하지 못하고 청일전쟁 이후 유럽에서 황화론(黃禍論)의 표적이 되어 왔던 극동의 섬나라 일본과 군사동맹을 맺어야 함은, 분명 대영제국이 약화되었기 때문이라고 생각했던 것이다.

청일전쟁에서 승리한 이후 동양의 강국으로 부상한 일본이 1902년에 영국과 동맹을 맺었을 때, 일본 국내에서나 영국 내 유학생들 사이에서는 세계 제일의 패권국인 대영제국으로부터 인정받았음을 기뻐하며 축하하는 분위기였다. 이로써 일본도 서구열강의 한 패가 되었다고 기뻐하고 들떠 있었던 것이다.

그러나 소세키는 그의 장인에게 보낸 같은 해 3월 15일자 서신에서, 「이 같은 일로 법석을 떠는 것은 마치 가난뱅이가 부잣집과 사돈을 맺고 기쁜 나머지 꽹과리와 북을 치며 온 마을을 도는 것과 같은 것」이라고 지적하고 일본인의 단순함을 비판했다.

유학 중 일본이 나아가야 할 진로에 대해 사색하고 고민하고 있던 소세키는 귀국 후 작가생활을 하면서도 그 고민은 그치지 않았다. 그의 결론은 일본의 독립을 위해 문명화는 불가피하나 서양을 그대로 모방하는 것으로는 달성할 수 없다는 것이었다.

1906년에 쓴 일종의 비망록에 해당하는 「단편(斷片)」이라는 글에서 영국풍을 고취하는 것에 대해, 「딱한 일이다. 자신에게 아무런 이상(理想)이 없음을 나타내는 것」이라고 비평했다. 같은 해에 그의 지인인 교토(京都)대학의 가노 코키치(狩野亨吉) 교수에게 보낸 서간에서도 「일본인이 영국인을 흉내 내라 흉내 내라 하는 것은, 무엇을 흉내 내라고 하는 것인지 지금도 모르겠다」고 말하고 있다.

20세기 초두의 유럽문명에 대해서 소세키는 어떤 생각을 가지고 있었을까? 소세키는 유럽문명의 지나친 물질적 진보가 인간의 물질욕을 증대시켜, 빈부의 현격한 격차를 가져오고, 도의를 퇴폐시키고, 개(個)의 상실을 초래했다고 보았다. 또한 유럽문명의 기조인 자아의 주장이 타(他)와의 균형을 상실함으로써 삭막한 인간관계를 가져왔다고 보았다.

그는 영국 체재 중이던 1902년 봄에 자기 부인에게 보낸 서신에서 「이곳엔 벚꽃도 없고 봄이 되어도 왠지 부족한 느낌이다. 또한 대체로 풍류가 없는 사물과 인간뿐으로 고상한 멋도 없다. 문명이 이런 것이라면 야만 쪽이 오히려 재미있다」고 말하고 있다. 「야만 쪽이 오히려 재미있다」고 하는 말은 역설적인 표현이겠지만, 유럽문명을 비판하고 있는 것은 사실이다.

이 같은 소세키의 문명관은 그 이후에도 이어진다. 1908년에 쓴 「무제(無題)」라는 글에서는 「런던이란 곳은 자유로운 수도니 뭐니 하고 런던 시민들은 뽐내고 있지만 좀처럼 그렇지 않다. 천연(天然)과 인사(人事) 모두 여러 압박이 있는 가운데 습관의 압박이 가장 심하다」고 쓰고 있다. 소세키에게 있어서 영국은 의식주에서 생활의 본모습에 이르기까지 모두 딱딱하고 살풍경으로 느껴졌던 모양이다.

이 같은 그의 유럽문명관은 그의 작품에서도 읽을 수 있다. 러일전쟁이 끝난 다음 해인 1906년에 쓴 작품 『草枕(풀베개)』의 말미에서, 주인공인 화공(畵工)은 온천장에서 만난 여인의 사촌동생의 출정을 배웅하는 정거장에서의 감상을 다음과 같이 말하고 있다. 「기차만큼 20세기의 문명을 대표하는 것은 없을 것이다. 몇 백이라고 하는 인간을 같은 상자에 처넣고 통과한다. 인정사정이 없다. 처박힌 인간은 모두 같은 속력으로 같은 정거장에 멈추고, 그리하여 같은 증기의 혜택을 받아야만 한다. 〈중략〉 기차만큼 개성을 경멸하는 것은 없다. 문명은 모든 수단을 다 써서 개성을 발달시킨 후에 모든 수단에 의해 이 개성을 짓밟으려 한다」고 마치 문명의 진보에 대한 반근대적인 느낌을 주는 내용이다.

또 같은 작품 속에 이런 내용도 있다. 「한 사람 당 몇 평 몇 홉인가의 땅의 면적을 부여하고, 이 지면 내에서는 자든 일어나 있든 멋대로 하라고 하는 것이 오늘날의 문명이다. 동시에 몇 평 몇 홉의 주위에 철책을 설치하고, 여기서부터는 한 발짝도 나가서는 안 된다고 위협하는 것이 오늘날의 문명이다. 〈중략〉 불쌍한 문명의 국민은 밤낮으로 이 철문을 물어뜯고 포효하고 있다. 문명은 개인에게 자유를 주어 호랑이처럼 용맹스럽게 해 놓고는, 이를 우리 속에 처넣어 천하의 평화를 유지하고 있다. 이 평화는 진정한 평화가 아니다. 동물원의 호랑이가 구경꾼을 노려보고, 잠자고 있는 것과 같은 평화이다」라고.

결코 문명은 인간을 해방시켜 주지 못한다는 일종의 절망감마저 느끼게 하는 문장이다. 당시 일본에서는 다오카 레이운(田岡嶺雲)이나 마사오카 게이요(正岡芸陽)와 같은 반근대주의자들이 문명에 대해 저주의 목소리를 한창 높이고 있었다.

그러나 소세키는 결코 문명을 부정하고 원시적인 것을 추구하려는 반근대적인 입장은 아니었다. 서양문명에 대해서 비판적이고 문명이 가지는 구속성에 대해 절망감을 느끼면서도 문명이 가진 일정 정도의 긍정적인 진보성도 인정했기 때문이다.

소세키는 사회주의와 같은 반체제적인 사상이나 조류와는 완전히 거리를 두고 있었다. 현황에 그저 휘말리는 것을 바람직하게 생각하지는 않았지만, 노도처럼 밀려오는 서구적 합리주의나 자본주의의 조류를 각오하고 받아들일 수밖에 없다는 입장이었다.

소세키는 러일전쟁에서 승리한 이후에도 일본의 미래에 대해서 낙관하지는 않았다. 1908년에 쓴 소설 『三四郎(산시로)』에는, 앞으로 일본은 망할 것이라고 예언하고 일본의 근대화에 대해서도 부정적으로 서술하는 내용이 나온다.

러일전쟁에서 승리한 이후, 서양에 대해서 문호를 개방하고 유럽의 문물이면 무엇이든지 이를 섭취하고 유럽풍의 유럽제국의 일국이라도 된 양 광분하는 일반 국민의 풍조를 보고, 소세키는 일본의 장래에 대해 암담한 생각이 들었던 것 같다.

1909년에 쓴 『それから(그리고 나서)』라는 소설에서도 주인공 다이스케(代助)가 「일본은 일등국을 자임하고 있다. 그리하여 무리하게도 일등국의 한 패가 되려고 한다. 〈중략〉 (이는) 소와 경쟁하는 개구리와 같은 것으로…… 〈중략〉 정신의 피로와 신체의 쇠약은 불행하게도 수반된다. 뿐만 아니라 도덕의 패퇴도 함께 온다. 일본나라 어디를 봐도, 빛나는 단면은 사방 어디에도 없다. 모두 암흑이다」라고 말하고 있다.

그러나 소세키는 서구 근대문명을 거역할 수 없는 것으로 받아들이고, 「일본 고유의 미덕」과 「문명의 이기(利器)」와의 결합을 지향하려 했다.

1910년 1월 5일자 『도쿄아사히신문(東京朝日新聞)』의 「동양미술도보(東洋美術図譜)」라는 글에서 소세키는 「내 현재 머리를 지배하고 내 장래의 일에 영향을 미치는 것은 유감스럽게도 내 조상이 가져온 과거가 아니고 오히려 다른 인종이 바다 건너에서 가지고 온 사상이다. 하루는 내 서재에 앉아 사방에 정돈해 놓은 서가를 바라보니 거기에 꽉 차 있는 금빛으로 쓰인 책명은 모두 서양어라는 것을 알아채고 놀란 일이 있다」고 쓰고 있다.

이 글은 소세키가 자신의 지식과 교양이 서양 것에 너무 치우쳐 있는데 대한 반성인데, 이는 동시에 명치 이후의 일본문명에 대한 반성이기도 하다. 이 같은 반성은 그 다음해인 1911년 8월에 와카야마(和歌山)에서 행한 「현대일본의 개화」라는 제목의 강연에서도 느껴진다.

소세키는 이 강연에서 유럽문명은 그들의 국토와 민족 안에서 발생한 내발적 문명인데 반해, 일본의 문명은 그 자극에 의해 생긴 외발적 문명이라고 규정하면서 다음과 같이 비판하고 있다.

「서양의 개화는 행운유수(行雲流水)처럼 자연스럽게 움직이고 있지만, 유신 후 외국과 교섭이 이루어진 이후의 일본의 개화는 아주 사정이 다릅니다. 〈중략〉 일본의 개화는 그 때부터 급격히 곡절하게 되었습니다. 또 곡절하지 않으면 안 될 만큼의 충격을 받았던 것입니다. 〈중략〉 지금까지 내발적으로 전개해 왔던 것이 갑자기 자기본위의 능력을 상실하고 밖으로부터 억지로 강요되어 좋든 싫든 하라는 대로 하지 않으면 꾸려 나갈 수 없는 상태가 되어 버렸습니다」라고 하면서 「그것을 마치 이 개화가 내발적인 양 득의에 찬 얼굴을 하는 자가 있는 것은 바람직하지 않습니다.

〈중략〉 허위이기도 합니다. 경박하기도 합니다」라고.

여기서 「자기본위」라는 말에 주목할 필요가 있다. 「주체성」이라는 말로 바꾸어도 좋을 것 같다. 상실한 「자기본위」의 능력을 회복하여 주체적으로 서구 근대문명을 수용하자는 문제 제기이다. 이는 동양의 가치와도 통하는 일본의 전통이요, 일본의 미덕이다.

소세키는 1905년에서 1906년에 걸쳐 『ホトトギス(호토토기스)』라는 잡지에 그의 최초의 출세작인 『わが輩は猫である(나는 고양이로소이다)』에서 서양문명과는 다른 동양문명 내지는 일본문명의 본질에 대해서 언급한 바 있다.

극단적인 자아의 주장을 서구문명의 문제점으로 본 소세키는 소설 속에 등장하는 철학자의 입을 통해서 「일본의 문명은 자신 이외의 상태를 바꾸어 만족을 구하는 것이 아니다. 서양과 다른 점은 근본적으로 주위의 경우를 움직여서는 안된다는 대 전제하에서 발달하고 있는 것이다」라고 말하고 있다.

이는 자기 수행에 의해 주위의 환경에 순응하고, 안심입명(安心立命)의 경지를 얻고자 하는 동양 특유의 사고방식에 통하는 것이다. 소세키도 자아의 확립을 추구는 했지만, 유럽인이 말하는 소위 근대적 자아와는 다소 다른 것이 아니었나 생각한다.

나쓰메 소세키가 서거한지 100주년이 지난 지금에도 일본에서 여전히 국민작가로 인기를 유지하고 작품이 계속 읽히는 것은 사상성 때문이라고 생각한다. 그의 사상은 작품에 그대로 투영되어 있고, 그 사상에 담긴 고민은 현재에도 유효하기 때문이 아닐까.

일본문학에 나타난 질병과 치유
-『겐지 이야기』를 중심으로 -

김종덕

일본인의 질병과 사생관

　일본인의 생로병사와 사생관에 대한 의식은 불교 전파 이전과 이후에 따라 크게 달라진다. 『고지키(古事記)』나 『니혼쇼키(日本書紀)』에서는 사후의 세계를 황천(黃泉), 네노카타스쿠니(根之堅州國), 혹은 네노쿠니(根國)로 표현하고 있다. 『고지키』 상권에서 이자나미(伊耶那美)가 출산 중에 죽자, 이자나기(伊耶那岐)는 황천국까지 쫓아가서 이자나미의 출산 장면을 엿보아 금기를 어기게 된다. 이에 이자나기는 황천국에서 지상으로 쫓겨 돌아오다가, 현세와의 경계를 천 명이 끌 수 있는 큰 바위(千引の石)로 막아버린다. 이후 황천과 지상의 왕래가 불가능하게 되었고, 신화전설의 세계에서 삶과 죽음의 경계를 오가는 것이 통과의례의 하나였다는 것을 알 수 있다.
　일본의 『대보율령(大寶律令)』(701년) 권 제9의 「의질령(醫疾令) 제24」에는「전약요(典藥寮)」에 의박사(醫博士) 등이 있어 사람이 질병에 걸리면 중국과 한반도에서 전래한 의술이나 의약으로 치유한다고 되어있다. 그리고 헤이안(平安, 교토) 시대 일본 최고의 의학서『의심방(医心方)』(984년) 30권에는 여러 가지 질병과 그 치료 방법을 기술하고 있다. 2009년 유네스코 세계기록문화유산으로 등재된 허준의『동의보감(東醫寶鑑)』(1613)은 중국과 일본에서 각각 출판되어 당대 최고의 의학서로 인정받았다. 특히 일본에서는 에도 막부의 8대 장군인 도쿠가와 요시무네(德川吉宗)가 1724년『정정동의보감(訂正東醫寶鑑)』일본판을 간행하게 했다.『동의보감』을 교정한 미나모토 모토미치(源元通)는 실로 '의가(医家)의 비보(秘宝)'라 칭송하고, 발문에서 '조선의 허준은 의성(醫聖) 편공(편작과 창공)과 같다'라고 기술했을 정도로 존중했다고 한다. 이후 일본 근세의 의학은 난학(蘭學, 네델란드어로 기술된 각종 서양 학문)이 중심이 된다. 난학자(蘭學者) 마에노 요시자와(前野吉沢), 스기타 겐파쿠(杉田玄白) 등이 네델란드어로 번역된 독일의

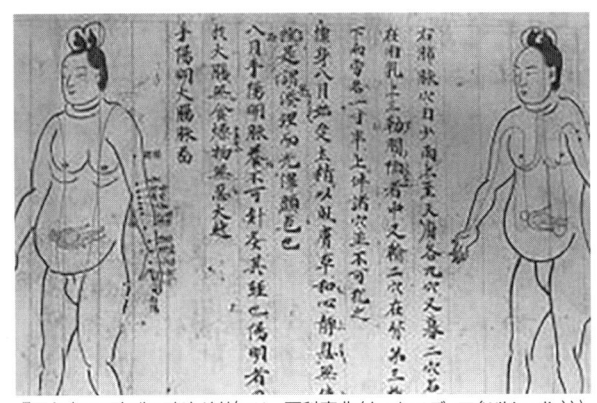
『医心方』22권 태교편의 삽화(フリー百科事典〈ウィキペディア(Wikipedia)〉)

의학서인 『해체신서(解体新書)』(1774)를 일본어로 번역하면서 서양의학의 치료법이 획기적으로 발전한다.

상대 『고지키』 스진(崇神) 천황 대의 미와야마(三輪山) 전설은 역병이 돌았을 때 신탁을 통해 치유한다는 이야기이다. 스진 천황이 신탁을 받자, 오모노누시(大物主) 신이 자신의 아들인 오호타타네코(意富多々泥古)로 하여금 제사를 지내면 역병이 진정될 것이라는 계시를 내린다. 이에 스진 천황이 오호타타네코를 찾아 제사를 지내게 하자 '가미노케(神の気, 역병)'가 진정되고 나라도 평안해졌다는 것이다. 『고지키』에서는 악성 역병을 약물에 의한 치료보다 신탁의 계시에 따른 제사를 통해 제거했다는 것을 기술하고 있다. 한편 『만요슈(万葉集)』 권5(896번)에는 야마노우에 오쿠라(山上憶良)가 자신이 병에 걸리게 된 이유에 대해, 불교적 응보나 현세에 범한 죄업, 음식 등이 원인이라고 지적하고 있다. 그리고 오쿠라는 살아 있는 동안 병에 걸리지 않는 것이 최상의 행복이라는 평범한 결론을 이야기하고 있다.

헤이안 시대의 모노가타리(物語, 이야기) 문학 작품에는 귀족들이 사랑을 위해 명예와 관직, 목숨까지도 걸고 연애를 하는 경우가 많았고, 사랑을 중심으로 생로병사가 묘사되어 있는 것이 특징이다. 그리고 죽음 그 자체보다 모든 질병의 원인을 모노노케(物の怪)가 일으킨다고 생각하여, 과학적인 약초로 치유하기보다 승려나 음양사들이 가지(加持)와 기도를 하는 장면이 자주 등장한다. 그래서 이야기 문학에서는 각종 질병의 원인이 모노노케이고, 질병과 죽음이 작품의 주제나 인간관계를 형성하는 작의(作意)로 묘사되는 경우가 많다.

『마쿠라노소시(枕草子)』 181단에는, '질병에는 속병, 모노노케, 각기병, 그리고 왠지 식욕이 없는 기분' 외에 치통 등을 일반적인 질병으로 지적하고 있다. 그리고 별본 23단에는 모노노케로 인하여 고통을 받고 있는 사람과 모노노케의 집념이 강해서 승려가 아무리 기도를 해도 좀처럼 굴복되지 않는다는 이야기를 소개하고 있다. 그리고 『고콘초몬주(古今著聞集)』 권17-596화에는 도바(鳥羽, 1107-1123) 천황의 다섯째 딸이 손을 씻고 있을 때, 아귀가 나타나 세상의 질병은 모두 자신이 일으키는 짓이라고 말한다. 가마쿠라(鎌倉) 말기에 편찬된 『슈가이쇼(拾芥抄)』 팔괘부(八卦部) 제34에는 사람의 나이가 13, 25, 37, 49, 61, 73, 85, 99세가 되었을 때를 액년(厄年)이라 하고, 질병과 재난을 당하기 쉽다고 기술하고 있다.

『겐지 이야기(源氏物語)』에는 여러 가지 질병과 죽음이 묘사되는데, 히카루겐지(光源氏)와 아카시 법사(明石入道), 아카시 중궁, 니오미야(匂宮), 하치노미야(八の宮) 등이 감기(風病)를 앓는다. 겐지와 오보로즈키요(朧月夜)는 학질(瘧疾)에 걸리고, 스자쿠 천황(朱雀帝)은 눈병을 앓고, 아카시 비구니(明石の尼君)와 오노 비구니(小野の母尼)는 노인성 치매(老人性痴呆症)에 걸린다. 그리고 유가오(夕顔), 아오이노우에(葵上), 무라사키노우에(紫上) 등은 모노노케(物の怪)로 인해 고통을 받다가 죽음에 이른다. 이러한 질병을 나타내는 표현으로는 '고통(痛み)', '괴로움(悩み)', '모노노케(物の怪)', '아프다(病づく)', '질병(やまひ)', '앓다(わづらふ)' 등으로 기술했다.

상대(上代)의 일본인은 언령(言霊) 신앙의 영향으로 직설적으로 죽음을 나타내는 표현을 금기시하는 경향이 있었다. 그래서 죽음의 표현은 신도의 영향으로 '황천에 가다'라고 했고, 불교의 윤회사상과 관련한 '저 세상으로 가다', '왕생하다', '타계하다', '성불하다' 등의 표현이 있었고, 고승인 경우에는 '입적(入寂)', '입멸(入滅)' 등의 표현이 사용되었다. 또한 천황이나 황자의 경우에는 '구름 속으로 사라짐', '숨는다' 등의 표현이 사용되었고, 일반인과 귀족들의 경우에는 '죽다', '돌아가시다', '숨이 끊어지다' 등의 표현이 사용되었다.

  2020년 전 세계적인 코로나19 바이러스의 확산으로 확진자가 8512만 명, 사망자가 184만 명이 넘은 작금, 일본고전문학에 나타난 일본인의 질병과 치유의 논리를 살펴보고자 한다. 특히 헤이안 시대의 이야기 문학에 나타난 질병과 죽음이 이야기의 주제에 어떠한 기능을 하고 있는가를 살펴보고자 한다. 신화 전설의 세계와 달리 일본의 이야기 문학에서는 등장인물의 질병과 죽음이 사랑의 인간관계를 이어가는 주제와 작의(作意)로 표현되는 경우가 많다. 본고에서는 『겐지 이야기』의 장편 주제와 관련이 깊은 히카루겐지와 오보로즈키요의 학질, 아오이노우에와 무라사키노우에를 괴롭히는 로쿠조미야스도코로의 모노노케, 스자쿠 천황의 질병을 살펴본다. 그리하여 이들의 인간관계에 나타난 질병과 치유의 논리가 이야기의 주제에 어떠한 기능을 하는가를 알아보고자 한다.

학질에 걸린 히카루겐지와 오보로즈키요

  히카루겐지(光源氏, 이하 겐지)와 오보로즈키요(朧月夜)는 학질에 걸리는 것을 계기로 새로운 만남이 시작된다. 우선 와카무라사키 권(若紫卷)의 서두에서 18세의 겐지는 학질을 앓게 되어 갖가지 치료를 받았지만 효험이 없자, 어떤 사람으로부터 기타야마(北山)에 훌륭한 수행자가 있다는 소문을 듣고 찾아간다.

    학질에 걸려 여러 가지로 신불에 기원을 올리고 가지 등을 시켰지만 효

힘이 없고 자주 발작이 일어나자, 어떤 사람이 "기타야마의 어떤 절에 훌륭한 수행자가 있습니다. 작년 여름에도 크게 유행하여 많은 사람들이 기원을 올렸지만 효험이 없어 애를 먹고 있었는데, 바로 낫게 한 적이 여러 번 있었습니다. 병을 악화시키면 성가시게 되니까 빨리 한번 시도해 보는 것이 좋을 것입니다."라고 말씀드리자, (「신편전집」 와카무라사키 권①)

겐지는 바로 사람을 보내 모셔오려고 했으나 고승이 나이가 많아 절 밖으로 나올 수 없다고 하자, 이른 새벽에 4, 5명의 부하만 데리고 직접 기타야마의 절로 찾아간다. 고승은 '높은 산 바위 속에서' 수행을 하고 있었다. 즉 이러한 고승은 종교적인 지도만이 아니라 중생들의 질병까지도 치유하는 능력을 소지하고 있었던 것이다. 고승은 세상과의 인연을 끊고 질병을 치료하는 방법 등도 잊었다고 겸손해 했지만, 대단히 높은 덕을 쌓은 사람이었고, 적절한 호부(護符)를 만들어 마시게 하고, 가지(加持)기도를 하여 겐지를 치료한다.

미나모토 시타고(源順)의 『와묘루이주쇼(倭名類聚鈔)』 4. 질병부(10세기 중엽의 사전)에는 약 70종류의 질병을 나열하고 있는데, 학질에 대해서는 '한열(寒熱)로 이틀에 한 번 발작을 일으킨다.'고 기술하고 있다. 즉 겐지가 걸린 학질은 이틀에 한 번 오한과 발작을 수반하는 오늘날의 말라리아와 같은 병으로 추정된다. 고승은 부처의 덕이나 이름 등을 범자(梵字)로 쓴 호부를 겐지에게 먹이거나, 가지를 하는 등 갖가지 방법으로 치료한다. 겐지는 하루 종일 치료를 받아 저녁 무렵이 되자 발작도 줄고 많이 좋아졌지만, 고승은 아직도 모노노케가 붙어있으니 좀 더 가지를 받아야 된다고 한다. 여기서 겐지는 약물 등의 의학적인 방법이 아니라 가지기도와 같은 정신적인 치료로 완쾌된다는 점에 주목할 필요가 있다.

기타야마에서 고승의 가지를 받는 겐지(『国宝源氏物語絵巻』, 東京国立博物館蔵)

3월 말이지만 기타야마의 산 벚꽃은 아직 한창이었다. 이에 겐지는 밖으로 나와 주변을 살펴보다가, 어떤 승도(僧都)가 산다고 하는 제법 세련된 울타리로 꾸민 승방을 내려다보게 된다. 여기서 겐지가 기타야마의 높은 곳에 서서 승방을 내려다보는 행위나, 다음 날 '도읍 쪽을 바라보시다.'라고 하는 대목의 표현은 고대 천황이 국정을 살피는 '구니미(国見)'와 같은 왕권의 실현으로 볼 수 있다. 이어서 부하인 요시키요(良清)로부터 아카시(明石)에 살고 있다는 아카시 법사와 그의 딸 아카시노키미의 이야기를 듣는다. 그리고 다음 날 저녁 무렵에 다시 우아한 울타리의 승방을 내려다보다가 승도의 여동생(尼君)과 후지쓰보(藤壺)의 조카인 와카무라사키(若紫)를 보게 된다. 이와 같이 겐지의 질병은 왕권의 상징, 아카시노키미와 와카무라사키의 만남을 위한 복선으로 작의된 것으로 읽을 수 있다.

이후 겐지의 학질이 치유되는 과정은 다음과 같이 기술된다.

> 이름도 없는 초목의 꽃들도 여러 가지가 뒤섞여 비단을 깐 것처럼 보이는데, 사슴이 이쪽저쪽에 멈추어 서있는 것도 신기하게 바라보고 있자, 좋지 않던 기분도 완전히 잊혀졌다. 고승은 몸도 잘 움직이지 못했지만 겨우 호신의 기도를 해 드린다. 이 사이로 새어나오는 쉰 목소리를 잘 알아들을 수가 없는 것도 정말 공덕이 느껴지는데, 다라니경을 읊었다.(와카무라사키 권①)

겐지의 학질은 기타야마라는 공간에서 고승이 다라니경을 읽는 등 정신적인 가지기도로 완쾌되는 것이다. 이후 겐지가 치유를 위해 기타야마에 갔다는 소식이 궁중에 전해지자, 천황을 비롯한 귀족들은 모두 병문안 인사를 보낸다. 다음은 겐지가 치료를 받고 도읍으로 되돌아가려 할 때,

고승과 승도가 겐지의 완쾌를 기원하는 약과 갖가지 선물을 바치는 대목이다.

> 고승은 부적으로 독고를 드렸다. 이를 보신 승도는, 성덕태자가 백제로부터 입수해 두신 금강자의 염주에 옥을 장식한 것을, 그 나라에서 들어온 상자가 당나라 풍인 것을, 투명한 보자기에 넣어 다섯 잎의 소나무 가지에 묶고, 감색의 보석 상자에 여러 가지 약을 넣어, 등나무와 벚나무 가지에 묶고, 이러한 때에 어울리는 갖가지 선물을 바쳤다.(와카무라사키 권①)

고승은 겐지에게 번뇌를 치유하는 불구(佛具)인 독고(獨鈷)를 선물하고, 승도는 성덕태자가 백제에서 들여왔다고 하는 염주와 약을 정성껏 포장하여 바친다. 고승은 마지막으로 겐지에게 약을 처방함으로써 최선을 다하고 있다. 겐지 또한 고승과 법사들에게 보시(布施)를 할 뿐 아니라 근처의 나무꾼들에게까지 선물을 하사하는 것으로 군왕과 같은 포용력을 나타낸다.

이와 같이 겐지는 학질을 앓게 되자 기타야마의 고승에게 가지를 받고 치유된다. 이 이야기는 학질이라고 하는 병을 계기로 겐지가 왕권을 달성할 인물로 암시하고, 아카시노키미와 와카무라사키라고 하는 여주인공을 등장시키는 복선이 깔려있다. 즉 겐지가 기타야마에 간 것은 신병 치료가 첫 번째 목적이었으나 이향방문담의 화형으로 와카무라사키를 만나고, 아카시 이야기라는 장편 주제가 구상된다는 점에 주목할 필요가 있다.

비쭈기나무 권에서는 학질에 걸린 나이시노카미(오보로즈키요)가 친정인 우대신(右大臣)의 저택에서 겐지와의 밀회를 거듭한다.

그 무렵 나이시노카미가 친정으로 나오셨다. 학질을 오랫동안 앓았기 때문에 주술로 마음 편히 하려는 생각이었다. 주문 등을 시작하여 완전히 완쾌하여 모두 다 기쁘게 생각하는데, (나이시노카미는) 이는 더없이 좋은 기회라 생각하여 겐지와 함께 연락하여 무리하게 매일 밤 밀회를 거듭했다.

(비쭈기나무 권②)

오보로즈키요의 학질도 의학적인 처방이 아닌 주술적인 가지기도를 통해 완쾌된다. 겐지는 우대신의 딸로 동궁에 입궐 예정이었던 오보로즈키요와 우연히 궁중의 벚꽃놀이에서 만난 이후 밀회를 거듭하고 있었다. 이후 오보로즈키요는 뇨고(女御)가 아닌 나이시노카미(尙侍)로 입궐하여 스자쿠 천황의 총애를 받는다. 그러나 오보로즈키요는 스자쿠 천황보다 겐지에게 더욱 매력을 느끼게 되고, 학질에 걸린 것을 계기로 친정에 돌아와 매일 밤 겐지를 끌어 들였다. 그런데 어느 폭풍우가 몰아친 다음날 아침, 갑자기 오보로즈키요의 방에 들어온 우대신에게 겐지의 허리띠와 와카를 주고받은 편지 등이 발각된다.

우대신과 고키덴(弘徽殿) 뇨고는 격앙되어 맹렬히 겐지를 비난하고 도읍에서 추방할 계책을 강구하자, 겐지는 자신의 일로 인해 아들(冷泉帝)의 즉위에 영향이 있을까 두려워하여 스스로 스마(須磨)로 퇴거한다. 즉 겐지와 오보로즈키요가 걸린 학질은 겐지가 스마로 퇴거하게 되는 동인이 되고, 다시 폭풍우로 인해 이동한 아카시(明石)에서 아카시노키미를 만나 딸을 얻고, 그 딸로 인해 섭정의 지위를 누리게 되는 복선의 하나로 작용한 것이다.

아오이노우에와 무라사키노우에를 괴롭히는 모노노케

　모노노케(物の怪)는 원래 원시적인 정령이나 원령이 천변지이와 질병을 일으켜 사람의 목숨을 앗아가는 악령으로 나타나는 경우가 많았다. 모노노케의 종류로는 생령(生靈)과 사령(死靈), 원령(怨靈), 어령(御靈), 사기(邪氣) 등이 있는데, 모두 사람을 괴롭히는 질병의 원인이 된다고 보았다. 헤이안 시대에 후지와라(藤原) 씨의 참소로 규슈 다자이후(大宰府)로 좌천되어 죽은 스가와라 미치자네(菅原道真)는 천변지이를 일으키는 대표적인 어령으로 묘사된다. 이에 후지와라 씨는 그의 원혼을 달래기 위해 규슈에 다자이천만구(太宰天満宮), 교토에 기타노텐만구(北野天満宮)를 지어 학문의 신으로 모시게 된다.

　헤이안 시대에는 산모의 입덧, 후산이 잘 안되거나, 감기 등 모든 질환을 일단 모노노케의 탓으로 생각했다. 그리고 모노노케는 승려나 수험자(修験者), 음양사 등이 밀교의 수법(修法)인 인계(印契)를 맺거나 주문을 외고 부처의 가호를 빌어 퇴치하는 것이 일반적이었다. 특히 질병의 모노노케는 가지기도를 통해 우선 환자에 붙은 모노노케를 영매인 요리마시(憑坐)에게 옮겨 붙게 하고, 이를 다시 조복(調伏)시킴으로써 완전히 치유된다고 생각했다.

　헤이안 시대에는 다음과 같이 모노노케로 인한 질병을 승려 등이 기도를 통해 치유하는 기록이 많이 남아 있다. 『마쿠라노소시(枕草子)』 별본 23단에는 모노노케로 인하여 고통을 받고 있는 사람과 모노노케의 집념이 강해서 승려가 기도를 해도 좀처럼 굴복되지 않는다는 이야기를 소개하고 있다. 『곤자쿠 이야기집』 권12-35화는 후지와라 긴스에(藤原公季)

가 여름에 학질이 걸려 진묘지(神明寺)의 에이지쓰(睿實)라는 고승을 찾아갔는데, 이 때 에이지쓰 본인도 심한 감기에 걸렸지만 『법화경』 16품 수량품을 읊어 완쾌된다는 이야기이다. 또한 에이지쓰는 엔유(円融; 969-984) 천황의 모노노케도 법화경을 읊어 치유한다. 그리고 권16-32화에는 모노노케로 설정된 남자가 작은 망치로 병자인 아가씨의 머리와 허리를 심하게 때려 고통을 느끼게 한다. 이에 영험 있는 기도승이 반야심경을 읊자, 모노노케가 된 남자가 원래의 모습으로 다시 돌아오고 아가씨의 병도 완쾌된다는 이야기를 소개하고 있다.

『겐지 이야기』에는 유가오(夕顔)가 방치되었던 겐지의 별장에서 지내다가, 갑자기 나타난 모노노케에 의해 죽임을 당한다. 또한 후지쓰보(藤壷)의 출산이 예정보다 늦어지자 사람들은 모노노케의 탓일 것으로 추정한다. 특히 아오이 권에서 좌대신의 딸로서 겐지의 정처가 된 아오이노우에(葵上)는 회임한 후 수많은 모노노케로 인해 고통을 겪는다.

> 좌대신가에서는 마님(아오이노우에)에게 모노노케가 나타나 고통스러워하자, 모두가 가슴아파하고 겐지는 은밀히 외출하는 것도 모양이 좋지 않다고 생각하여 이조원에도 자주 들리지 않았다. 그래도 지체 높은 분이고 각별히 아끼는 부인이 임신으로 인한 고통까지 겹쳐, 대단히 걱정이 되어 거처하시는 방에서 기도 등을 올리게 했다. 모노노케와 생령 등이 많이 나타나 제각기 이름을 대는 가운데, 빙의하지 않고 가만히 몸에 붙어서 특별히 심하게 괴롭히는 것은 아니지만, 한시도 떨어지지 않는 모노노케가 하나 있었다. 훌륭한 수험자들의 조복에도 굴하지 않고 집념이 강한 것이 보통이 아닌 것 같았다. (아오이 권②)

이 대목에서 겐지를 비롯한 좌대신가의 사람들이 아오이노우에가 회

아오이노우에를 괴롭히는 로쿠조미야스도코로의 모노노케(『絵本源氏物語』, 東京大学文学部国語国文学研究室蔵)

임으로 인해 고통 받는 것을 모노노케의 탓이라고 생각하고, 또한 이를 치유하는 과정이 잘 나타나 있다. 겐지의 애인 로쿠조미야스도코로(六条御息所)는 소위 우차 소동(車争い)에서 아오이노우에의 가신들로부터 심한 모욕을 당했다고 생각한다. 그리고 아오이노우에가 회임을 했다는 소문을 접한 로쿠조미야스도코로는 자신도 어찌할 수 없는 질투심으로 인해 혼이 유리되어 생령이 빠져나간다. 한편 좌대신가에서는 아오이노우에게 붙은 모노노케 중에서 영험 있는 수험자들이 아무리 가지기도를 해도 요시마시에 옮겨 붙지도 않고 끈질기게 아오이노우에를 괴롭히는 모노노케를 로쿠조미야스도코로라고 생각한다.

다음은 로쿠조미야스도코로가 스스로 자신의 혼백이 모노노케가 되어 임신한 아오이노우에를 괴롭힌다고 자각하는 대목이다.

> 좌대신 저택에서는 모노노케가 대단히 많이 나타나 심히 괴로워한다. 로쿠조미야스도코로는 모노노케가 자신의 생령이라든가 죽은 아버지 대신의 원령이라는 사람이 있다는 말을 듣고 생각해 보니, 자신의 운명이 기구함을 한탄하는 것 외에 다른 사람이 불행하게 되도록 하려는 마음은 없지만, 혼백은 근심걱정으로 인해 몸을 빠져나간다고 하는데 그럴 수도 있는가 하고 짚이는 일도 있다. 최근 몇 년 동안 온갖 근심걱정을 해왔지만 이렇게까지 마음을 졸이지는 않았다. 정말 대수롭지 않게 재원이 결재하는 날 저쪽으로부터 무시당했던 그 사건 이래로 마음이 들떠 얼이 빠진 듯이 안정되지 않은 탓인지 잠시 깜박 조는 꿈에, (자신이) 그 마님이라 생각되는 사람이 정말 아름다운 모습으로 계신 곳에 나아가 이것저것 괴롭히고 미치광이처럼 난폭하고 무섭게 외골수가 되어 거칠게 끌어당기고 하는 장면을 자주 보게 되었다.(아오이 권②)

로쿠조미야스도코로는 자신의 생령이나 아버지의 원령이 아오이노우에의 출산을 괴롭히고 있다는 소문을 듣는다. 그녀는 이전에 가모신사(賀茂神社)의 신재원(新斎院)이 재계(禊)를 하는 날의 우차 소동으로 겐지의 본처인 아오이노우에 집안의 하인들로부터 심한 모욕을 당했던 일을 생각하면서, 꿈속에 자신도 모르게 그녀를 찾아가 괴롭히게 된다는 것을 느낀다. 즉 아오이 권에서 로쿠조미야스도코로의 모노노케가 발현하게 되는 동기는 아오이노우에에 대해, 겐지를 사랑하는 여성으로서 질투와 자존심의 상처로 인한 것임을 알 수 있다.

아오이노우에의 출산이 가까워지자 꼼짝하지 않았던 로쿠조미야스도코로의 모노노케는 드디어 그 정체를 드러낸다.

> 모노노케: "한탄스러워 몸을 빠져나간 저의 혼백을 옷자락으로 묶어 붙잡아 주세요" 라고 말씀하시는 목소리와 느낌이 아오이노우에 본인과는 전혀 다른 사람으로 변해버렸다. 이건 아무래도 이상하다고 생각해보니 바로 그 로쿠조미야스도코로였다. 너무나 놀라 지금까지 사람들이 이러쿵저러쿵 하는 소문을 들어도 입방아 찧기 좋아하는 사람들의 허튼소리라고 못들은 척하고 있었는데, 눈앞에서 이렇게 생생하게 보게 되니 세상에는 이런 일도 있는 것인가 하고 울적한 기분이 되었다.(아오이 권②)

그간 겐지는 사람들이 로쿠조미야스도코로에 대한 여러 가지 소문을 믿지 않고 있었지만, 모노노케의 정체가 로쿠조미야스도코로라는 것을 스스로 확인한 순간 역겨운 기분이 들었다. 겐지는 출산을 앞둔 아오이노우에에게 처음으로 깊은 애정을 느끼게 되는데, 자신이 대화한 상대가 로쿠조미야스도코로의 모노노케라는 것을 알게 된 것이다. 모노노케는 먼저 겐지에게 승려들의 가지기도를 멈추어 달라고 애원하고 자신의 근심

걱정으로 인해 혼이 유리되는 것 같다고 고백한다. 이윽고 아오이노우에가 남자 아이를 출산하자 모두가 축하하고 승려들도 안심하며 사찰로 돌아갔다.

겐지를 비롯한 좌대신 집안의 남자들도 궁중의 관리임용식(司召除目)에 나간 후, 아오이노우에는 다시 모노노케의 발작이 일어나 겐지에게 알릴 사이도 없이 숨이 끊어진다. 이미 한밤중이라 히에이산(比叡山)의 승려를 불러도 소용없는 일이라, 겐지는 하는 수 없이 도읍 동쪽의 도리베노(鳥辺野)에서 아오이노우에의 장례를 치른다. 모노노케에 대한 역사 민속학적인 연구가 많이 있지만, 여기서 아오이노우에를 죽인 모노노케는 로쿠조미야스도코로의 질투로 인해 아오이노우에가 출산을 하다가 사망한 것으로 본다. 그 결과로 겐지가 이상적인 여성 무라사키노우에(紫上)와 결혼을 하게 된다는 작의가 진행되는 점에 주목할 필요가 있다.

봄나물 하권(若菜下卷)에서는 여성들의 화려한 음악회(女樂)가 끝나고, 겐지가 자신의 여성관계를 술회한 후 무라사키노우에는 갑자기 발병하게 된다. 이에 겐지가 무라사키노우에의 거처를 이조원(二條院)으로 옮기자 육조원(六條院)은 인적이 드문 저택이 된다. 이 기회를 틈타 가시와기(柏木)는 은밀히 육조원으로 숨어들어, 이전부터 사모하던 겐지의 정처 온나산노미야(女三宮)와 밀통을 하고, 두 사람 모두 죄의식에 사로잡혀 전전긍긍한다. 한편 이조원의 무라사키노우에가 다시 위독해지자, 겐지는 이를 '모노노케의 소행일 것이다'라고 하며 영험 있는 수험자들을 불러 모아 머리에서 연기가 나도록 가지기도를 시킨다. 이에 좀처럼 모습을 드러내지 않던 모노노케가 요리마시인 '작은 여자아이에게로 옮겨가서' 소리를 지르자, 무라사키노우에는 겨우 숨을 내쉬며 혼수상태에서 깨어난다. 이리하여 겨우 조복된 모노노케는 겐지에게 할 말이 있으니 다른 사람들은 모두 나가달라고 한다. 그리고 자신이 이렇게 다시 나타난 것은 옛날의 미련이 남아있기 때문이라고 하며 울고 있는 모습은, 겐지가 이전에 아오이노우에의 임종에서 보았던 바로 그 로쿠조미야스도코로의 모노노케였다.

그리고 겐지와 로쿠조미야스도코로의 모노노케는 다음과 같은 대화를 나눈다.

> **겐지**: "정말 그 사람인가. 나쁜 여우 등이 실성하여 죽은 사람의 불명예가 되는 이야기를 한다고 들었다. 분명히 이름을 말하라. 달리 아무도 모르는 일로 내가 분명히 기억할 수 있는 것을 이야기하라. 그렇게 하면 조금은 믿을 것이다."
> 라고 말씀하시자, 눈물을 뚝뚝 흘리며,
>
> **모노노케**: "내 육신은 완전히 변해버렸지만, 옛 모습 그대로 시치미를 떼는 당신은 변함이 없군요. 정말로 원망스럽군요, 원망스러워."
> 라고 하며 소리 내어 울지만, 그래도 어딘지 모르게 부끄러워하는 모습은 옛날의 로쿠조미야스도코로와 다름없어 오히려 정말 기분 나쁘고 싫어서 더 이상 아무 말도 하지 못하게 해야지 하고 생각하셨다.(봄나물 하권④)

겐지는 무라사키노우에에게 나타난 모노노케가 로쿠조미야스도코로의 사령(死靈)인 것을 확인하고 다시 한번 놀랍고 꺼림칙하게 느껴져 섬뜩한 마음이 들었다. 로쿠조미야스도코로가 강한 집념과 질투심으로 죽은 사령이 되어 다시 나타난 것을 본 겐지는 절망적인 심경이 되었다. 로쿠조미야스도코로의 사령은 겐지에게 자신의 딸 아키코노무(秋好) 중궁의 후견을 맡아준 점에 대해서는 고맙게 생각하지만, 자신을 좋지 않게 이야

출가한 스자쿠 천황과 딸 온나산노미야(『国宝源氏物語絵巻』, 平安時代末期, 徳川美術館)

기하는 것은 참을 수 없다고 말한다. 그리고 로쿠조미야스도코로의 사령은 무라사키노우에를 그다지 미워하지는 않지만, 겐지는 신불의 가호가 깊어서 붙을 수가 없어 하는 수 없이 무라사키노우에에게 나타난 것이라고 고백한다.

가시와기 권(柏木卷)에서 겐지가 가시와기와 온나산노미야의 밀통을 알게 된 후, 세 사람은 제각기 고뇌하는 가운데 온나산노미야는 가시와기의 아들 가오루(薫)를 출산한 후 출가할 결심을 밝힌다. 아버지 스자쿠 천황의 도움으로 온나산노미야가 출가한 후, 또 다시 나타난 로쿠조미야스도코로의 모노노케는 자신이 온나산노미야의 출가에도 관여했다는 것을 밝힌다.

> 후반야의 가지에 모노노케가 나타나서, 〈모노노케〉 "그것 봐요. 한사람에 대해서는 정말 잘 회복했다고 생각하시겠지요. 무라사키노우에만을 사랑하시는 것이 너무나 얄미웠기에 이 근처에 살짝 와서 며칠 동안 붙어 있었던 것입니다. 이제 사라지겠습니다."라고 하며 웃는다. 겐지는 너무나 한심한 생각이 들어 그렇다면 이 모노노케가 여기에도 붙어있었다는 말인가라고 생각하니, 온나산노미야가 안타깝기도 하고 또 출가시킨 것이 후회되었다. (가시와기 권④)

후반야란 새벽 6시경으로 모노노케가 공허하게 메아리치는 웃음은 겐지를 소름끼치게 했을 것이다. 겐지는 온나산노미야의 출가에게도 로쿠조미야스도코로의 모노노케가 관여했다는 사실을 확인하고, 아연실색하며 지금까지 온나산노미야에 대해 박정하게 대한 것을 후회하고 애처롭게 생각한다. 즉 로쿠조미야스도코로의 모노노케는 겐지의 정처인 아오이노우에를 죽이고, 정처격인 무라사키노우에를 발병하게 하고, 온나산노미야를 출가하게 한 것이다. 즉 로쿠조미야스도코로의 질투심에서 발현된 모노노케는 아오이노우에와 무라사키노우에, 온나산노미야를 파멸시킴으로써 겐지의 왕권과 영화의 상징인 육조원을 파괴하고 상대화(相對化)시키는 역할을 하게 되는 셈이다.

무라사키시키부는 가집 『무라사키시키부집』 44, 45에서 모노노케를 '마음의 귀신(心の鬼)', '귀신의 모습(鬼の影)'이라는 표현으로 읊었다. 즉 후처의 병이 전처의 모노노케 때문이라고 하는 것은 후처의 의심암귀(疑心暗鬼) 때문이라는 것이다. 『무라사키시키부집』의 논리에 따르면 로쿠조미야스도코로의 모노노케는 결국 겐지 자신의 마음에서 유발된 것이고, 어령이나 생령, 사령 등도 이를 당하는 사람의 마음에서 유발된 의심암귀라 할 수 있다.

스자쿠 천황의 질병

아오이 권(葵巻)에서 기리쓰보 천황이 양위하자 스자쿠 천황이 즉위하고, 후지쓰보 중궁과 겐지의 밀통으로 태어난 아들이 동궁(冷泉帝)이 된다. 그리고 비쭈기나무 권(賢木巻)에서 기리쓰보인(桐壺院)이 후지쓰보 중궁, 스자쿠 천황, 동궁, 겐지에게 각각 유언을 남기고 임종하자, 조정의 주도권은 우대신 일가의 권세가 압도하게 된다. 한편 스자쿠 천황은 심약하여, '어머니 황태후와 조부인 우대신이 각각 하시는 일은 반대할 수가 없고, 세상의 정치가 뜻대로 되지 않는 것 같다.'(비쭈기나무 권)고 생각한다.

이후 스자쿠 천황은 기리쓰보인의 유언을 지키려고 노력하지만, 모후인 고키덴 대후(大后)와 외척인 우대신 일파로 인해 겐지가 스마로 퇴출 당하는 것을 지켜볼 수밖에 없다. 겐지가 스마로 퇴거하게 된 표면적인 이유는 오보로즈키요와의 밀회가 발각된 사건 때문이다. 그러나 심층적인 이유로는 겐지가 와카무라사키 권에서 꾼 꿈에서 자신이 천황의 아버지가 될 것이라는 해몽을 의식하고, 동궁의 후견이 되라는 고 동호원의 유언을 상기하여 스스로 퇴거한 것으로 볼 수 있다.

스마로 퇴거한 겐지의 꿈에 나타난 고 기리쓰보인은 스미요시(住吉) 신의 인도에 따라 스마의 해변을 떠나라고 한다. 그리고 기리쓰보인은 스자쿠 천황의 꿈에도 나타나 다음과 같은 주의를 주자, 스자쿠 천황은 발병하게 된다.

> 그해 조정에는 신기한 전조가 빈번하게 나타나 왠지 소란스러운 일이 많았다. 3월 13일, 천둥 번개가 치고 비바람이 소란한 밤, 천황의 꿈에 기리쓰보인이 궁전 앞의 계단 아래에 서서 대단히 기분 나쁘게 쏘아보시자 (스자쿠 천황은) 단지 황송해할 뿐이다. (기리쓰보인은) 여러 가지 일에 대하여 주의를 시키시는 것이었다. 겐지에 관한 일이었을 것이다. 〈중략〉 스자쿠 천황은 부황이 노려보는 눈과 서로 마주친 꿈을 꾼 탓인지, 눈병을 앓게 되셔서 대단히 고통스러워하셨다. 금기사항을 궁중에서도 대후의 저택에서도 지키게 했다. 태정대신이 돌아가셨다. 그만한 나이이기는 했지만, 계속해서 자연히 좋지 않은 일이 일어나고, 대후 또한 왠지 몸이 좋지 않아 나날이 쇠약해지자, 천황은 이것저것 걱정을 하신다.(아카시 권②)

스자쿠 천황은 겐지를 스마로 퇴출시켰기 때문에 천변지이가 일어나고, 부황이 꿈에 나타나 기분 나쁘게 자신을 쏘아보고, 그 결과 안질(眼疾)을 앓게 되었다고 생각한다. 또한 같은 이유로 외조부인 태정대신이 죽고, 고키덴 대후마저도 병이 깊어졌다고 보고 있다. 즉 스자쿠 천황은 이러한 모든 재앙의 원인을 자신이 기리쓰보인의 유언을 무시하고 무고한 겐지를 퇴거하게 한 것이 그 원인이라 생각한 것이다. 결국 스자쿠 천황은 어머니 대후의 만류를 뿌리치고 동궁에게 양위를 생각하고, '조정의 후견이 되어 세상의 정치를 맡을 수 있는 사람'(아카시 권)이 있어야 하는데, 이에 적합한 인물은 겐지 외에는 없다고 생각하여 조정으로 복귀하라는 명령을 내린다.

겐지는 2년여 스마·아카시의 퇴거생활을 마치고 사면의 선지(宣旨)를 받아 권대납언(權大納言)이 되어 조정에 복귀한다.

> 대후는 심한 병을 앓으시고, 게다가 결국 겐지를 제압하지 못했다는 것을 원통하게 생각하고 있었지만, 스자쿠 천황은 고 기리쓰보인의 유언을 마음에 두고 계신다. 반드시 뭔가의 응보가 있을 것이라는 생각이 들었는데, 겐지를 원래 자리로 부르신 후로는 기분이 상쾌한 듯했다. 때때로 불편했던 눈도 이제 완전히 나았지만, 아무래도 그렇게 오래 살지는 못할 것이라고 초조해 하시고 보위에도 오래 계시지 않으려고 생각하시며, 항상 찾으시기 때문에 겐지는 입궐하여 가까이 있었다.(수로 말뚝 권②)

스자쿠 천황은 모후의 조언에도 불구하고 기리쓰보인의 유언을 지키지 못한 점을 더욱 의식했다. 그리고 안질이 낫게 된 것도 유언에 따라 겐지를 소환하여 동궁의 후견으로 승진시켰기 때문이라고 믿고 있다. 겐지가 조정으로 복귀한 것은 스자쿠 천황의 눈병이라는 동인과 유언이나 예언, 해몽은 반드시 실현된다는 것이 이야기 문학의 논리인 것이다. 즉 이야기 문학의 작의는 스자쿠 천황은 아버지의 유언을 지킴으로써 눈병이 낫게 되고, 겐지의 왕권을 확립시킨다는 것이다.

아카시 권으로부터 10년 후인 봄나물 상권에서 스자쿠 천황은 '내내 건강이 좋지 않고 병을 앓으시는' 상태라 조만간에 출가할 것을 생각하고 있다. 42세가 된 스자쿠 천황은 자신의 병을 가지기도를 통해 치료하기보다 여생도 얼마 남지 않았다고 생각하여 출가를 통해 치유하려 한다.

여러 해 동안 출가에 대한 마음이 깊었는데, 모후인 대후가 살아계신 동안은 여러 가지 이유로 조심하여 지금까지 망설이고 있었는데, 역시 이 길로 마음이 끌린 것이겠지. 이제 그렇게 오래 살지 못할 것 같구나."라고 말씀하시고 이것저것 출가를 위해 필요한 준비를 하신다.(봄나물 상권④)

스자쿠 천황은 병약한 체질로 자주 병을 앓아 출가를 원했지만 그간 모후가 살아있어 마음대로 할 수가 없었다. 이제 그 짐도 벗게 되어 바라는 출가를 하겠다는 것이다. 그런데 스자쿠 천황의 출가에 또 하나 짐이 되는 것은 자신의 가장 총애하는 셋째 딸 온나산노미야(女三宮)였다. 그래서 스자쿠 천황은 아들인 동궁에게 온나산노미야의 장래를 부탁하는 한편으로, 온나산노미야의 결혼을 마무리 짓고 출가를 결행하기로 한다. 그래서 스자쿠 천황은 온나산노미야의 후견으로 적합한 사람을 찾다가 결국 겐지에게 강가(降嫁)시키는 것으로 결정한다. 겐지의 입장에서는 온나산노미야가 후지쓰보 중궁의 질녀이기에 소위 '지치 풀의 연고(紫のゆかり)'가 되는 사람이라는 점에 매력을 느끼게 된다. 즉 스자쿠 천황의 발병으로 인해 딸 온나산노미야의 결혼문제가 대두되고, 겐지가 고귀한 신분의 황족이라는 이유로 강가가 결정된다. 즉 온나산노미야의 강가로 인해, 겐지의 육조원은 명실상부한 왕권이 확립됨과 동시에 평화로운 가정의 질서가 상대화되고 조락하는 계기가 된다.

스자쿠 천황의 질병은 주로 아카시 권과 봄나물 상권에 기술되는데, 전자는 스마·아카시의 겐지를 다시 도읍으로 불러 조정의 후견으로 앉히는 계기가 되었고, 후자는 온나산노미야를 겐지에게 강가시키는 동인이 되었다고 할 수 있다. 즉 스자쿠 천황의 질병도 단순하게 발병한다는 것이 아니라, 장편 이야기의 주제를 움직이는 작의로서 역할하고 있다는 것을 알 수 있다.

마치며 - 이야기 문학과 치유의 논리

 헤이안시대와 『겐지 이야기』를 중심으로 등장인물의 질병과 치유의 논리를 고찰해 보았다. 특히 이야기의 장편 주제와 깊은 관련이 있는 겐지와 오보로즈키요의 학질, 아오이노우에와 무라사키노우에의 모노노케로 인한 질병, 스자쿠 천황의 질환을 중심으로 살펴보았다. 헤이안 도읍의 귀족들은 질병을 앓게 되었을 때 대체로 승려나 수험자들을 불러 가지기도로 치유를 받았다. 그리고 만년의 나이가 된 스자쿠 천황의 경우는 출가를 통해 현세의 고뇌와 질병에서 벗어나려고 했다.
 겐지가 학질에 걸려 기타야마의 고승에게 가지를 받고 완쾌되는 이야기에는 무라사키노우에와 아카시노키미를 만나게 되는 이야기가 작의되어 있다. 또한 겐지는 오보로즈키요의 학질을 계기로 밀회를 계속하다 우대신에게 발각되고, 고키덴 뇨고로부터 추방당하기 전에 스스로 스마로 퇴거한다. 스마 퇴거로 인해 만난 아카시노키미와의 사이에 태어난 딸은 겐지가 섭정의 지위를 달성하게 해 준다. 아오이노우에를 죽이는 로쿠조미야스도코로의 모노노케는 질투심의 화신이지만 질병의 성격을 띠고 있다. 그리고 아오이노우에의 죽음은 결과적으로 겐지와 무라사키노우에와의 결혼을 유도하기 위한 복선이 된다는 점을 확인할 수 있었다. 또한 로쿠조미야스도코로의 모노노케는 온나산노미야를 출가하게 하고 무라사키노우에를 발병하게 만든다. 즉 모노노케는 일종의 질병이지만 겐지의 부인들을 차례로 파멸시킴으로써 영화의 상징인 겐지의 저택 육조원을 파괴하고 상대화시킨다. 스자쿠 천황의 질병은 겐지의 권력과 영화를 부활시키는 역할을 하거나 온나산노미야를 겐지에게 강가시키는 복선으로 작용한다.

 이와 같이 『겐지 이야기』에 묘사된 질병은 단순히 발병하고 치유되는 것이 아니라, 발병이 계기가 되어 장편적 주제의 복선이 된다는 것을 알 수 있다. 즉 겐지와 오보로즈키요의 학질은 와카무라사키 이야기와 스마 퇴거의 논리를, 아오이노우에와 무라사키노우에를 괴롭히는 모노노케는 겐지와의 인간관계를, 스자쿠 천황의 질병은 겐지의 영화와 왕권달성의 이야기를 위해 설정되었다는 것을 확인할 수 있다.

일본을 생각하다
목근춘추 3

한·일 교류와 소통

일본인과의 커뮤니케이션

임영철

들어가며

　최근 각종 매스미디어를 통해 언제 어디서든 한일 양국에 대한 정보를 손쉽게 접할 수 있게 되었다. 내용 또한 예전과 비교할 수 없을 만큼 다양해졌다. 그런데 한일 간의 정보 교류와 더불어 인적·물적 교류가 활발해지면 해질수록 예상치 못한 오해나 마찰이 발생하고 있다. 이문화간 커뮤니케이션(cross-cultural communication)이라는 연구 분야가 주목받는 이유다.
　본고에서는 한국인과 일본인이 커뮤니케이션을 할 때 발생하는 오해나 마찰에는 어떤 것들이 있을까? 한일 양국의 커뮤니케이션 스타일에 내재되어 있는 사회·문화적 차이를 규명하고, 나아가서는 이문화간 상호 이해의 실마리를 찾고자 인사표현, 화제의 전개 방법, 호칭의 변화에 대해 사회언어학적 관점에서 고찰하고자 한다.

커뮤니케이션 스타일

본론에 들어가기에 앞서 이해를 돕기 위해 커뮤니케이션 스타일이란 무엇이며, 연구가 이루어진 배경에 대해 살펴보자.

커뮤니케이션 스타일이란

일반적으로 사람들은 원활하게 대화를 진행하기 위해 의식적이든, 무의식적이든 여러 가지 대화전략(strategy)을 사용한다. 예를 들면 남에게 부탁할 때 언제 이야기를 꺼내 언제 끝맺을 것인지, 그 시기를 엿본다. 타이밍의 중요성을 알기 때문이다. 화제를 선택할 때도 어떤 화제가 좋을지 고민한다. 또 어떤 어조로, 어느 정도의 속도로 이야기해야 할 것인지, 어떤 제스처를 해야 할 것인지 등 여러 가지 대화전략을 사용한다.

외국인과 대화를 할 때 대화전략이 서로 달라 미스커뮤니케이션으로 이어지는 경우가 있다. 민족이나 지역, 계층, 성별, 학력 등 말하는 이가 속하는 그룹에 따라 상식이나 규범 등 그 배경이 사뭇 다르기 때문이다. 이런 까닭에 일본인에게 나이는 몇인지, 월급이 얼마인지, 결혼은 했는지 등을 묻는다는 것은 그다지 좋은 화제라 할 수 없다.

이처럼 대화를 구성하는 요소나 대화전략을 사회언어학에서는 커뮤니케이션 스타일이라 한다. 바꾸어 말하면 커뮤니케이션 스타일이란 언어행위를 하는 스타일로서 한국인은 한국인다운, 일본인은 일본인다운 스타일을 갖는다는 것이다. 같은 맥락에서 남자는 남자다운 여자는 여자다운 스타일이 있으며, 학력 차이나 사회적 계층에 따라서도 스타일이 다르다. 즉 커뮤니케이션 스타일이란 '~다운'이나 '~답다'라 할 수 있으며, 몸짓, 표정, 시선, 공간, 신체적 접촉 등 그 연구 범위가 굉장히 넓다. 그렇다면 왜 이런 연구가 이루어지게 되었을까? 그 배경에 대해 살펴보자.

이문화간 커뮤니케이션의 연구 배경

이문화간 커뮤니케이션 연구의 시작은 1960년대로 그 중심은 미국이다. 미국의 이문화간 커뮤니케이션 연구자인 사모바 외(Samovar, L.A, Poter,R.E. and Jain, N.C.,)는 미국에서 이 분야의 연구가 이루어진 배경을 다음과 같이 설명하고 있다.(Samovar,L.A, Poter,R.E. and Jain,N.C.저, 西田司 외 역, 『異文化コミュニケーション入門』, 聖文社, 1983)

첫째 1960년대 후반부터 1970년대 초반까지는 교통수단의 발달로 지구촌 시대로 접어들어 단시간에 세계 어디든 갈 수 있게 되었다. 인적 교류가 빈번하게 이루어졌다는 것이다. 그 결과 누구나 쉽게 이문화와 접촉하다보니 자기 나라와 다른 커뮤니케이션 스타일에 관심을 갖게 되었다. 또한 외교, 통상 분야 등 국가 간에 교섭을 할 때도 이문화간 커뮤니케이션을 이해해야 할 필요성이 대두되었다.

둘째 1976년부터는 미국을 찾는 외국인이 급증하기 시작했다. 우연의 일치일지 모르지만, 이 시기는 미국인이 이문화간 커뮤니케이션에 관심을 갖기 시작한 시기와 일치한다. 그리고 이란 등 다수의 제3세계 국가가 탄생하여 서방 세계의 이해를 초월하는 혁명 정권이 수립되었다. 국제회의에서는 문화나 종교가 다른 나라의 대표가 참가하여 전 세계적인 규모의 외교정책이 논의되었다. 필연적으로 이문화에 대한 이해가 필요하게 되었다.

셋째 미국은 당시까지만 해도 국제 비즈니스의 장에서 부동의 리더였다. 그런데 제3세계 등 다른 나라의 경쟁력 강화로 리더십이 약해졌을 뿐만 아니라 국내시장에서조차 여러 나라의 영향을 받게 되었으며, 비즈니스나 취업을 하는데도 이문화에 대한 이해가 필요하게 되었다. 오일쇼크가 말해주듯이 지구상의 천연자원의 한계, 식량부족 등 심각한 문제는 지구촌 사람들의 공통 관심사가 되었다. 더욱이 핵무기로 인한 참극을 피하기 위해 핵보유국 간의 밀접한 커뮤니케이션이 필요하게 되었다.

결론적으로 말하면 지구촌 시대의 돌입으로 인해 상호이해는 인종이나 종교, 문화를 초월한 전 세계적인 규모로 판단하지 않으면 안 되게 되었으며, 이런 제반 문제의 해결은 이문화간 커뮤니케이션 스타일에 대한 연구로부터 시작된다는 것이었다.

매뉴얼화된 일본 사회

일반적으로 인사란 실질적인 정보를 전달하는 기능은 거의 없다. 하지만 일상생활을 영위하는데 있어서 없어서는 안 될 매우 중요한 행위 중의 하나다. 마치 윤활유와 같은 역할을 한다 하겠다. 그렇다면 일상생활 속에서 의례적으로 이루어지는 한일 양국의 인사표현의 스타일에는 어떤 차이가 있을까?

유사점이 많은 인사표현

한국어와 일본어의 인사표현은 서구의 여러 언어뿐만 아니라 가까운 중국어와 비교해도 유사점이 많다.

먼저 한국어와 일본어는 같은 인사말을 하더라도 손윗사람인지, 손아랫사람인지에 따라 "안녕하세요(おはようございます)"라 하기도 하며, "안녕(おはよう)"이라 하기도 한다. 즉 상대방이나 장면에 따라 공손도(politeness)가 다른 표현을 사용한다는 특징이 있다. 그러나 영어와 중국어는 상대방이 손윗사람이든 손아랫사람이든, "Good morning"이나 "你好"를 사용한다. 즉 영어나 중국어의 인사표현은 한국어와 일본어와는 달리 상대에 따른 공손도에 차이가 없다는 것을 알 수 있다.

다음으로 일본어의 인사표현은 "先日はどうもありがとうございました(요전에는 감사했습니다)", "いつもお世話になっております(항상 신세를 지고 있습니다)" 등 과거의 어떤 사항이나 행위에 대해 언급하는 경우가 많다. "Have a nice weekend"라든지, "Good luck" 등 미래의 사항이나 행위에 대해 언급하는 영어와는 대조적이다. 즉 일본어의 인사 표현은 '과거 지향적'인데 반해, 영어의 인사표현은 '미래 지향적'이라는 것이다.

한국어도 "어제는 잘 들어가셨어요.", "그 동안 별일 없으셨죠." 등과 같은 표현을 자주 사용하는 것을 보면 일본어처럼 과거 지향적이라 할 수 있다.

이런 점으로부터 한국어와 일본어의 인사표현에는 비슷한 점이 많다는 것을 알 수 있다. 그렇다면 서로 다른 점은 없을까?

미스커뮤니케이션

인사표현과 관련하여 한국 대학에서 일본어를 가르치게 된 어느 일본인 여교수의 경험담을 소개한다.

그녀는 부임 초에 한국어를 못했기 때문에 대학 내에서 필요한 서류를 준비한다든지, 업무를 처리할 때는 조교들의 도움을 받았다. 부임하면서 학과 교수들에게는 선물을 준비했는데, 조교들 선물은 미처 준비하지 못했다. 퇴근길에 고급 캔디를 사서 잡무를 도와준 조교들에게 전달했다. 조교들은 고마워하면서 예쁘게 포장된 캔디를 받았다. 그런데 일본인 여교수는 조금씩 불만이 쌓이기 시작했다.

이유는 선물을 건네준 후 며칠이 지나도 조교들에게 "맛있었습니다"라는 감사 표현 한마디 듣지 못했기 때문이었다. 일본인 여교수는 선물에 대한 반응을 기대했는데 조교들이 서로 입이라도 맞춘 듯 감사하다는 말 한마디 하지 않더라는 것이다. 며칠이 지나도 아무런 반응이 없자 '혹시 선물이 마음에 안 들어서 일까?' 아니면 '너무 하찮아서 오히려 기분 나쁜 게 아닐까?'라고 불안해지기 시작했다는 것이다.

일본인 여교수가 한국인은 선물을 받고 훗날 만나더라도 감사표현을 잘 하지 않는다는 것을 알게 된 것은 이런 경험을 통해서였다. 그런데 이 경험담에는 인사행동의 중요한 의미가 숨겨져 있다. 즉 일본인들은 이런 상황에서 감사하다는 인사말을 기대한다는 것이다. 바꾸어 말하면 일본인들은 이런 상황에서는 꼭 감사의 인사말을 한다는 것이다.

이처럼 인사 표현의 커뮤니케이션 스타일이 다르기 때문에 일본인은, 한국인은 인사를 잘하지 않는 예의를 모르는 사람들이라는 오해나 불필요한 억측을 낳는 미스커뮤니케이션의 한 예라 할 수 있다.

일회 완결형과 반복 확인형

　일본인처럼 반복해서 감사를 표하는 인사법을 '반복 확인형'이라 한다면, 한국인은 한 번만 인사를 하는 '일회 완결형'이라 할 수 있다.
　한국인은 어떤 사항이나 행위가 이루어진 자리에서 감사나 사과하는 마음을 한 번 전하면 다음에 만나더라도 예전의 일에 대해 인사를 하지 않는 편이다. 때문에 과거의 어떤 사항이나 행위에 대해 반복해서 인사를 하는 일본인은 한국인의 눈에 이상하게 비춰질 뿐만 아니라 오히려 실례가 되는 행동으로 받아들일 수 있다. 동일 맥락에서 선물을 받은 조교들이 일본인 여교수에게 감사하다는 인사를 반복해서 하게 되면 '더 받고 싶다.'든지, '더 주세요.'라는 의사표시로 받아들일 수 있다.
　사례를 통해 알 수 있듯이 일본어의 감사표현인 "毎度どうも(매번 감사합니다)"나 "ありがとうございます(감사합니다)", 사과표현인 "いつもすみません(항상 미안합니다)"은 그 자리에서 한 번만으로 끝나는 것이 아니다. 때문에 다음에 그 사람을 만나더라도 일전에 있었던 어떤 사항이나 행위에 대해 반복해서 인사를 하는 경우가 많다는 것이다.
　이런 일본인의 반복적인 인사는 보편적으로 이루어질 뿐만 아니라 편지 등의 문장표현을 통해서도 접할 수 있다. 그렇다면 일본인은 왜 과거의 어떤 사항이나 행위에 대해 반복해서 인사를 할까? 일본인은 반복해서 인사를 하는 것이 상대방과 원활한 인간관계를 유지시켜주는 하나의 방법으로 인식하고 있으며, 이런 태도를 '공손'하다고 여기는 일본인의 가치관이 반영되어 있다 할 수 있다.

공손함을 어떻게 표현해야 할까

인사표현을 하는데 있어서 일본인의 '반복 확인형'과 한국인의 '일회 완결형'은 언어행동으로서 인사(목례)를 할 때도 나타난다. 다음 에피소드는 어느 일본인 가정에서 홈스테이를 한 한국인 유학생의 경험담이다.

응접실로 안내를 받은 그는 주인에게 공손하게 고개를 숙여 인사를 했다. 그런데 주인이 허리를 굽혔다 폈다를 반복하면서 몇 번씩 인사를 해서 자기도 주인에 맞춰 서로 반복해서 인사를 했다고 한다. 이런 인사법은 TV 프로그램 등에서 외국인이 일본인을 특징화할 때나 희화화(戱畵化)할 때 볼 수 있는 장면이다.

반면에 한국인은 허리를 굽혀서 공손하게 한 번 인사를 하는 것이 일반적이다. 때문에 일본인이 반복해서 인사를 하는 모습을 보면 상대방에게 비위를 맞추려는 것처럼 보이기도 하고, 때로는 비굴해 보이기도 한다. 반대로 한 번만 인사를 하는 한국인의 인사법은 일본인에게는 너무 가볍고 성의 없어 보이며 냉담하게 느낄 수 있다.

이상 감사하는 마음을 나타내기 위한 인사표현을 통해 한일 간에 공손도를 나타내는 방법이 서로 다르며, 공손도에는 그 나라의 가치관이 반영되어 표출된다는 것을 알 수 있다.

매뉴얼화된 일본 사회

인사란 일상적으로 우리가 주고받는 구어체 인사는 물론 인사장과 같은 문어체 인사까지 실로 그 형태가 다양하다. 다음은 인사장 문화에 대해 살펴보자.

인사장이라 하면 일반적으로 크리스마스카드나 연하장, 관혼상제 안내장, 신장개업 인사장 등 일생동안 중요한 일이 있을 때마다 서로 간에 주고받는 인사장 등을 떠올릴 수 있다.

일본인들은 이사, 취업, 개업 또는 자기 신변에 변화가 생기면 일반적으로 안내장을 보낸다. 결혼식에는 청첩장과 함께 피로연 참석 여부를 묻는 반신용 엽서를 동봉한다. 규모나 예산에 맞게 좌석 수 예약이라든지, 답례품이나 음식물을 준비하기 위해서다. 참석자의 드레스 코드도 남자는 검은색 예복에 은색 넥타이, 여자는 검은색 투피스에 진주 목걸이로 거의 정형화되어 있다. 자유 복장에 참석이 비교적 자유로운 한국과는 그 분위기가 사뭇 다르다.

관련하여 필자가 일본 유학시절에 지인의 결혼식에 참석하기 위해 봉투를 사러 가서 적잖이 놀란 적이 있다. 결혼식용 봉투, 장례식용 봉투가 서로 다를 뿐만 아니라 세뱃돈 봉투, 납부금 봉투, 거마비 봉투 등 용도에 따라 각기 다른 봉투를 사용하기 때문이었다. 이처럼 각기 다른 봉투를 사용한다는 것은 일본인이 형식을 중시하고, 용도에 맞게 구분해서 사용한다는 증거일 것이다. 반면 한국은 결혼식 때는 하얀 봉투에 '축 화혼' 또는 '축 결혼'이라 쓰며, 장례식 때는 '부의(賻儀)'라고 써서 축하와 조의를 표하는 것이 일반적이다.

또한 일본의 대형서점에 가면 상황에 따라 인사말을 어떻게 해야 할 것인지를 알려주는 책을 판매하는 코너가 있다. 이런 서적을 'How to 本'이라 하는데, 이런 서적을 판매한다는 것은 그만큼 인사행동에 관심이 많다는 것을 말해주는 것이라 하겠다. 반면 한국은 제례형식에 대한 서적은 있지만 일본처럼 언어행동의 규범이라든지, 인사말을 어떻게 해야 할까에 대한 서적은 좀처럼 찾아보기 힘들다.

이런 점을 통해 일본인은 정형화된 형식을 중시하며 매뉴얼대로 행동하는 사회이며, 한국은 정형화된 형식보다는 상황에 맞게 각자 자유로운 대응을 중시하는 사회라는 것을 알 수 있다.

일본문화는 포장문화

미국의 문화인류학자인 핸드리(Hendry, J.)는 '일본문화는 포장문화다.'라고 정의하고, 그 특징에 대해 다음과 같이 논하고 있다.(Hendry, J, Wrapping Culture:Politeness, Presentation, and Power in Japan and Other Societies. Oxford: Clarendon Press, 1993)

백화점에서 판매하는 과자가 고급이면 고급일수록 하나씩 낱개로 포장되어 있으며, 낱개로 포장된 과자를 또다시 상자에 넣어 예쁜 포장지로 포장한 다음, 점포 이름이 새겨진 종이봉투나 보자기에 싸준다. 서구 여러 나라에 비하면 과대포장이라는 감이 있지만, 몇 겹으로 포장하는 것이 예의를 갖추는 것으로 이것이 일본의 선물문화라고 지적하고 있다. 따라서 일본인의 포장문화는 반복해서 인사를 하는 인사행동과 비슷한 '반복확인형'이라 할 수 있다.

그는 그 외에도 열두 겹으로 되어 있는 일본의 전통 의상의 기모노나, 조그만 주머니 속에 들어 있어 속을 들여다 볼 수 없는 부적, 또는 신사나 사찰의 건축양식 등을 통해 일본의 포장문화의 특징에 대해 언급하고 있다. 성곽도 마찬가지다.

지금까지 살펴본 것처럼 인사란 우리가 일상적으로 주고받는 구어체 인사는 물론 인사장과 같은 문어체 인사까지 실로 그 형태가 매우 다양하다. 그리고 한국어와 일본어는 어휘, 문법, 어순 등 구조적으로 유사한 점이 많은 언어다. 하지만 인사의 표현 방법이나 형태가 상당히 다르다는 것을 알 수 있다.

이런 점으로부터 인사가 한일 양국의 사회·문화를 이해하기 위한 중요한 키워드 중의 하나라 해도 과언이 아닐 것이다.

언어가 무기가 되는 사회

앞에서 언급한 바와 같이 커뮤니케이션 스타일은 민족, 지역, 계층, 성별 등 말하는 이가 어떤 그룹에 속하느냐에 따라 그 양상이 사뭇 다르다. 그렇다면 한국인이 본 '일본인다운' 커뮤니케이션 스타일에는 어떤 것들이 있으며, 일본인이 본 '한국인다운' 커뮤니케이션 스타일에는 어떤 것들이 있을까? 한국인과 일본인의 화제 전개방법 등 개인영역(territory) 의식이 어떻게 다른지에 대해 살펴보고자 한다.

정보제공을 요구하는 한국인

한일 양국의 여러 조사 전문기관의 조사 결과를 보면 한국인이 본 일본인은 합리적이고 친절하지만 냉정하다는 이미지가 강한 듯하다. 이에 반해 일본인이 본 한국인은 성격이 밝고 예의 바르지만 감정적이며, 너무 직설적이어서 당황할 때가 많다는 것이다. 예를 들면 만난 지 얼마 되지 않았는데도 "몇 살이세요?"라고 직설적으로 묻는다는 것이다. 일본인의 입장에서 보면 이런 질문은 예의에 벗어난 행위라 할 수 있다. 그렇다면 왜 한국인은 상대방의 나이를 물을까?

유교의 영향을 받아 절대경어가 요구되는 한국 사회에서는 나이가 상대방을 언어적으로 어떻게 대우해야 할까를 결정하는 하나의 요인이 되기 때문이다. 따라서 한국인이 나이를 묻는 것은 상하관계에 따라 그에 상응하는 표현을 사용하고 싶기 때문이라 할 수 있다.

그리고 한국에서 살아본 경험이 있는 일본인이 쓴 책을 보면 "월급은 얼마를 받느냐?", "어디 사느냐?", "자기 집이냐?", "집은 몇 평이냐?", "결혼은 했느냐" 등 개인의 프라이버시에 관계되는 사항을 꼬치꼬치 캐묻는 사람들이 많다는 것이다. 그렇다면 한국인은 왜 이런 질문을 할까?

오쿠야마 요코(奧山洋子)는 한국과 일본의 대학생을 대상으로 처음 만난 자리에서 주고받는 대화를 통해 다음과 같은 흥미 있는 결과를 도출하고 있다.(奧山洋子, 『質問と自己開示による情報収集の韓日比較―大学生同士の初対面の会話資料をもとに―』, 中央大學校大學院博士学位請求論文, 2000)

다음의 〈표〉는 상대방과 처음 만난 자리에서 5분 동안 어떤 화제의 대화를 주고받는지에 대한 조사결과다. 표에서 '자기 정보제공 화제 수'란 "○○○라고 합니다." 등 자신의 신상 정보를 제공하는 화제의 횟수다. '상대방에 대한 질문 수'는 "성함은?"처럼 상대방의 정보 개방을 요구하는 질문으로서 화제가 유도된 횟수를 말한다.

	한국인	일본인
자기 정보제공 화제 수	4.2	6.0
상대방에 대한 질문 수	9.6	6.7

먼저 자기 정보제공 화제 수를 살펴보면 일본 대학생(6.0)이 한국 대학생(4.2)보다 자기 자신에 대한 정보를 많이 제공한다는 것을 알 수 있다. 그런데 상대방에 대한 질문 수는 한국 대학생(9.6)이 일본 대학생(6.7)보다 그 횟수가 많다. 즉 한국 대학생은 비교적 짧은 시간에 자기에 대한 정보보다는 상대방에게 정보제공을 요구하는 질문을 많이 한다는 것이다.

그런데 일본 대학생끼리는 자기 정보제공 화제 수(6.0)와 상대방에 대한 질문 수(6.7)에 큰 차이가 없다. 이는 한 쪽이 적극적으로 질문을 한다든지, 자기 자신에 대해 일방적으로 이야기를 하는 것이 아니라 쌍방이 비슷하게 정보를 교환하면서 대화를 이어간다는 것을 의미한다.

공격적인 한국인과 답답한 일본인

다음은 처음 만나서 주고받은 5분간의 대화에서 '무엇' 또는 '어디'라는 의문사가 포함된 의문문을 얼마나 사용하는지를 살펴보고자 한다.

먼저 의문사를 사용한 횟수는 일본 대학생은 평균 14.7번, 한국 대학생은 평균 19.6번이다. 일본 대학생보다 한국 대학생이 질문을 통해 적극적으로 대화를 전개한다는 것을 알 수 있다. 그렇다면 구체적으로 어떤 형태의 의문문을 사용할까?

일본 대학생은 비교적 진위 의문문을 많이 사용한다. 진위 의문문은 "학생이세요?"라는 질문처럼 기본적으로 "네" 또는 "아니요"로 답할 수 있는 질문 형태다. 진위 의문문은 질문을 통해 상대방에 대한 정보를 알아내는 의문문으로서 의문사 의문문보다 간접적이며 부드러운 표현이라 할 수 있다.

반면에 한국 대학생은 진위 의문문도 사용하지만 "무엇"이라든지, "어디" 등 의문사 의문문을 많이 사용한다. "몇 년생이세요?", "어디 출신이세요?"와 같은 의문사 의문문은 "네"나 "아니요"로 대답할 수 없는 형태로 대답을 회피할 수 없는 직설적인 질문 형식이다. 그리고 한국 대학생들은 의문사 의문문을 많이 사용하는데, 그 중에서도 "왜"라는 의문사를 가장 많이 사용하며, 그 비율이 일본 대학생의 4배 정도라고 한다.

A : 남자친구 있어요?
B : 아니오, 없어요.
A : 왜, 남자친구가 없어요? 예쁜데.

　위 대화문을 통해 알 수 있듯이 처음 만난 사람에게 애인이 있느냐 없느냐를 묻는 것 자체가 프라이버시를 침해하는 사적인 화제다. 게다가 다 그치듯이 "왜 없어요?"라고 물으면 불쾌하게 생각할 수 있다. 그렇다면 한국 대학생은 왜 구체적이고 직설적인 표현을 사용할까?
　이런 직설적인 질문은 상대방에 대한 관심을 나타내고, 친근하게 다가가기 위한 방법이라 할 수 있다. 때문에 처음 만난 사람이라 하더라도 이것저것 신상을 캐묻고, 이런 과정을 통해 마치 오래전부터 알고 지낸 친구처럼 대화를 이어간다. 특히 이런 경향은 같은 학교 출신이나 같은 지역 출신자라면 더욱 강하다. 결국 일본 대학생이 직설적이고 무례하다고 느끼는 질문이 한국 대학생에게는 원활한 커뮤니케이션을 위한 하나의 대화전략이라는 것이다.
　이처럼 일본 대학생은 상대방에 대한 정보를 얻기 위해 먼저 질문을 하기보다는 상대방이 자기에 대한 정보를 제공하도록 완곡하고 간접적인 질문을 즐겨 사용한다. 그리고 상대방의 반응에 맞춰가면서 대화를 전개하는 '기다리는 수법'을 선호한다는 것을 알 수 있다. 반면에 한국 대학생은 질문을 하는 빈도수나 내용에 있어서 상대방이 자기에 대한 정보를 제공해주기를 기다리기보다는 자기가 먼저 적극적으로 직설적으로 질문을 하는 '공격적인 수법'으로 대화를 전개한다는 것을 알 수 있다.

결국 이와 같은 커뮤니케이션 스타일 차이가 일본인에게 한국인은 직설적이며 공격적으로 보일 수 있으며, 정곡을 찌르지 않고 완곡하고 모호하게 표현하는 일본인의 커뮤니케이션 스타일은 답답해 보이며 '때로는 마음을 열어 주지 않는다'고 오해할 수 있다.

울지 않아도 젖을 얻어먹을 수 있는 사회

일본인은 감정을 컨트롤할 수 없다는 것을 수치스럽게 여기므로 친구라 해도 자기의 고통이나 슬픔에 대해서는 거의 이야기하지 않으며 노여움, 좌절, 경멸, 질투, 즐거움, 애정표현도 삼가는 편이다. 이처럼 일본인은 다른 사람 앞에서 감정 표출을 극도로 자제하는 반면에 한국인은 비교적 솔직하게 잘 드러내는 편이다.

한국에서는 접촉 사고가 나면 도로 한가운데 차를 세워놓고 큰소리로 말다툼하는 장면을 목격할 수 있다. 상대방이 어떻게 잘못했으며 자기가 얼마나 정당한가를 큰소리로 따지며 자기 과실이 명백히 밝혀지지 않은 이상 절대 '미안하다'는 말을 하지 않는다. 반면에 일본인들은 잘잘못을 따지기 전에 먼저 'すみません(미안합니다)'이라 하는 경우가 많다. 이런 장면에서 사용하는 'すみません'이라는 표현은 자기의 잘못을 인정하는 사죄표현이 아니라 단지 상호의존 관계를 전제로 한 의례적인 인사표현이라 하겠다.

'우는 아이 젖 준다.'라는 말이 있다. 자기 생각을 큰소리로 주장하는 사람이 이긴다는 의미로 해석할 수 있는 말이다. 때문에 한국인은 접촉사고뿐만 아니라 일반적인 토론의 장에서도 자기 의견을 주장하며, 하고 싶은 말을 설득력 있게 피력하는 사람이 유리하다고 생각한다.

이처럼 한국인은 자기 의사를 말로 명확하게 전달하는 데 가치를 두는데, 이는 뒤끝 없이 솔직하게 자기감정이나 의견을 전달하는 것이 원만한 인간관계로 이어진다고 생각하기 때문일 것이다. 대조적으로 일본인은 간접적이고 모호한 표현을 사용하는 경우가 많은데, 이는 직설적인 표현에 대한 심리적 부담으로부터 벗어나고 싶은 심정과 상대방이 입을 상처를 미연에 방지하고자 하는 배려에서 나온 행동일 것이다.

이러한 점으로부터 한국이 '울어야 젖을 얻어먹을 수 있는 사회'라 한다면 일본은 '울지 않아도 젖을 얻어먹을 수 있는 사회'라 할 수 있다.

일본의 이심전심 커뮤니케이션 스타일

어떤 특정한 문화에는 그 문화 나름대로 고유한 맥락(context)이 있다. 예를 들어 서구인들이 선후배 관계를 따지는 한국 문화를 이해하기 어려운 것은 한국 사회 특유의 맥락을 잘 모르기 때문이다. 이처럼 한국은 한국 나름대로 오랫동안 쌓아온 문화적 맥락이 있다. 때문에 동일한 맥락을 가진 문화권 안에서는 말로 자세히 설명하지 않아도 사람들의 행동패턴을 예상할 수 있다. 그리고 이런 맥락은 일상생활을 통해 어릴 때부터 자연스럽게 형성되어 자신과 패턴이 다른 문화를 접할 때까지는 새로운 문화의 맥락을 이해하기 어려운 경우가 있다.

관련하여 홀(Hall Edward. T.)은 아메리칸 인디언 문화처럼 맥락화 정도가 높은 문화를 '고맥락 문화(high-context culture)', 스위스나 독일처럼 고도로 개인화되고 공식화된 문화를 '저맥락 문화(low-context culture)'라 했다.(Hall Edward. T., 『Beyond Culture』, Doubleday and Co., 1976) 그리고 고맥락 문화에서는 아주 간단한 의사소통을 통해 훨씬 다의(多義)적인 의미를 전달할 수 있다고 했다.

　이해를 돕기 위해 일본인의 '혼네(本音)'와 '다테마에(建前)'를 떠올리면 좋을 것이다. 일본인 사이에서는 표면적인 인사치례인 다테마에만으로도 그 속에 함의되어 있는 의미 즉 혼네를 쉽게 파악할 수 있다. 그러나 맥락화 정도가 높으면 높을수록 외국인은 일본인이 의도하는 바를 정확히 이해하기 어렵다. 반면에 저맥락 문화에서는 개인적인 성향이 강해서 의미를 문서처럼 정확하게 체계적으로 전달하는 것을 중시한다.

　이처럼 다른 체계에 속하는 문화를 이해할 때는 맥락의 인지 여부가 매우 중요하다. 예를 들면 일본어의 "考えてみます(생각해 보겠습니다)", "檢討させていただきます(검토해 보겠습니다)"는 거절 표현으로 기능하는 경우가 많다. 진의를 직접적으로 표현하지 않더라도 눈치껏 알아서 헤아려줬으면 하는 전제하에 커뮤니케이션을 하는 경향이 있다. 그래서 일생동안을 함께한 부부가 "あれとって(거시기)"라고 하면 무슨 의미인지 맥락을 통해 알 수 있다.

　이렇듯 일본인은 동일 환경을 오랫동안 공유한 사람과는 이심전심으로 통하는 커뮤니케이션 스타일을 이상적으로 여긴다. 그러나 오늘날과 같이 외국인과의 접촉 장면이 증가하고 전 세계적으로 유동성이 강한 국제화 시대에 의도가 불분명한 일본인의 이심전심과 같은 커뮤니케이션 스타일은 한국인은 물론 서구인을 불안하게 하는 경우가 많다.

대립을 피하는 일본인의 대화법

서구 사회 특히 미국 유학 경험이 있는 일본인 중에는 토론 수업 때문에 어려움을 겪었다는 이야기를 자주 듣는다. 왜냐하면 토론할 때, 발언 기회를 놓쳐 버린다든지, 다른 사람의 발언을 듣고 분위기 파악에 정신이 팔려버리는 경우가 많기 때문이라고 한다. 그리고 발언을 하지 않으면 의견이 없는 사람으로 여겨져 미국인들로부터 무시당하는 경우도 많다고 한다. 관련하여 야마다(Yamada, H.)는 일본인과 미국인의 커뮤니케이션 스타일 차이를 다음과 같이 지적하고 있다.(Yamada, H., American and Japanese Business Discourse: A Comparison of Interactional Strategies. Norwood, NJ.: Ablex, 1992)

미국인들에게 토론이란 참가자들의 의견 대립이 매우 자연스러운 언어행위로 이런 과정을 통해 접점을 찾아 합의가 이루어진다고 생각한다는 것이다. 때문에 개인의 자주적 의사 표명이 없다면 토론은 성립되지 않는다는 것이다. 특히 앵글로 색슨 계통은 이런 경향이 강해서 의견을 분명하게 표현하지 않는 모호한 언어행위는 비열하고 예의에 벗어난 행동으로 여긴다는 것이다.

반면에 일본인에게 토론이란 참가자가 독자적으로 개인의 의견을 발표하는 것이 아니라 처음부터 '의견 조율'과 '원만한 인간관계의 유지'를 목적으로 하는 행위라는 것이다. 그리고 개인 간의 의견 충돌이나 대립은 될 수 있으면 피해야 하며, 눈치와 배려로 결론을 도출하는 것을 최우선으로 여긴다는 것이다. 때문에 토론의 성공을 위해 미리 의견을 조율하는 '根回し(사전 교섭)'라는 행위가 중요하다는 것이다.

그리고 미국에서는 토론할 때의 침묵은 의사소통이 단절된 시간이므로 당연히 피해야 할 언어행위로 생각한다는 것이다. 반면에 일본에서의 침묵은 개인의 책임이 아니라 참석자 모두의 몫이 되므로 특별히 부정적인 의미를 갖지 않는다는 것이다. 미국에서는 절대적으로 회피하려는 침묵이라는 행위가 일본에서는 조화와 배려를 위한 긍정적인 행위라는 것이다. 당연히 이런 일본인의 커뮤니케이션 스타일은 미국인에게는 이상하게 비칠 것이며, 오해를 초래할 원인이 될 수 있다. 그렇다면 한국인과 일본인의 토론 문화는 어떨까?

말이 무기가 되는 한국 사회

한국 사회는 일본에 비해 자기 의견을 분명히 전달하지 않으면 의견이 없는 사람으로 여기는 경향이 있다. 교통사고 장면 등을 통해서 알 수 있듯이 자기 것은 자기 스스로 지키지 않으면 침범 당한다는 생각이 강하다. 때문에 자기 의견을 명확히 전달하기 위한 교육이 어릴 적부터 이루어지고 있다. 부모가 자식들에게 상대방 눈을 보고 이야기하라고 한다든지, 타인에게 자기 의견을 분명하게 표출할 줄 알아야 한다고 가르친다.

이렇게 하는 것이 자신감으로 이어진다고 생각하는 한국에서는 이런 능력을 익히기 위해 어릴 적부터 웅변학원에 보내는 경우도 있다. 특히 내성적인 어린이는 더욱 그렇다. 웅변학원에 다닌다는 것은 어떻게 하면 타인에게 자기 의견을 객관적으로 조리 있고 당당하게 표현할 수 있을까를 실천적으로 배우기 위해서라고 할 수 있다. 논술학원도 마찬가지다.

한국 사회에 말로써 자기 의견을 표현하는 웅변학원이나, 글로써 자기 의사를 논리정연하게 서술하는 논술학원이 존재한다는 것은 말이 무기로 작용하는 사회라는 것을 뜻한다. 때문에 주위와의 조화나 배려도 중요하지만 그에 못지않게 적극적인 발언을 통해 자기 생각을 드러내고, 어떤 일을 달성하기 위해서는 설득력 있게 말할 수 있는 능력이 높은 평가를 받는다.

일본도 말을 잘하는 방법에 대한 세미나 등을 개최하는데, 대상이 학생보다는 주로 사회인이다. 그리고 인간관계를 어떻게 해야 할까, 또는 접객 행동을 어떻게 해야 할까에 대한 커뮤니케이션의 방법이 주류를 이루고 있다. 이는 자기 생각을 어떻게 어필해야 할까라는 관점보다는 어떻게 하면 대인관계를 원만하게 할 수 있을까에 초점이 맞추어져 있다고 할 수 있다. 때문에 그 의미가 한국과는 사뭇 다르다고 할 수 있다.

거만해 보이는 일본인

인간은 다른 사람을 대할 때 상대방과의 관계를 생각하여 그 사람에게 맞는 말로 대우하려 한다. 경어가 발달한 것도 그런 이유 중 하나다. 호칭도 상대방과의 관계를 생각하여 장면에 맞는 호칭을 사용한다. 여기에서는 호칭에 대해서 살펴보자.

한국어의 '군'과 일본어의 '君'

한국인 유학생이 일본의 대학원 석·박사과정에 진학하려면 보통 1년 정도의 연구생 기간을 거친다. 이 기간 동안에 앞으로 연구하고자 하는 전공 분야는 물론 일본어와 일본사정 그리고 일본문화를 공부하면서 일본 사회에 적응하기 위한 준비를 한다.

필자가 유학 1년 차 대학원 연구생이던 시절에는 지도교수가 "任さん(임상; 임씨)"으로 불렀다. 그런데 석사과정에 합격하여 정식 대학원생이 된지 얼마 되지 않은 어느 날부터 필자를 "任君(임군)"으로 부르기 시작했다. 일본인들이야 '君(군)'이라는 호칭을 대수롭지 않게 생각할지 모르지만, 필자는 'さん(상)'에서 '君'으로 호칭이 바뀐 것에 대해 상당한 충격을 받았다. 왜냐하면 일본어를 배울 때 'さん'이 '君'보다 경의도가 높다고 배웠기 때문이다.

아울러 소속 집단에서 귀속 계급(class)에 변화가 생기면 그에 상응하는 호칭을 사용하는 것이 일반적이다. 그런데 1년 동안 열심히 공부해서 연구생에서 대학원생으로 귀속 계급이 상승했는데, 호칭은 'さん'에서 '君'으로 오히려 경의도가 낮아져버린 것이다. '역시 한국인이기 때문에 차별한다.'고 생각하고 매우 불쾌하게 여겼다.

이와 같은 생각은 두말 할 것도 없이 한국어와 일본어의 호칭 사용법의 차이로 인해 빚어진 오해다. 그렇다면 왜 이런 오해가 생겼을까?

일본어의 '君'은 선생님이 어린이나 학생을, 상사가 부하직원을, 손윗사람이 손아랫사람을 부를 때 사용하는 호칭이다. 그리고 나이가 비슷한 동년배나 직장 동료, 어린이부터 어른에 이르기까지 동성 간, 이성 간을 막론하고 널리 사용하므로 그 사용범위가 한국어에 비해 훨씬 넓다.

한국어에도 일본어의 '君'과 동일한 한자어를 어원으로 하는 '군'이라는 호칭이 있다. 일본어처럼 '김 군'이라든지, '김○○ 군'처럼 성이나 이름 뒤에 붙여 사용한다. 그러나 한국어의 '군'은 일본어의 '君'과 달리 동년배나 직장 동료, 여성에게는 사용하지 않으며, 손윗사람이 손아랫사람의 남성에게만 사용한다. 요컨대 선생님이 남학생을 부를 때나 나이 차이가 많이 나는 젊은이를 부를 때 사용한다. 따라서 직장 상사가 부하 직원이나 동료들을 부를 때 '군'은 사용하지 않는다.

이러한 점을 통해 한국어의 '군'은 남성에게 상하관계를 기준으로, 일본어의 '君'은 상하관계는 물론 동년배나 동료, 동성·이성에 관계없이 사용한다는 것을 알 수 있다.

'우치'와 '소토'의 귀속의식에 의한 호칭 구분

일본인 지도교수가 필자를 연구생 시절에는 "任さん"으로 부르다 대학원생이 되자 "任君"으로 불렀다. 그렇다면 왜 이런 변화가 일어났을까?

일본의 대학에서 연구생은 대학원 진학에 실패할 경우 재수를 한다든지, 귀국을 한다든지, 아니면 다른 학교 대학원에 진학한다든지, 그 신분이 불확실한 상태다. 따라서 지도교수와 연구생과는 애매하고 불확실한 관계로 소위 일본 문화에서 말하는 '소토(outsider)' 관계라 할 수 있다. 그러나 대학원생은 앞으로 시간을 들여 지도해야 할 '우치(insider)' 관계에 속하는 존재라 할 수 있다. 지도교수가 'さん'에서 '君'으로 호칭을 바꾼 것은 이른바 소토영역에서 우치영역으로 들어왔다는 것을 의미한다.

결국 이런 점으로부터 일본인들은 상대방이 어느 그룹에 속하느냐의 귀속의식에 따라 호칭을 구분해서 사용한다는 것을 알 수 있다. 그리고 동일 인물을 상황이나 장면에 따라 'さん'으로 부르기도 하고, '君'으로 부르기도 하고, 호칭을 생략하여(呼び捨て) 부르기도 하는데, 그 이유는 호칭을 통해 인간관계의 심리적 거리를 조절하고 서로 간의 귀속의식을 확인하는 중요한 수단이 되기 때문이다.

귀속의식을 확인하는 호칭의 변화

세월이 흘러 필자가 유학 생활을 마치고 귀국 후 얼마 지나지 않아 지도교수를 학회에서 초청하여 스승과 제자가 재회했다. 기조강연을 마친 지도교수는 학회라는 공적인 장소에서는 필자를 "任先生"으로 불렀는데, 학회가 끝나고 대학원생들과 함께한 회식 자리에서는 "任君"으로 불렀다. 며칠이 지난 후에 회식 자리를 함께했던 대학원생이 당시의 호칭을 언급하면서 일본인 지도교수가 필자를 "任君"으로 불러서 충격을 받았다고 했다. 일본인 지도교수가 필자를 얕잡아 보는 것 같았으며, 거만해 보였다는 것이다.

일반적으로 한국의 대학에서는 나이 많은 교수가 젊은 교수에게 "○ 선생"이라든지 "○ 교수"라 부른다. 아무리 원로 교수라 하더라도 '성+군'으로 부르는 경우는 거의 없으며, 이런 호칭을 사용한다는 것은 자기의 권위를 내세우는 태도로 무례한 행동이 된다. 그렇다면 일본인 지도교수는 왜 "任先生(임 선생님)"에서 "任君"으로 불렀을까?

이유는 '君'을 사용함으로써 스승과 제자라는 상하관계보다는 과거에 있었던 두 사람 사이의 우치관계의 확인과 귀속의식을 높여주었을 뿐만 아니라 다른 사람들에게도 두 사람 사이의 관계를 직·간접적으로 알려줬다고 할 수 있다. 그리고 사적인 자리이므로 친근감과 분위기를 부드럽게 하려는 의도도 내재되어 있다고 볼 수 있다.

한편 한국 사회에서도 친한 동료 교수끼리는 스스럼없는 자리에서 이름이나 별명으로 부르기도 하며, 호격조사를 붙여 "○○아(야)"라고 부르는 경우도 있다. 그러나 이런 호칭은 사적인 장소에서나 가능하지 공적인 장소나 제3자, 특히 제자와 함께 하는 자리에서는 거의 사용하지 않는다.

즉 손아랫사람과 함께 하는 장소에서는 상하관계를 우선하는 호칭을 선택한다는 것이다.

이런 점으로부터 한국인은 상하관계를 기준으로 호칭을 선택하는 반면에 일본인은 상하관계뿐만 아니라 우치, 소토의 귀속을 확인하는 의식이 선택 기준으로 작용하고 있다는 것을 알 수 있다.

친근감을 나타내는 호칭

지금까지 언급한 호칭에 대한 오해의 사례는 필자의 경험담이었다. 다음은 한국에서 근무한 경험이 있는 어느 일본인 특파원의 사례다.

그는 한국에 5년 동안 체류했는데 한국어도 유창했으며, 친한 한국인 친구도 많았다. 그러나 대부분의 한국인이 "鈴木さん" 혹은 "鈴木特派員"으로 불러서 매우 섭섭했다고 한다. 일본인의 입장에서 보면 상사나 동료로부터 "鈴木さん" 혹은 "鈴木特派員"으로 불린다는 것은 우치가 아닌 소토로 인정하는 것으로서 친근감이나 귀속의식을 느낄 수 없기 때문이었다.

그는 어느 재벌 CEO와도 개인적으로 친했는데, 그 CEO도 "鈴木君"으로 한 번도 불러주지 않았다고 한다. 그러던 어느 날 술자리에서 "어이, 스즈끼"라고 아무런 직함이나 경칭을 붙이지 않고 부른 적이 있었다. 일본에서는 성씨나 이름 뒤에 아무런 경칭이나 애칭을 붙이지 않고 부르는 경우는 거의 없는데 말이다. 그렇다면 왜 CEO가 "어이, 스즈끼"라고 불렀을까?

한국에서는 자기보다 나이 어린 사람에게 아무런 경칭도 붙이지 않고 부른다는 것은 그만큼 허물이 없고 친근하다는 것을 의미한다. 마치 일

본인이 상대방을 우치관계로 인정하면 'さん'에서 '君'으로 코드를 변환(code switching)하는 것처럼 한국인이 경칭이나 애칭을 붙이지 않는다는 것은 친근감을 나타내는 표현이 되기 때문이다.

이상을 통해 일본어의 호칭 사용에는 일본 문화의 하나의 지표(index)가 되는 우치·소토라는 귀속의식이 강하게 작용하고 있다는 것을 알 수 있다.

나가며

본고에서는 한일 양국의 커뮤니케이션 스타일 차이에 대해 살펴보았다. 그렇다면 이와 같이 한국과 일본의 언어문화를 비교한다는 것은 어떤 의미가 있을까?

첫째, 서구 여러 나라에 비해 한국과 일본은 비슷한 점이 많기 때문에 서로 간에 생각지도 못한 오해나 마찰이 생기기 쉽다. 때문에 이문화로서의 한일 간의 차이를 인식하는 것이 상대방을 자기 기준으로 판단하는 과오를 방지하고 나아가서는 서로를 존중할 수 있는 방법이 될 것이다.

둘째, 서구 여러 언어에 비해 한국어와 일본어는 유사 언어다. 한국어와 일본어가 아무리 비슷한 언어라 하더라도 그 언어를 사용하는 토양으로서의 문화가 다르기 때문에 당연히 그 사용법도 다르다. 때문에 언어를 사용할 때는 언어의 체계 즉 '문법능력'이나 사용법의 규범이 되는 '화용론적 능력'뿐만 아니라 사용법의 규범이 기능하는 사회·문화적 지식체계로서의 '언어문화 능력'이 필요하다는 것을 알 수 있다.

셋째, 한국과 일본은 순조롭게 선린우호가 이루어지는 분야가 있는가

하면 한국을 싫어하는 혐한(嫌韓)도 증가하고 있다. 이처럼 한일관계가 새로운 시대에 돌입하고 있는 오늘날, 한국과 일본의 언어와 사회에 대한 문제를 구체적으로 규명한다는 것은 자못 그 의의가 크다 하겠다. 왜냐하면 이런 분야의 지속적인 연구를 통해 인적·물적 교류는 물론 사회·문화적 교류의 구체적인 이정표가 현재적(顯在的)으로 나타나게 될 것이기 때문이다.

넷째, 한국인과 일본인의 커뮤니케이션 스타일의 차이가 자기도 모르는 사이에 오해와 편견을 낳고, 그 결과 서로의 모습을 왜곡할 가능성이 있다는 것을 알았다. 이런 오해와 편견의 메커니즘을 규명한다는 것은 언어학자가 세상에 공헌할 수 있는 역할이자 학제 간(inter disciplinary) 연구의 좋은 주제가 될 것이다. 그리고 오해나 마찰에 대한 메커니즘의 규명은 사회언어학을 비롯한 언어인류학 등, 이 분야와 관계가 깊은 연구자들이 인류 공생을 위해 규명해야 할 커다란 명제가 될 것이다.

끝으로 본고는 필자가 일본에서 출판한 『箸とチョッカラクーことばと文化の日韓比較(하시[젓가락]와 젓가락—언어와 문화의 일한 비교)』(大修館書店, 2004)의 일부를 번역 수정·가필하였음을 밝혀둔다.

일본 수상 '사토 에이사쿠'와의 만남

신근재

먼저 대화록을 일부 인용하기로 한다

박일경 : 일본이 고도성장으로 이렇게 번영하게 된 것은 수상 각하의 이름에서 비롯된 것으로 생각된다. '영화 영(榮)'자와 '만들 작(作)'자가 그것을 말해주고 있다고 본다.
신근재 : 전후의 고도 경제 성장으로 경제 대국의 반열에 오른 일본이 이제는 대국으로서의 아량과 포용력으로 리더십을 발휘해야 할 때가 되지 않았는가?
사토 에이사쿠(佐藤榮作) : 장기영(張基榮) 한국 부총리께서도 그런 말을 하더라.
신근재 : 몇 해 전 가뭄으로 한국에 흉년이 들어 일본으로부터 쌀을 30만 톤 빌려온 적이 있는데, 일본에서는 쌀을 저장할 창고가 모자라 바다 밑에 쌓아둔다고 들었다. 그것을 꼭 받아야 하겠는가?
사토 에이사쿠 : 우리도 그것을 받으려는 생각은 하지 않는다.

이 대화는 필자가 일본에 유학하던 때인 1969년 5월 23일, 일본의 내각총리를 면담했을 때 나눈 대화 내용의 일부다. 그러고 보니 반세기도 더 지난 추억을 소환하고 있는 셈이다. 신록이 우거진 화창한 늦봄의 오후였다. 장소는 도쿄 치요다쿠 나가타쵸(東京 千代田區 永田町)에 있는 수상관저의 대접견실.

나는 한일친선회(韓日親善會, 대표 박일경) 멤버의 한 사람으로서 일한친선회의 회장인 우에키 미쓰노리(植木光敎) 일본 참의원 의원의 안내를 받아, 당시 일본 수상이었던 사토 에이사쿠(佐藤榮作; 1901-1975)를 만난 것이다. 그는 후에 노벨평화상을 수상한 인물로 기록된다.

이때 사토 수상을 만난 기분을 다시 떠올려 본다. 그것은 마치 이승만(李承晩) 박사가 도미(渡美) 유학길에 하와이 한국인회 대표 윤병구 목사와 함께, 1905년 8월 4일 윌리엄 하워드 태프트(William Howard Taft) 미국 육군장관의 소개로, 뉴욕주 오이스터 베이(Oyster Bay)의 세거모어 힐(Segamore Hill)에 위치한 여름 백악관에서 노벨평화상을 받기 얼마 전의 루스벨트(Theodore Roosevelt) 대통령을 면담하고 나오는 장면과 오버랩 되어 무어라 형언할 수 없는 묘한 심정이었다.

그렇게 사토 에이사쿠 수상과의 만남을 떠올리며 잠시 그를 불러 보는 시간을 가져본다. 몇 개로 나누어 그와 그의 삶을 추억한다. 아마도 한국에서는 이미 잊힌 인물인 듯하다. 그의 삶을 다룬 글이나 기사를 찾아보기가 쉽지 않기 때문이다.

먼저, 그를 소개하는 문장으로 시작한다.

에이사쿠는 어린 시절 개구쟁이였고 골목대장이었다.

　　에이사쿠는 1901년 3월 27일 야마구치현(山口縣) 구마게군 다부세(熊毛郡 田布施)에서 양조장 댁 셋째 아들로 태어났다. 학업 성적이 우수하여 도저히 따라잡을 수 없는 두 형과 비교하면, 사토 에이사쿠는 동네 아이들과 함께 놀 때도 선두에 서서 장난질이나 치는, 공부하기를 싫어하는 전형적인 개구쟁이였고 골목대장이었다. 그렇게 알려져 있다.

　　마쓰야마(松山)중학교 입시도 130명 모집에 127등으로 들어갔고, 고등학교는 제1지망은 낙방, 제2지망으로 제5고등학교에 들어갔다. 대학은 형의 노트를 빌려 겨우 도쿄제국대학 법학부에 합격했다. 졸업 후에도 원하던 민간 기업에는 들어가지 못하고 철도성(鐵道省)에 들어가 공무원 생활을 하였다. 거기서도 동기생들보다 출세가 늦었다.

　　결코 엘리트 코스라고는 할 수 없었지만, 그가 찬스를 포착하는 능력은 누구에게도 지지 않았다고 한다. 어려운 고비를 잇달아 극복하며 마침내 일본 수상의 자리에까지 올랐다.(戎崎俊一 監修, 『Nobel賞を受賞した日本人』, ポプラ社, 2003)

　　에이사쿠의 가계도(佐藤寬子, 『佐藤寬子の宰相夫人祕錄』, 朝日新聞社, 1985)에서 보는 것처럼, 그의 첫째 형 사토 이치로(市郞)는 해군 중장을 지냈고, 둘째 형 기시 노부스케(岸信介; 1896-1987)는 수상을 지낸 인물이다.

사토(佐藤) 家의 가계도

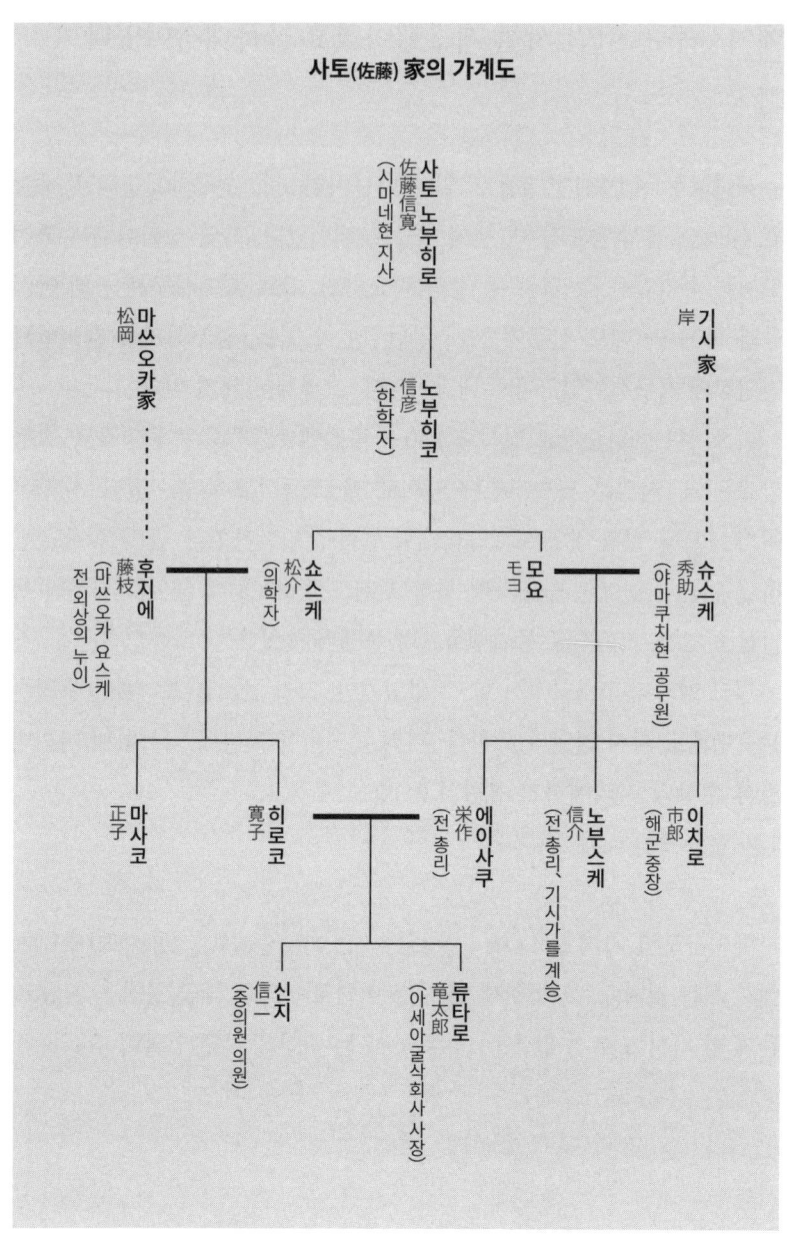

조선의옥사건(造船疑獄事件, 1954.4-1956.12)

두 번째 일본의 자유당 간사장 시절이었던 1954년 4월 19일자 도쿄의 여러 일간신문에 '사토 에이사쿠 간사장 체포'라는 뉴스가 나왔다. 이른바, '조선의옥사건(造船疑獄事件)'이다. 그러나 이틀 뒤인 4월 21일 이누카이 다케루(犬養 健) 일본 법무대신의 지휘권이 발동되어, 사토 간사장 체포는 일시 연기되었다.

이것은 '국회가 개회 중이며, 중요 법안의 심의 촉진을 위하여 여당 간사장의 신병구속을 인정할 수 없다'라는 취지였다.

사토 에이사쿠에 대한 범죄 혐의는 정부가 선박회사에 차입금의 일부를 부담하는 이자보급법(利子補給法)을 만들 때, 업계가 사토 에이사쿠 자유당 간사장과 이케다 하야토(池田勇人; 1899-1965) 자유당 정무조사회장에게 200만 엔씩 증여했다는 것. 또한, 정치기부금을 받았을 때, 소정의 신고나 절차를 밟지 않았다고 하는 정치자금규정법 위반도 문제가 되었다.

말하자면, 정치헌금 문제다. 검찰과 사회는 '사토 에이사쿠가 착복했다'는 취지로 받아들인 것 같다.(佐藤寬子, 앞의 책) 그때의 '지휘권 발동'은 일본 사법사상 최초의 일이었다.

그 후 사토 에이사쿠는 1955년 정치자금규정법 위반혐의만으로 기소되었으나, 1956년 말, 일본의 'UN가맹'에 따른 은사(恩赦)로, 대사면소(大赦免訴)가 되었다. 면소는 기소 면제, 유무죄를 가리지 않고 사건을 종결하는 것을 말한다. 은사는 나라에 경사가 있을 때에, 죄인을 풀어 주는 일을 말한다. 대사·특사·복권 등이 있다.

제39대 일본 수상(1964.11-1972.7)

실력만으로 권력을 잡을 수는 없다. '하늘이 정한다'라고 표현할 수밖에 없는 우연으로 어떤 사람은 권력의 자리에 앉고, 어떤 사람은 거부를 당한다. 그런 것을 우연이라고 해야 하나. 사토 에이사쿠는 형 기시 노부스케와 똑같은 우연으로 한번은 거부되었던 수상의 자리에 앉게 된다.

1964년 7월, 자유민주당 총재선거에서 사토 에이사쿠는 이케다 하야토와 싸워서 패배를 맛본다. 그러나 이케다가 암을 얻어 석달 후에 물러나면서, 후임으로 사토 에이사쿠를 지명한다.

그것은 일본 자유민주당 총재 선거에서 이시바시 탄잔(石橋湛山; 1884-1973)에게 패한 기시 노부스케 (岸信介; 1896-1987)가 2개월 후에 이시바시가 병을 얻어 물러나고 정권을 잡은 바로 8년 전과 같은 패턴이다.

결국, 이케다 하야토가 와병으로 물러나고 탄생한 사토 에이사쿠 정권은 일본 역사상 가장 긴 연속 장기정권이 된다. 이케다 하야토를 비롯하여 오노 반보쿠(大野伴睦; 1890-1964), 고노 이치로(河野一郎; 1898-1965) 등 라이벌이나 정적이 잇달아 타계하여, 사토 에이사쿠를 위협하는 힘이 약해졌기 때문이다. 어쩌면 육체적 수명의 길이가 정권의 길이를 지탱했다고도 할 수 있다.

그러나 1971년 강력한 쇼크가 사토 정권을 기습한다. 미국과 중국이 일본의 머리 너머로 악수를 한 것이다. 자본주의 미국과 공산주의 중국은 물과 기름과 같아 서로 융합하지 못하고, 비난을 주고받고 있었을 때다. 견원지간(犬猿之間)과 같았던 두 나라가 손을 잡았던 것.

일본은 제2차 세계대전 후 오로지 대만의 국민정부를 계속 지지하여,

중국을 국가로서 인정해 오지 않았다. 당시 중국은 미일안전보장체제에 따라 적대국으로 자리매김해 있었다. 미국과 중국의 악수는 국제정치의 드라이함과 일본 외교의 나약함을 드러내었다. 그로 인해 1년 후, 사토 에이사쿠는 퇴진으로 몰리게 된다.

'기다리는 정치가'라고도 불리던 사토는 7년 8개월 동안의 일본 수상 재임 중, 현안 사항을 몇 개 해결했다.

일본의 쇼와 천황(昭和天皇)과 동갑인 그는 전임 이케다 하야토 수상과 더불어 전후 일본의 고도성장기를 이끌었다. 한·일 기본조약의 체결, 오가사와라 제도(小笠原諸島)의 복귀 등은 그의 치적이다. 무엇보다 그의 최대 공적은 1972년 5월에 실현된 오키나와(沖繩)의 일본 복귀다. "오키나와가 복귀되지 않으면, 전후는 끝나지 않는다"고 말한 사토에게 있어 오키나와의 복귀는 그의 은퇴를 장식하는 마지막 업적이었다.(『圖解 宰相列傳 —近代日本を築いた50人』, 東京新聞出版局, 1994)

'Wife Bitter 사건'(1969)

「주간 아사히(週刊朝日)」 1969년 1월 3일 자에는 "사토 에이사쿠 일본 수상이 젊은 시절 부인을 때렸다"는 기사가 실렸다. 일본을 대표하는 작가 엔도 슈사쿠(遠藤周作; 1923-1996)와의 대담에서,

"남편은 무서워요. 힘도 세고요. 저 꽤 맞았습니다."

"장남이 동정해서요. 나는 커서 결혼하더라도 때리지 않겠다는 생각을 하고 있다. 그렇게 말했어요." 등의 발언이 발단이었다.

이 이야기는 곧 외국으로 전파되어 세계적인 센세이션을 불러일으키고 말았다.

"총리 부인이 그러한 것을 공표해서는 곤란합니다. 외국에 야만스럽다는 인상을 줍니다. 자중하지 않으면⋯⋯."

일본 국내 여러 방면의 인사들로부터 주의를 받았음에도 불구하고 남편은 남편대로,

"그 사건 이후, 신문에 나오는 주간지의 광고를 볼 때마다 그대가 또 무언가 말하고 있는 것 아닌가 하고 조마조마 하다네."

부인은 날이 갈수록 큰일을 저질렀구나 하는 생각이 점점 심해져, 어떤 좌석에서,

"저 이제 목이라도 매고 죽고 싶어요."

이렇게 무심코 수다를 떤 것이 또 외국으로 전파되어 버린 것.

어떤 분이 캐나다 어느 신문에서 발췌하여 보내주었다.

"일본의 수상 부인은 '방언(放言)'이 고통스러워 목매어 자살(hanging)을 결의했다⋯⋯"로 되어 있다.

물론 본인이 "목을 매어 죽을까"라고 한 것은 농담이 섞인 말이었다. 그런데 일본어의 미묘한 뉘앙스는 흔적도 없이 사라지고 전혀 스트레이트한 영어 표현으로 옮겨진 것이다.(佐藤寬子, 앞의 책)

노벨평화상 수상(1974)

사토 에이사쿠 수상이 왜 노벨평화상을 받았을까. 그 업적과 수상 이유

는 무엇이었을까. 다음과 같이 정리할 수 있다.

그는 일본 수상 취임 후인 1965년 8월에 오카나와(沖繩)를 방문하여, "오키나와가 반환되지 않으면 일본의 전후는 끝나지 않는다"고 선언했다. 그 후 1967년 비핵(非核) 3원칙을 발표하였는데, "① 핵무기를 갖지 않는다. ② 핵무기를 만들지 않는다. ③ 핵무기를 도입하지 않는다."가 바로 그것이다. 그리고 1968년 오가사와라제도 반환협정(小笠原諸島返還協定) 조인, 1970년 핵불확산조약(核不擴散條約) 조인, 1971년 오키나와반환협정(沖繩返還協定) 조인 등을 실현했다.

이들 업적을 인정받아, 일본의 비핵정책을 굳게 지켜 태평양지역의 안전에 기여했다고 하여 1974년 노벨평화상을 받았다.

노벨평화상 수상에 즈음하여, 사토 에이사쿠는 비핵정책(非核政策), 선린정책(善隣政策), 원자력 평화이용정책(原子力平和利用政策)을 강조하여 상금의 절반을 UN대학에 기부하기도 했다.(Nobel賞人名事典編集委員會 編, 『Nobel賞受賞者業績事典』, 日本アソシエーツ, 2003)

그의 삶과 일생을 돌이켜보며 그가 태평양지역은 물론이고 나아가 세계의 평화에 기여했다는 공적은 지금처럼 세계가 왠지 고립화되어 가고 탈동조화되어 가는 형국과 맞물려 의미 있는 일이라는 생각이 든다. 부디 한일간에도 아름다운 동반자 시대가 왔으면 하는 마음 간절하다.

한일 고유문자의 발명과 여류문학
- 한글과 가나 -

김종덕

기록을 좋아하는 민족

한일 양국은 일의대수(一衣帶水)의 이웃나라라고 하는 만큼 고대로부터 빈번한 인물(人物)의 교류가 이루어져 온 역사가 있다. 그래서 인도, 중국에서 발원하는 수많은 고대문화가 한반도를 경유하여 일본에 전해졌는데, 근대 이후에는 역으로 서구문화가 일본을 통하여 한국에 전파되었다. 특히『고지키(古事記)』나『만요슈(万葉集)』등 상대 문헌에는 갖가지 형태의 한반도 문화가 화석과 같이 남아있다. 그런데 일본의 경우 견당사 폐지 이후에는 궁정을 중심으로 가나문자(仮名文字)의 발명으로 세계 최고의 장편 소설이라고 하는『겐지 이야기』를 비롯하여 와카(和歌), 일기, 수필, 모노가타리(物語) 등 수많은 여류문학이 창작된다.

한국과 일본은 세계에서도 기록을 좋아하는 민족으로 현재 동아시아의 한자문화권에서 두 나라만이 고유문자를 사용하고 있다. 제2차 세계대전 중 일본군 포로의 일기를 분석했던 정보 장교 출신으로 콜롬비아 대학 교수였던 도날드 킨(Donald Keene)에 의하면, 미군의 경우는 병사들이 일기 쓰는 것이 엄하게 금지되어 있었으나 일본군은 금지하기는커녕 오히려 신년이 되면 새로운 일기장을 나누어 주었다고 한다. 최근에도 일본인은 항공기 추락 등 한계상황에서도 냉정하게 개인적인 기록을 남기는 일이 화제가 되곤 한다. 1985년 8월 12일 하네다(羽田)를 출발하여 오사카(大阪)로 가는 일본항공(JAL) 점보기가 경로를 이탈하여 30분간 비행 끝에 군마현(群馬縣) 산속에 추락했다. 이 때 다수의 승객들이 가족 친지들에게 유언이나 메모 등을 남긴 것이 인구에 회자된 적이 있었다. 또 2007년 3월에도 오사카에서 고치(高知)로 가는 전일공(ANA)의 항공기 앞바퀴가 나오지 않아 동체 착륙을 했을 때, 효고현(兵庫縣)의 회사원이 기내의 긴박했던 상황을 명함의 양면에 빼곡히 기술한 것이 알려져 화제가 되었다. 이러한 사례는 기록을 좋아하는 일본인의 전통과 무관하지 않으리라 생각한다.

한국인도 일본인 못지않게 기록을 좋아하는 민족이라 할 수 있는데, 신라시대부터 한자를 차용한 이두식 표기법으로 향가를 기술했고, 고려시대에는 한문으로 설화나 시가문학이 기술되었다. 그리고 조선시대에는 새로이 발명된 한글로 궁정 여류문학이 찬란하게 꽃피었다. 예를 들면 유네스코에 등록된 세계기록유산이 『훈민정음』(1997), 『조선왕조실록』(1997, 1893권, 887책), 세계최초의 금속활자로 쓴 『직지심체요절』(2001, 1377년 성립), 「승정원일기」(2001), 「팔만대장경판」(2007), 「조선왕조의궤」(2007), 「동의보감」(2009), 「일성록」(2011), 「5.18 민주화운동기록물」(2011), 「난중일기」(2013), 「새마을운동 기록물」(2013) 등 16건이나 된다. 이는 독일이 24건, 영국이 22건, 중국이 13건, 일본이 7건임을 비교하면 세계에서도 많은 기록유산을 보유하고 있는 나라인 것이다.

조선시대(1392-1910)와 헤이안시대(794-1192)의 여류문학을 비교 고찰한 연구는 시대의 차이나 자료의 한계 등으로 그 성과가 많지 않다. 관견에 의하면 일찍이 최남선은 「일본문학에 있어서의 조선의 모습」에서 한국문화와 헤이안시대 여류문학을 비교 고찰했다. 그리고 졸고에서 왕조여류일기의 작가들, 『마쿠라노소시』와 조선왕조의 궁정문학, 조선왕조와 헤이안시대의 궁정문학을 살펴보았다. 기타 김영의 한일양국의 궁정문학에 나타난 여성상 분석, 이미숙의 『가게로 일기』와 『의유당관북유람일기』 비교 연구 등이 있다.

본고에서는 한일양국의 고유문자 발명과 궁정 여류문학을 비교 고찰하고자 한다. 고유문자로 기술된 여류문학에 국한하면, 가나문자가 한글보다 5세기 정도 일찍 성립되었기에 일본의 궁정 여류문학은 한국의 여류문학에 비해 훨씬 많은 작품이 현존하고 있다. 이 글에서는 특히 헤이안시대의 궁정 여류문학과 조선시대에 한글로 써진 『계축일기(癸丑日記)』, 『인현왕후전(仁顯王后傳)』, 『한중록(閑中錄)』 등을 대비 분석한다. 그리하여 양국의 궁정 여류작가들이 고유문자를 이용하여 어떠한 비판의식과 자아를 세상에 표출하고자 했는가를 살펴보고자 한다.

한글과 가나문자의 발명

주지하다시피 한일 양국은 인도 중국에서 출발하는 불교, 유교, 한자 등 갖가지 문화를 공유하고 있다. 특히 일본으로 전해진 대륙의 선진 문물이 대체로 고구려, 백제, 신라 등의 한반도를 경유하여 동류(東流)했다는 것은 이론의 여지가 없다. 예를 들면 『고지키』 오진(応神) 천황대에는 백제로부터 와니키시(和邇吉師, 왕인 박사)가 『논어』 10권, 『천자문』 1권과 각종 기술자들을 파견했다는 것이 기술되어 있고, 『니혼쇼키(日本書紀)』 긴메이(欽明) 천황 13년에는 백제 성명왕(聖名王)이 석가불의 금동상과 유교 경전 등을 전하는 등 각종 문화교류의 기술은 헤아릴 수 없이 등장한다.

상고 시대에 중국 이외 한자문화권의 나라에서는 고유의 문자가 없었기에 한자를 이용하여 고유어를 표기하려 했다. 신라의 향가식 표기법(鄕札, 吏讀, 方言), 일본의 만요가나(万葉仮名), 베트남의 쯔놈(字喃) 등은 모두 한자를 차용한 고유어의 표기법이다. 이러한 표기법은 일본은 헤이안 시대까지, 한국은 조선시대까지, 베트남에서는 19세기에 로마자 표기법이 정착될 때까지 한문과 함께 사용되었다. 이미 오구라 신페이(小倉進平, 1882-1944)는 향가식 표기법에 대해 '향가의 한자 사용법은 우리 만요가나의 사용법과 축을 같이 한다.'라고 지적하고, 한일 양국은 가나와 언문(諺文)이 제작되기 이전부터 한자를 이용하여 자국어를 표기했다는 것을 규명하고 있다. 그러나 아무리 한자 문화권의 나라들이라 해도 민족 고유의 전승가요에 나타난 고유어의 섬세한 감정 표현을 있는 그대로 한자로 표현하는 것은 너무나 난해한 작업이었다.

이에 일본에서는 헤이안(平安) 시대 초기에 여류 작가들이 만요가나를 초서화하거나 한자의 일부분을 따서 가나문자를 발명하게 된다. 한국에서는 신라 멸망과 함께 향가식 표기법이 쇠퇴한 이후, 조선의 4대 임금 세종대왕(1418-50) 시대에 새로이 한글(訓民正音)이 창제된다. 『조선왕조실록』 세종 25년 12월 30일에는 세종 임금이 친히 창제한 언문 28자는 초성(初聲)·중성(中聲)·종성(終聲)으로 나누어 합한 연후에야 글자를 이루었는데, 어떠한 말이나 방언도 표기할 수 있어서 간단하면서도 전환이 무궁하여 이를 『훈민정음』이라 불렀다고 한다. 이 『훈민정음』은 세종대왕을 비롯한 집현전 학자들에 의해 새로이 창안된 것으로 한자와는 전혀 다른 완전히 새로운 표기법이었다. 『훈민정음』의 서두에는 우리나라의 어음이 중국과 달라, 한자와는 상통하지 않는다. 이에 어리석은 백성들이 말하고 싶은 것이 있어도 그것을 쓸 수 없는 자가 많다고 하여, 새로이 28자를 창제한 필요성을 역설하고 있다. 최근 한글의 성립연대를 둘러싸고 학설이 나뉘어 있지만, 그 기본 자형이 창제된 것은 음력 1443년 12월 30일이다. 집현전(궁중에 있었던 학문연구소)의 한학자들은 한글의 반포에 맹렬하게 반대했으나 세종 임금은 3년 후인 1446년에 『훈민정음』을 반포한다.

한글의 창제에 가장 큰 기여를 한 신숙주(1417-75)는 집현전 출신으로 한자음의 연구를 위해 명나라의 한림학사 당시 요동에 유배되어 있던 황찬(黃瓚)을 찾아간 적도 있다. 그리고 신숙주는 1443년 조선통신사의 서장관(書狀官)으로 따라가 일본 무로마치(室町) 시대의 교토(京都)에 머물며 일본의 역사와 사정, 가나문자의 활용 등을 자세히 관찰했다. 그는 두 번째로 영의정(조선 시대의 최고 벼슬)이 된 1471년, 성종(1469-94)의 명을 받들어 조선통신사 서장관으로 따라간 체험을 『해동제국기(海東諸国紀)』로 편찬한다. 『해동제국기』에는 일본과 류구(琉球)의 역사, 지리, 풍속, 언어 등을 극명하게 기술했는데, 특히 일본국기 「국속」에는 일본의 풍속이나 가나문자 사용 실태 등을 다음과 같이 기술했다.

사람들은 차 마시기를 좋아하였으니 길가에 다점(茶店)을 차려 놓고 차를 판다. 행인들은 한 푼을 던져 주고 한 잔을 마신다. 사람들이 모여 사는 곳에 천 명이나 백 명만 모여도 저자를 차리고 점포를 마련하며 부자들은 올데갈데없는 여자들을 데려다가 옷과 음식을 주고 얼굴을 단장시켰으니 부르기를 경성(傾城)이라 한다. 과객들을 끌어다가 유숙을 시키면서 술과 음식을 가져다 바치고 그 값으로 돈을 거둬들인다. 그러므로 길가는 손들도 양식을 준비할 필요가 없다.

　　남녀를 따질 것 없이 다 제 나라 글자를 익히 알고 있으며 [이 나라 글자는 가다가나(加多干那)라 하는데 대체로 47자이다] 대체로 오직 중들만은 경서(經書)를 읽으며 한자도 잘 안다.

　신숙주는 교토 사람들의 용모, 풍습, 생활양식, 길거리에서 차를 사마시는 풍경이나, 기생을 사는 과객의 행동 등을 묘사하고 있다. 특히 남녀가 가나문자 47자를 사용하여 자유로이 의사표현을 하는 것도 보고 있다. 신숙주는 귀국하여 세종대왕이 『훈민정음』을 창간할 때 일본의 가나문자 사용 실태에 관해 뭔가 의견을 개진했을 것으로 생각되지만, 『조선왕조실록』에 가나문자의 사용에 관한 기사는 보이지 않는다. 그리고 세종대왕은 1443년에 한글을 창제하기는 했지만 집현전 부제학 최만리를 비롯한 상소가 빗발치고 사대부와 한문학자들의 반대에 직면했다. 이러한 상황에서 신숙주의 의견이 실록에 기술되기는 어려웠을 것으로 생각된다. 이에 신숙주는 조선통신사 서장관으로서 보고 들은 일본의 풍속이나 가나문자의 사용 실태를 『해동제국기』에 자세히 기술한 것으로 보인다.

　유성룡(1542-1607)의 『징비록(懲毖錄)』(1633년 간행?)에는, 신숙주가 임종 시에 당시의 성종 임금이 '말하고 싶은 것이 없소?'라고 묻자, '원컨대, 우리나라는 일본과의 평화를 잃지 마시옵소서.'라는 유언을 남겼다고 한다. 그의 말에 감동한 성종이 부제학에 명하여 일본과 친교의 예를 맺게 했다는 것이다. 이 일화만 보아도 신숙주가 얼마나 일본과의 외교·평화를 중시했는가를 알 수 있다.

그로부터 120여 년이 지난 1592년 도요토미 히데요시(豊臣秀吉)의 침략으로 임진왜란·정유재란이 일어난다. 당시 조선의 주자학자였던 강항(姜沆; 1567-1618)은 일본군의 포로가 되어, 1598년 교토의 후시미성(伏見城)에 이송되어 후지와라 세이카(藤原惺窩) 등에게 주자학을 전수한다. 강항은 귀국한 후 포로생활의 경험과 일본의 풍속지리 등을 『간양록(看羊錄)』(1656)으로 출간하는데 가나문자의 사용 실태에 관해 다음과 같이 기술했다.

> 홍법대사(弘法大師)는 찬기(讚岐) 지방 사람입니다. 중국을 거쳐서 인도까지 들러 불법을 연구하고 돌아왔으니 이 나라 사람들이 온통 산 부처님처럼 떠받드는 중입니다. 그는 제 나라 사람들이 글을 읽지 못함을 딱하게 생각한 끝에 방언 같은 것을 주워 모아 왜 글 가나(假名) 48자를 마련해 냈습니다. 한자를 풀어 만든 것은 우리나라 이두와 비슷하고 한자가 섞이지 않은 글자는 우리나라 한글같이 보입니다.
> 그들이 글자를 안다는 것은 다 이 가나를 안다는 것이지 한문을 익히 안다고 할 수는 없습니다. 그러나 왜 중들 가운데에는 한문에 익숙한 무리들이 많고 그들의 성품도 장군패들보다는 좀 다른 데가 있습니다. 그들의 항상 왜놈들이 소위 장군이란 자들이 하는 것을 비웃기가 일쑤입니다.

강항은 포로생활을 하면서도 주로 일본의 승려 등 지식인들과 교류하면서 그들의 가나문자의 사용 실태를 면밀히 파악한 것이다. 신숙주와 강항은 통신사의 서장관과 포로라고 하는 극단의 신분차이가 있음에도 불구하고 가나문자와 한문의 위상에 대해서는 거의 같은 인식을 했다는 점에 주목할 필요가 있다. 즉 신숙주는 가나문자를 한글 창제의 모델로서 생각했고, 강항은 조선의 언문과 유사한 위상의 문자로서 받아들였다는 것을 알 수 있다.

이와 같이 한일 양국은 어려운 한문보다 자국의 어음(語音)을 자유로이 표현할 수 있는 고유문자를 발명한다. 그러나 양국의 지식인 사대부 한문학자들은 새로이 발명된 고유문자를 부정적으로 보는 시각이 있었다는 점도 공통점이다. 일본에서는 한자를 남자 글자(男文字)라고 하고 가나문자는 여자 글자라고 하는 등 천시를 받아온 역사가 있는데, 한국에서도 한글을 언문, 여자 글, 아이 글 등으로 부르며 천시했다. 그러나 양국 고유의 말에 맞는 문자가 발명되지 않았다면, 여류작가에 의한 일기, 수필, 시가, 이야기 문학과 이들 작품에 나오는 자연묘사나 미묘한 심리묘사 등은 불가능했을 것이다.

궁녀와 뇨보(女房)의 교양

조선시대(1392-1910)와 헤이안시대(794-1192)는 나라와 시대가 다른 만큼 사회제도와 문화, 궁정문학의 풍토도 많이 다르다. 특히 궁정 여류문학의 작가가 되는 조선의 궁녀와 헤이안시대의 뇨보 제도는 비슷하면서도 큰 차이가 있다. 그러나 헤이안시대의 여류작가들이 문학을 기술하는 과정에서 고유문자를 발명하고, 조선시대의 궁정 여류작가들은 새로이 창제된 고유문자로 문학을 창작한다는 공통점이 있다.

조선왕조의 궁녀(內人, 宮人)는 왕과 왕비를 모시는 내명부(內命婦)의 총칭으로, 상궁(尙宮), 내인(內人), 무수리, 방자(房子), 의녀(医女) 등의 직장(職掌)이 있었다. 조선 말기에 편찬된 『대전회통(大典会通)』 이전(吏典) 내명부에 의하면 상궁 이하는 궁인직에 속하고 정5품부터 종9품까지의 품계로 나누어지고 각각의 직무가 정해져 있었다. 조선왕조의 궁녀는 공무로 관료와 응대하는 것을 제외하고 왕과 환관 이외의 남성과 접촉하는 것이 금지되어 있었다. 또 궁녀 본인의 중병이나 모시던 왕과 왕비 등이 돌아가시는 일이 없는 한 마음대로 궁 밖으로 나올 수도 없었다.

궁녀는 주로 중인(中人, 양반과 상민의 중간계층) 계급 출신이 많았는데, 7세 무렵에 궁중으로 들어가 궁중법도를 익히고, 한글과 『천자문』, 『대학』, 『소학』 등을 배우고 궁정의례를 철저히 익혔다. 그리고 정5품의 상궁이 되기까지는 35년이나 걸렸는데, 상궁 중에서도 제일 위의 직책을 제조상궁(提調尙宮)이라고 했다. 그런데 궁녀가 운 좋게 왕의 은총을 받으면 바로 종4품 숙원(淑媛)이 되어 잡무에서 해방되고 오로지 왕에게만 봉사하는 후궁의 신분이 된다. 한편 『대전회통』 이전에 의하면 내시부(內侍府)는 거세된 남자 환관의 관료기구인데, 품계는 종2품 상선(尙膳)에서 종9품 상원(尙苑)까지 있었고 궁중에서 식사 준비와 감독, 왕명의 전달, 문지기, 청소 등 궁중의 모든 잡무는 내시부가 도맡아 처리했다고 한다.

이와 같이 조선왕조의 여성교양은 유교 윤리와 한글이 중심에 있었으나, 궁녀는 궁중에 들어간 후 궁중의 제법도와 한문을 배웠다고 한다. 『계축일기』, 『인현왕후전』, 『한중록』 등은 조선시대의 궁녀들이 궁중에서 체험한 진귀한 사건을 한문으로는 도저히 기술할 수가 없었기에 한글로 기술한 작품이라 생각된다. 즉 조선왕조의 여류작가들은 궁중에서 상상을 초월하는 사건을 우연히 목격하고 자신의 집안이 필화사건으로 멸문지화를 당할 각오로 이러한 작품을 기술했을 것이다.

일본의 『요로 율령(養老律令)』「후궁직원령 제3」에는 황후 1인 아래로 비(妃) 2인, 부인(夫人) 3인, 빈(嬪) 4인을 둘 수 있고, 후궁에는 갖가지 일을 하는 후궁 12사(司)와 우네메(采女, 나인) 등의 관직과 직무가 정해져 있다. 후궁 12사의 여관은 출신이나 신분에 따라 조로(上﨟), 추로(中﨟), 게로(下﨟)의 품격에 따라 분류되고 준종(准從) 5위부터 준종 7위까지의 관위가 수여되었다. 나이시노쓰카사(內侍司)의 관직은 종3위 나이시노카미(尚侍) 2인, 종4위 나이시노스케(典侍) 4인, 나이시노조(掌侍) 4인, 곤노나이시노조(権掌侍) 2인 외에 구라노쓰카사(蔵司) 등이 있고, 각 직무에 따른 여관들의 복장도 구별되어 있었다. 그런데 헤이안시대의 율령에는 중국이나 한국에 있는 환관 제도가 없고, 궁중 나이시노쓰카사의 모든 잡무는 후궁 12사의 여성들이 처리했다.

　헤이안시대가 되면서 후궁제도가 해체되어 후궁에 후(中宮), 뇨고(女御), 고이(更衣)가 있고, 후궁 12사도 나이시노쓰카사 이외에는 유명무실하고 많은 뇨보들이 궁중에서 일하게 된다. 보통 뇨보라고 하면 세이쇼나곤(清少納言; 966?~1025?)이나 무라사키시키부(紫式部; 973~1014?)와 같이 궁중에 출사하여 일하는 여관을 말하지만, 이외에도 황족이나 귀족의 집에서 주인을 모시는 여성도 뇨보로 총칭되었다. 헤이안시대에 궁정 여류작가가 된 뇨보의 집안은 중류귀족인 수령층이 많은데, 천황이나 상황, 귀족 여성을 모시며 잡무와 함께 교육과 비서 역할도 했다. 궁정 뇨보로서 여류작가가 된 여성들은 뛰어난 학문과 교양을 갖추고 있었는데, 한시와 한문뿐만 아니라 서예와 와카, 음악 등에 특출한 조예가 있는 재원들이었다. 이러한 뇨보들은 대체로 한번 결혼하여 이혼이나 사별한 경우가 많았는데, 궁중에서 근무하면서 귀족들과 교재하거나 결혼하여 퇴직할 수도 있었다. 즉 헤이안시대의 뇨보는 조선왕조의 궁녀와 달리 궁중생활에도 자유가 있었고, 무엇보다 연애와 결혼, 퇴직 등도 가능했다.

헤이안시대의 궁중에 출사하는 뇨보에 대한 사회적 통념은 반드시 호의적이지 않았으나, 세이쇼나곤은 지방 수령(受領)층의 집안 출신으로 궁중에서 일하는 여성에 대해 자부심을 지니고 있었다. 세이쇼나곤은 화한(和漢)의 학문이 뛰어나고 재기가 넘치는 여성이었는데, 993년부터 7년간 이치조(一条; 986-1011) 천황의 황후 데이시(定子)에게 출사했던 커리어 우먼이었다. 『마쿠라노소시(枕草子)』22. 「장래성 없이」단에는, 미래에 대한 전망이 없는 평범한 결혼생활을 계속하는 것보다는 궁중에 출사하여 나이시노스케(典侍)가 되어 세상에 나가 학문과 교양을 익히는 편이 좋다고 기술했다. 또 세이쇼나곤은 '궁중에 출사하는 사람을 경박하다며 좋지 않게 말하고 생각하는 남자는 정말 얄밉다.'(이하 「신편전집」)라고 하며, 궁중에서 일하는 여성을 무시하는 귀족 관료들에게 강하게 반발했다. 그리고 세이쇼나곤은 궁중에 출사하여 천황에서 미천한 사람에 이르기까지 얼굴이 알려지고 남자와 대등하게 경쟁하며 근무하는 것을 자랑스럽게 생각했다. 특히 [일본(一本)] 24에는 출사하기에 좋은 곳으로, 첫 번째는 궁중이고, 다음으로 황후, 황족의 집, 재원(斎院), 동궁(春宮)의 뇨고(女御) 등을 지적하고, 궁중에서 나이시노스케가 되어 천황과 상류귀족들과 연락을 취하는 것을 가장 이상적인 직장이라 생각했다. 실제로 세이쇼나곤은 나이시노스케가 되지는 못했으나 궁중에서 황후 데이시를 모시는 경험을 기술한 『마쿠라노소시』에서 자신의 인생관과 미의식을 확립했을 것으로 생각된다.

무라사키시키부는 궁정의 뇨보들의 와카와 행동을 비판하는 한편으로 자신의 학식에 대한 자부심을 피력한다. 『무라사키시키부 일기』에는 이치조 천황이 뇨보로부터 『겐지 이야기』의 내용을 듣고, '이 사람은 일본

서기도 읽었을 것 같구나. 정말 재능이 있는 듯하다.'라고 하며, 무라사키시키부의 풍부한 학식을 칭찬했다고 한다. 무라사키시키부는 이로 인해 다른 뇨보들로부터 '일본서기의 궁녀'라는 별명으로 야유 받았다는 것을 변명하고 있다. 그리고 무라사키시키부는 아직 어렸을 무렵, 아버지 후지와라 다메토키(藤原為時)가 아들인 노부노리(惟規)에게 한문을 가르치고 있을 때 옆에서 듣고 있던 자신이 이상할 정도로 먼저 깨우쳤다고 한다. 이에 아버지 다메토키는 '유감이로다. 이 딸이 아들이 아닌 것은 정말 운이 없는 일이구나.'라고 한탄했다는 일화를 소개하고 있다. 그러나 처음 궁중에 들어간 무라사키시키부는 '한 일자'도 모르는 체하고, 병풍에 쓴 간단한 글도 읽지 못하는 척했는데, 쇼시 중궁에게는 『백씨문집』 악부 2권을 사람들의 눈을 피해서 강독했다고 기술했다. 즉 무라사키시키부는 다른 사람의 현학적(衒学的)인 태도에 대해서는 비난을 하면서, 자신은 중궁에게 『백씨문집』을 강독하는 등 모순된 행동을 보인다. 무라사키시키부의 이러한 태도는 자신의 한문 실력에 대한 자부심을 피력한 것으로 볼 수 있다.

헤이안시대 귀족 여성의 기본교양으로는 습자, 와카(和歌), 음악의 연주였고, 오락으로는 그림 겨루기, 향 겨루기, 조가비 겨루기, 모노가타리 겨루기, 바둑, 쌍륙 등의 오락을 즐겼다. 여성들의 오락은 주로 실내에서 하는 겨루기가 많았는데 승패에 따라 와카를 읊어야 하는 경우가 많았다. 『마쿠라노소시』 21단 「세이료덴의 동북 구석의」에는, 후지와라 모로타다(藤原師尹; 920-969)가 딸 센요덴 뇨고(宣耀殿女御)에게 습자, 음악, 『고킨슈(古今集)』 20권을 전부 암송하게 했다는 교육을 소개하고 있다.

"첫 번째로 습자를 배우세요. 다음으로는 칠현금을 다른 사람보다 더 능숙하게 연주하려고 노력하세요. 그리고 그 다음은 고킨슈의 와카 20권을 전부 암송하는 것을 학문으로 생각하세요."라고 말씀하셨다는 것을 천황이 들으시고, (「신편전집」)

데이시(定子) 중궁이 『고킨슈』를 읽다가 뇨보들에게 센요덴 뇨고의 예를 들어 여성의 교양을 지적한 대목이다. 옛날 무라카미(村上; 946-967) 천황은 센요덴 뇨고가 『고킨슈』 20권을 전부 암송한다는 이야기를 듣고 확인하기 위해 틀린 횟수를 헤아릴 바둑돌까지 준비시켰지만, 뇨고는 『고킨슈』 1100여수를 한 수도 틀림이 없이 암송하고 있었다는 것이다. 세이쇼나곤은 당시 여성이 익혀야 할 학문으로서 습자, 음악, 와카를 들고 있는데, 이는 여성들과 교제하는 남성 귀족관료들의 교양이기도 했다. 센요덴 뇨고의 이 일화는 『오카가미(大鏡)』의 「좌대신 모로타다(左大臣師尹)」에도 소개되어 있는데, 세이쇼나곤은 데이시 중궁전의 이러한 지적 유희를 우아하고 정취 있는 일로 소개한 것이다. 헤이안시대의 뇨보들은 이러한 와카 등의 교양과 한자로 된 만요가나를 바탕으로 만든 가나 문자로 와카, 일기, 수필, 모노가타리(이야기) 등을 창작할 수 있었던 것이다.

와카는 의례나 연애를 할 때의 필수교양으로 독영(独詠), 증답(贈答), 창화(唱和)의 세 가지 형태로 읊었다. 모노가타리에서 와카는 등장인물간의 대화가 되기도 하고 와카의 능력으로 인물조형이 이루어지는 등 운문과 산문이 불가분의 관계로 서로 조화를 이루고 있다. 또한 『마쿠라노소시』 「부럽게 보이는 것」(152단)에는 '글씨를 잘 쓰고, 와카를 잘 읊어 뭔가 일이 있을 때 제일 먼저 뽑히는 것은 부럽다.'라고 했고, 나이가 들어 '정말 나니와쓰의 노래를 겨우 쓸 정도로' 글씨가 서투른 사람도 있었다고 한다. 원래 습자는 한시의 명구를 연습하는 것이 보통이었으나, 헤이안시대의 여성들은 와카를 초서체로 쓰는 것을 습자로 생각했다. 『고킨슈』의 가나서문(仮名序)에는 왕인 박사의 '나니와쓰(難波津)'와 우네메(采女)의 '아사카야마(朝積山)'의 두 가지 노래를 '노래의 부모로서 습자를 하는 사람이 처음 연습하는 와카입니다.'라고 지적했다. 동서양을 막론하고 편지는 커뮤니케이션의 도구였지만, 특히 헤이안시대의 모노가타리에는 필적으로 그 사람의 인격이나 미의식을 추정하는 이야기가 곳곳에 등장한다.

헤이안시대는 오락도 여성 교양의 일부분이었는데, 실내 오락으로는 바둑, 쌍륙, 돌 맞추기(弾棊), 향 겨루기(香合), 사물 겨루기(物合), 인형놀이(雛遊び) 등이 있었다. 또한 남성들의 실외 놀이로는 공차기(蹴鞠), 활쏘기(競射), 매사냥(鷹狩) 등이 있었다. 그리고 남녀 공통의 문학적 교양의 성격이 짙은 놀이로는 와카 겨루기(歌合), 모노가타리 겨루기(物語合), 그림 겨루기(絵合), 운 감추기(韻塞ぎ), 편 잇기(偏つぎ) 등이 있었다. 이 중에서 바둑, 그림 겨루기, 조가비 겨루기, 향 겨루기 등 남녀가 공통으로 즐기는 놀이도 있었고, 실외의 오락은 주로 남성들이 즐기는 경우가 많았다. 헤이안시대의 모노가타리에 그려진 오락과 놀이는 단순하게 내용이 기술되는 것이 아니라, 그 놀이에 따라 등장인물의 성격과 주제가 선점되는 경우가 많았다. 특히 『겐지 이야기』에 등장하는 주인공들은 대체로 이러한 교양과 오락을 통해 인간관계가 맺어지기 때문에, 모노가타리 문학을 이해하기 위해서는 당시의 교양과 오락을 모르고는 인간관계와 주제를 파악하기 어렵다고 생각된다.

헤이안시대의 여류문학

한일양국의 궁정 여류작가들은 좀처럼 경험하기 어려운 인생의 특이한 체험과 궁정 비사를 한문이 아닌 한글과 가나문자로 기술했다. 양국의 여류작가들은 대체로 중류 귀족 출신으로 궁녀나 뇨보를 경험한 여성들이 많았다. 그녀들은 궁중에서 일어난 사건, 인생의 고뇌, 궁중생활에 대한 감상, 동료에 대한 비판, 상류귀족과의 관계 등 다양한 내용을 일기, 수필, 모노가타리 형태로 기술했다. 그런데 헤이안시대의 뇨보들은 비교적 자유로이 궁중생활을 할 수가 있었고, 조선왕조의 궁녀들은 왕의 전유물로서 유교윤리와 법도에 묶여 있었고, 이러한 궁녀와 뇨보들의 교양은 그대로 문학에도 반영되어 있다.

헤이안시대의 후지와라(藤原) 씨 섭정(攝政) 관백(關白) 집안에서는 딸을 후궁에 입궐시키고 천황의 총애를 받게 하기 위해 감성이 풍부하고 재치 있는 뇨보들을 고용하여 딸들의 교육을 맡겼다. 그리고 입궐한 딸이 운좋게 중궁이 되어 태어난 황자가 동궁이 되고 차기 천황으로 즉위하면, 후지와라 씨는 천황의 외조부로서 섭정 관백의 집안이 되어 일문이 영화를 누렸다. 섭정 관백의 딸과 함께 입궐한 뇨보들은 와카나 편지를 대필하거나 중궁이나 뇨고의 교육을 담당하면서 점차 궁정작가로 성장하게 된다. 즉 뛰어난 소양을 지닌 뇨보들은 와카 등의 교양을 갖추고 궁중생활을 체험함으로써 일기나 수필, 모노가타리의 창작할 수 있는 새로운 소재를 발굴하게 되었던 것이다.

후지와라 미치쓰나(藤原道綱)의 어머니는 뇨보는 아니었지만, 섭정 관백 집안의 남편 후지와라 가네이에(藤原兼家; 929-990)와의 결혼생활을 자서전풍으로 기술한 것이 『가게로 일기(蜻蛉日記)』이다. 가나문자로 기술된 최초의 여류문학이라고 하는 『가게로 일기』는 954년부터 약 20년간의 기록으로, 뛰어난 미모와 능력을 지닌 작자가 일부다처제 하에서 후지와라 가네이에의 부인으로 살면서 불안정한 남편의 사랑과 본인의 자존심 사이에서 방황하고 갈등하는 심경을 토로하고 있다. 『가게로 일기』상권 서두에는 육아와 자연에로의 귀의를 통해 서서히 고뇌를 극복해가는 심리가 함축적으로 그려져 있다.

> 이처럼 반평생이 허망하게 지나가고 의지할 데 없이 이도저도 아닌 어중간한 상태로 살아가는 사람이 있다. 〈중략〉 오래 전에 지나버린 일들의 기억이 희미하여 뭐 이 정도였던가 라고 생각되는 기술이 많아졌다.(「신편전집」)

작자는 자신의 덧없는 반평생을 회상하고 한탄하면서, 황당무계한 옛날이야기를 읽어보면 자신의 실제 인생이 훨씬 더 기이한 운명이라고 생각한다. 상기의 서두는 상권의 문 말에서 '여전히 덧없는 인생을 생각하면, 있는 듯 없는 듯 수심에 잠겨 살아온 듯한 하루살이와 같은 여자의 일기라 할 것이다.'라고 하는 문장과 수미상응(首尾相応)한다고 할 수 있다. 『가게로 일기』는 『한중록』과 같은 조선왕조의 궁정문학과 달리, 정치적인 원한보다 일부다처제라고 하는 사회제도 안에서 남편과 겪는 개인적인 원한을 고백한 일기문학이라 할 수 있다. 즉 후지와라 미치쓰나의 어머니는 자신이 체험한 실제 인생이 모노가타리보다 더 허망하다는 것을 주장하고 있다.

『마쿠라노소시』는 최초의 수필문학이고, 궁중의 의례와 인간관계, 자

연과 사계의 정취 등을 날카로운 관찰력으로 '오카시(をかし)'라는 미의식으로 표현했다. 그런데 세이쇼나곤은 나카노간파쿠(中関白) 집안의 흥망을 근거리에서 보고 있었겠지만, 중궁 데이시의 영화가 절정에 달한 이야기를 중심으로 묘사하고 있다. 그래서 스즈키 히데오(鈴木日出男)는 세이쇼나곤이 '나카노칸파쿠 일문이 영락하여 데이시 자신이 고립무원의 존재가 되었을 시점에도, 역사적 필연성에 대해 언급하지 않고 오로지 음영(陰影)이 없는 궁정미를 그리고 있다.'라고 지적했다. 즉『마쿠라노소시』는『인현왕후전』등 조선왕조의 궁정문학에 비교하면 쓸쓸한 분위기를 의도적으로 밝은 표현으로, 마치 사양(斜陽)의 미학이라고도 할 수 있는 자의식을 기술한 작품이라 생각된다.

이즈미시키부(和泉式部)는 996년경 이즈미 수령 다치바나 미치사다(橘道貞; ?-1016)와 결혼하여 고시키부(小式部)를 출산하지만, 1001년경부터 단조노카미(弾正尹) 다메타카(為尊) 황자를 사랑하게 된다.『이즈미시키부 일기(和泉式部日記)』는 1002년 6월 다메타카 황자가 병으로 죽은 후, 1003년 4월부터 1007년까지 다메타카의 동생 아쓰미치(敦道) 황자와의 연애를 기술한 것이다. 이즈미시키부는 아쓰미치 황자가 죽은 후, 1009년 후지와라 미치나가(藤原道長; 966-1027)에게 스카우트 되어 무라사키시키부 등이 근무하고 있는 쇼시(彰子) 중궁전에 출사한다. 그리고 다음 해인 1010년에는 지방관 후지와라 야스마사(藤原保昌)와 결혼하여 단고(丹後, 교토의 북부) 지방으로 내려가는 등 화려한 연애 경력을 가진 정열적인 여성이었다.『이즈미시키부집』226번 와카는 이즈미시키부의 이러한 남성편력에 대해 후지와라 미치나가가 농담을 걸자 재치 있게 반발하는 와카가 실려 있다. 즉 이즈미시키부가 두고 간 쥘부채를 미치나가가 보고, '바람둥이 여자의 부채'라고 써 두었는데, 이즈미시키부는 '서로 관계를 맺은 것도 아닌데 부모도 아니면서 너무 책망하지 마세요.'(이와나미 문고)라고 읊었다는 것이다. 남녀의 사랑은 흔히 오사카(逢坂)의 관문을 넘는 것에 비유되었는데, 이즈미시키부는 미치나가에게 부부도 부모도 아니면서 간섭하지 말라고 한 것이다. 무라사키시키부도 자신의 일기에서 '이즈미시키부라는 정말 재미있게 편지를 증답하는 사람입니다. 그렇지만 이즈미시키부는 행실이 좋지 않은 면이 있습니다.'라고 하여, 이즈미시키부가 대단히 정취있는 가인(歌人)이긴 하지만 와카에 정통하지는 않고, 품행을 문제 삼는 등 엄격한 비판을 가하고 있다.

무라사키시키부는 남편 후지와라 노부타카(藤原信孝)와 사별하고 딸 겐시(賢子)를 키우면서 쓰기 시작한 『겐지 이야기』의 일부가 알려지면서, 1005년 12월 미치나가의 추천으로 이치조 천황의 중궁 쇼시에게 출사하게 된다. 『무라사키시키부 일기』에 의하면 무라사키시키부는 어린 시절 어머니와 사별하고 아버지의 교육을 받으며 자랐는데, 궁중에 들어가 '일본서기의 궁녀'라는 별명으로 불리고, 쇼시 중궁에게 『백씨문집』을 강독할 정도로 학문에 조예가 깊은 여성이었다. 그러나 무라사키시키부는 일기에서 쇼시가 친정(土御門邸)에서 황자를 출산하여 천황이 행차했을 때의 화려함을 묘사하면서 한편으로는 힘들어하는 하인의 모습을 기술하고, 아름다운 중궁과 함께 있는 자신의 처지를 물새에 비유하기도 했다.

무라사키시키부는 화려한 궁중의 뇨보로 생활하면서도 동료들의 일상을 비판하거나, 자신의 실제 인생에서는 그다지 행복하지 않았던 결혼생활이었지만, 『겐지 이야기』 속에서 이상적인 남녀의 사랑을 그렸다. 또 무라사키시키부는 궁중생활에 대해서도 '덧없는 세상의 위안으로 삼기 위해서는 이러한 중궁과 같은 분을 찾아서라도 모셔야 한다.'라고 이상적인 직장으로 기술했다. 그래서 자신은 평소의 울적한 기분도 중궁을 모시고 있으면 모두 다 잊어버리게 된다고 하며, 세이쇼나곤과 마찬가지로 뇨보라는 직업에 대해 자부심을 갖고 있었다.

『무라사키시키부 일기』에는 후지와라 미치나가가 중궁전에 있던 『겐지 이야기』를 보고, 무라사키시키부에게 '바람둥이라는 소문이 나 있으니까 보는 사람이 꺾지 않고 지나치는 일은 없을 것이라 생각해요.'라고 희롱한다. 이에 무라사키시키부는 '아직 누구에게도 꺾인 적이 없었는데 도대체 누가 바람둥이라는 말을 하고 다닐까요.'라고 반발하는 답가를 읊는다. 이는 무라사키시키부가 『겐지 이야기』를 기술했다는 것을 전제로, 주인공 히카루겐지의 '이로고노미'를 그린 무라사키시키부에게 매실 밑에 깔린 종이에 상기 와카를 읊은 것이다. 미치나가는 '스키(すき)'라는 표현이 매실의 열매가 '시다'는 의미와 남자를 '좋아한다'라는 의미의 동음이의어인 것을 이용하여 무라사키시키부를 바람둥이로 비유한 와카를 읊었던 것이다. 이러한 미치나가의 와카에 대해 무라사키시키부는 강하게 반발하며 자신은 그런 사람이 아니라고 읊었던 것이다. 여기서 주목하고 싶은 것은 헤이안시대에 미치나가와 무라사키시키부는 주종관계이지만, 이와 같은 와카의 증답이 자연스럽게 오갈 수 있었다는 점이다. 만약 조선왕조의 궁녀와 귀족이라면 궁중에서 이러한 대화를 나눈다는 것은 절대로 일어날 수 없을 것이다.

아카조메에몬(赤染衛門; 956?-1041?)도 남편 오에 마사히라(大江匡衡; 952-1012)와 사별하고, 와카와 학문적인 교양을 인정받아 후지와라 미치나가의 처 미나모토 린시(源倫子)와 중궁 쇼시에게 출사한다. 『무라사키시키부 일기』에서 '어떤 일이 있을 때마다 읊는 노래도 정말 이쪽이 부끄러울 정도로 훌륭한 와카를 읊었다.'라고 인정받았을 정도로, 여류가인으로서 확고한 명성을 떨치고 있었다. 또 스가와라 다카스에의 딸(菅原孝標の

女; 1008-1059?)은 어린 시절부터 『겐지 이야기』 등을 탐독하고, 모노가타리 속의 이상적인 남자와 만날 것을 꿈꾸고 있었던 문학소녀였다. 그래서 작자는 32살 무렵에 주위의 권유에 따라 유시(祐子) 황녀에게 출사하지만 이듬해에는 다치바나 도시미치(橘俊通; 1002-1058)와 결혼한다. 『사라시나일기(更級日記)』에는 작자 14살 무렵에, 꿈에 청초한 승려가 나타나 '법화경 5권을 빨리 익혀라.'라는 말을 들었지만 단지 모노가타리만 생각하고 있었다고 고백한다. 그녀는 젊은 시절부터 '히카루겐지의 유가오, 우지 대장에 대한 우키후네와 같은 아가씨가 되었으면' 하고 생각했는데, 만년이 되어서는 그것을 심각하게 반성하고 있다. 즉 세이쇼나곤이나 이즈미 시키부, 무라사키시키부, 아카조메에몬 등은 모두 남편과 이별 혹은 사별한 후, '집안의 주부'로서 평범한 생활을 하기보다 화려한 궁중에 '출사한 뇨보'로서 직장생활을 지망했던 것이다. 그리고 헤이안시대의 뇨보들 중에서 여류작가가 된 것은 모두 화한(和漢)의 학문을 갖추고, 특히 궁중 생활의 체험이 있었기 때문에 가능했다고 생각된다.

조선시대의 궁정여류문학

조선시대 여류 작가는 익명이 대부분이지만 신분에 따라 궁녀, 사대부 집안의 여성, 기녀들이 있었다. 특히 궁정여류문학은 17세기 초에서 18세기 말에 성립된 『계축일기』, 『인현왕후전』의 작자는 궁녀이고, 『한중록』의 작자는 동궁비인 혜경궁 홍씨이다. 궁녀와 동궁비라는 신분은 하늘과 땅만큼의 차이가 나지만, 세 작품 모두 단아한 궁중체의 한글로 쓴 여류문학작품이다. 한국문학에서는 일반적으로 수필로 분류하지만, 일본의 헤이안시대 문학과 대비해 보면 모노가타리와 유사한 주제의 구성이라는 점에서 역사소설로도 분류할 수 있을 것이다.

이 세 작품은 각각 왕위 계승과 정치적인 사화(士禍)에서 비극의 주인공이 된 왕자와 왕비, 양반 사대부들의 운명을 가까이서 목격하고 구체적인 사건을 적나라하게 기술한 것이다. 특히 모시고 있던 주인과 자신의 집안이 당파싸움의 폭풍 속에서 역적의 누명을 쓰고 유배를 가거나 형장의 이슬이 되는 광경을 조마조마 바라보고 있다. 조선시대에 당파싸움과 관련된 궁중 비화(秘話)를 기록한다는 것은 객관성을 떠나 대단히 위험한 일로, 필화(筆禍) 사건으로 비화하면 삼족(父, 母, 妻)이 멸족되는 위험한 일이 될 수 있었다.

『계축일기』는 『서궁록』이라고도 했는데, 1608년에 즉위한 광해군(1608-23)이 계모인 인목대비(仁穆大妃)를 서궁(西宮)에 유폐시키고, 대비의 어린 아들 영창대군(永昌大君, 1606-14)을 죽이는 비화를 대비 쪽의 어떤 궁녀가 면밀하게 기술한 것이다. 계축년(癸丑年, 1613)에 대북파(大北派)가 광해군에게 인목대비의 아버지 김제남(金悌男; 1562-1613)이 손자 영창대군을 즉위시키려 한다고 무고(誣告)하여 김제남 부자를 대역죄로 사사(賜死)시키고, 영창대군을 강화도에 안치시켜 죽인다. 그리고 1623년 인조반정(仁祖反正)으로 광해군은 강화도로 유폐되고 인목대비는 복위되어 파란만장한 삶을 살게 된다는 사건의 전모를 회화체를 섞은 궁중체로 담담하게 기술하고 있다. 또한 『계축일기』에는 궁녀들의 암투가 당파싸움의 대리전을 방불할 정도로 치열하게 전개되는데, 상궁 김개똥 등 광해군 측의 궁녀들이 음모를 꾸며 인목대비를 모시던 궁녀 30여 명을 갖가지 이유를 들어 형벌을 가하는 사건을 자세히 기술하고 있다. 계축년 정월에는 광해군의 장인 유자신(柳自新)의 처 정씨가 궁중에 들어가 딸과 모의하여 흰 개의 배를 갈라 활을 쏘는 등 갖가지 저주를 행했다고 기술했다. 정씨 등은 사대부 관료의 집안임에도 손자 동궁을 지키기 위해서 미신과 같은 금기도 아무렇지도 않게 저질렀던 것이다. 그리고 궁녀들이 경전을 언문으로 옮겨 읽은 일이나, 천복이라는 상궁은 언문도 한 자 쓰지 못할 정도로 무학이라 아무런 도움이 되지 않는다고 비난하는 등 한글 사용의 실태를 기술하고 있다.

『인현왕후전』은 숙종(肅宗; 1674-1720)의 인현왕후가 장희빈(張禧嬪)의 질투로 인해 궁중에서 쫓겨나지만, 숙종의 각성으로 다시 복위된다는 전기풍의 기록이다. 숙종은 아이를 낳지 못하는 인현왕후보다 왕자(景宗)를 출산한 궁녀 장씨를 총애하게 된다. 장씨는 '간교하고 민첩혜활(敏捷慧黠)하여 상의(上意)를 영합하니' 상감이 총애하여 일개 궁녀에서 희빈이 되고 왕비가 된다. 숙종은 장희빈의 질투를 알고 있었지만, 그 미색에 매혹되어 1689년 인현왕후를 궁중에서 쫓아내고 폐위시킨다. 그런데 숙종왕은 5년이 지난 1694년 자신의 과오를 반성하고 인현왕후를 다시 복위시키고 장씨를 다시 희빈으로 강등시킨다. 그리고 1701년 인현왕후가 돌아가신 후, 장희빈이 살고 있던 취선당(就善堂)에서 인현왕후를 저주했던 갖가지 악행의 증거가 발각된다. 이에 숙종은 장씨의 사악함에 격노하여 장희빈과 그 오빠 장희재(張希載)를 사사(賜死)시킨다.『인현왕후전』의 배경에는 왕위 계승과 정치적 파벌싸움이 있지만, 작자는 인현왕후의 파란만장한 일생을 중심으로 그리고 있다. 사상적 배경으로는 장희빈의 죽음에 대해 '윤회응보(輪廻応報)를 눈앞에 본다고 하더라.'라는 표현에서 불교적 세계관이 반영되어 있음을 확인할 수 있다.

『한중만록』혹은『한중록』,『읍혈록(泣血錄)』이라고도 하는『한중록』은 작자 혜경궁 홍씨(1735-1815)가 세자빈이 된 9살(1744)부터 71세(1806)까지의 파란만장한 인생을 자전풍으로 기술한 것이다. 작자는 남편 사도세자(思悼世子; 1735-62)가 영조대왕(1724-76)에 의해 뒤주에 들어가 아사(餓死)하는 변고로부터 33년이 지나 환갑을 맞이한 해(1795)에 기필한 기록이다. 전체의 내용은 6편으로 구성되어 있는데, 제1편에는 작자의 어린 시절부터 궁중생활, 제2, 3편에는 사도세자의 어린 시절과 책봉, 질병, 미행 등, 제4, 5편에는 친정의 몰락과 부친의 사사, 제6편에는 정조(正祖; 1752-1800)의 효도, 작자의 원한과 통곡, 수원능(水源陵)으로의 능행 등이 기술되어 있다. 특히 제1편에는 친정 조카의 요청으로 집필하기 시작하여 50여 년간의 궁중생활을 기술하고 있다. 혜경궁 홍씨는 친정에서 지낸 어린 시절과 왕세자빈으로 간택되어 친척뿐만이 아니라 부친까지도 자신에게 경어를 사용하는 것이 불안하고 슬픔이 솟구쳐 올라 재미있는 일이 없었다는 심정을 토로한다. 혜경궁 홍씨가 입궐할 날이 정해진 후, 한 번도 본 적이 없는 먼 친척들이 와서 '궁금(宮禁)이 지엄하니 한번 들어가선 후로는 영이별인즉, 궁중에서는 공경하며 조심해서 지내소서.'라는 충고를 듣고 어리둥절하고 슬펐다고 한다. 이 대목의 기술은 궁중에 대한 일반인의 인식이 어떠했는가를 알 수 있다. 그리고 나머지 다섯 편은 작자의 아들 정조가 죽은 후에 기술하기 시작하여 손자인 순조(純祖)에게 친정 집안의 무고함을 고하기 위해 사도세자 아사 사건의 진행과정을 세밀하게 기술하고 있다.

『한중록』에는 전편에 걸쳐 '슬픔'과 '한'의 표현이 자주 나오는데, 특히 제3부의 말미에는, '하늘을 부르고 통곡하며 나의 팔자를 한탄할 뿐이다.'라는 대목이 나온다. 혜경궁 홍씨가 남편 사도세자의 변고를 '슬퍼한다', '한이로다' 등의 표현을 다용했다는 것에서 서명을 『한중록』이라고도 한다. 혜경궁 홍씨는 아버지 홍봉한(洪鳳漢)이 처음 과거시험에 급제하여 영조에게 중용되었던 일, 중부 홍인한(洪麟漢)이 영의정이 된 일, 또 무고로 아버지가 역적이 되고 중부가 정조에 의해 사사되었던 일, 남동생이 유배지에서 죽은 일 등 친정이 몰락해 가는 원한을 사소설풍으로 기술했다. 즉 『한중록』의 후반은 작자가 피눈물을 흘리며 통곡하는 '한'을 표출하고 유교적인 효행을 명분으로 손자인 순조에게 친정의 무고함을 호소하기 위한 기록이라 할 수 있다.

이상과 같이 조선은 숭유배불 정책이 국가의 기본이념이었지만, 한글로 작성된 궁정문학에는 종래의 샤머니즘이나 인과응보 등의 불교사상이 유교와 습합된 형태로 나타난다. 그리고 한일의 고유문자로 기술된 여류문학은 500여 년의 시대차가 있음에도 불구하고, 작자는 궁중의 궁녀(뇨보)가 많고, 한문을 비롯한 교양을 갖추고 있었지만 고유문자로 일기, 수필, 모노가타리(이야기) 등을 창작했다는 것을 확인할 수 있다.

마치며

조선시대와 헤이안시대는 유교와 불교, 과거제도와 섭관 정치와 같이 사상과 문화가 서로 다른 만큼 궁정문학의 특징도 각각 다르다. 그러나 여류작가에 의한 궁정문학이 양국의 고유문자로 기술되었다는 점은 완벽하게 일치한다. 양국의 여류작가들은 자신의 필적이 이 세상에 남는 것을 극도로 꺼렸으나, 쓰지 않으면 안 될 내면적 욕구를 자유로이 표현할 수 있는 고유문자로 기술한 것이다. 그리하여 조선왕조의 궁녀나 비빈들은 한글로 수필이나 시조, 고소설을 창작했고, 헤이안시대의 뇨보는 가나문자로 일기나 수필, 와카, 모노가타리 등을 기술했다.

조선왕조는 유교사회였기 때문에 윤리와 제법도가 중시되었으나 궁중에서 근무했던 궁녀들은 생각지도 못한 엄청난 사건을 목격하고, 사건의 전말을 있는 그대로 표현할 수 있는 한글로 기술한 것이다. 한편 헤이안시대의 뇨보들은 신라의 향가식 표기법에 영향을 받은 만요가나를 초서화하여 가나문자를 발명한다. 가나문자가 일반서민들에게까지 전파되었을 때, 조선시대의 신숙주와 강항은 각각 교토의 남녀가 자유로이 가나문자를 사용하는 상황을 목격하고 기록으로 남겼다. 헤이안시대의 뇨보들은 궁중생활과 개인적인 연애 체험을 한문을 알고 있었지만 오히려 가나문자로 기술했다. 그리고 헤이안시대의 궁정여류작가들은 습자, 와카, 음악 등에 대해 최고의 교양을 갖추고 있었기에 뇨보라는 직업에 대해 강한 자부심을 갖고 있었다.

이와 같이 한일 양국의 궁정여류문학은 유사한 점도 많지만 시대적 배경과 문화 차이로 인해, 헤이안시대 여류문학은 개인적인 연애와 취미, 오락, 미의식 등을 주로 그리고 있는 반면에, 조선왕조의 궁정문학은 궁녀나 비빈이 궁중에서 목격한 왕위계승과 관련한 역사적인 사건이나 주군의 영화와 몰락을 다룬 경우가 많았다. 또한 조선의 왕조문학은 유교적 사상 아래 당파와 정쟁을 그리고, 헤이안시대의 여류문학은 불교사상과 함께 궁중의례와 개인적인 연애를 기술하고 있다. 즉 양국의 궁정여류작가들은 자신들의 입장에서 인간의 도리와 윤리 풍속, 결혼제도 등을 비판하고, 당시의 신분과 가족, 사회제도에 대해 상대화된 자아를 발신하는 것으로 보람을 느끼지 않았을까 생각된다.

모리 오가이와 한국, 그리고 나

최재철

모리 오가이와의 인연

 모리 오가이(森鷗外; 1862-1922)를 알게 된 것은 학부 3학년 「일본문학사」 정재인 교수님의 수업시간이고, 처음 접한 작품은 오가이의 첫 단편소설 「무희(舞姬)」(1890년)다. 근대 초기의 소위 '아문체(雅文體; 문어체)'로 쓰인 이 작품을 이윤경 교수님 '문어문법' 수업시간에 교재로 배웠다.
 1977년 대학원 1학년 재학 중 조교로 근무하면서 일본 국비유학을 준비할 때, '연구계획서'를 작성해야 하는데 아는 작가가 별로 없어서 일단 배운 적이 있는 모리 오가이를 연구 주제로 정하려고 마음을 굳히면서, 도쿄의 대학에 오가이(鷗外) 전공 교수를 찾아보던 중, 학부 선배 박나미 교수(당시 상명여대 재직)에게 상의했더니, 바로 유학중 뵌 적이 있다는 도쿄대학(東京大學) 고보리 케이이치로(小堀桂一郎) 교수님을 소개해 주었다. 한편으로는 당시 한국외대 대학원 일본어과(일본문학 전공)에 적을 두고 도쿄대학 비교문학연구실에 연구생(고보리 교수 지도)으로 가 있던 은동기 교수

(한남대/당시 숭전대 전임)를 통해 현지에서 소개를 부탁하여, 지도교수로서 연구유학생으로 받아 주겠다는 고보리 교수님의 내락을 받게 되었다.

그 후 1978년 봄부터 5년간 도쿄대학 대학원 인문과학연구과 비교문학비교문화 전문과정에 유학하여 모리 오가이를 중심으로 한 일본근대문학을 연구하게 되었다.

오가이 관련 주제로 작성한 첫 논문(석사학위논문)은 「근대 일본의 청년상—모리 오가이의 『청년』과 그 주변」(도쿄대학 대학원, 1981.3)이다.

도쿄유학 시절의 기억 하나, 그 후

'도쿄대학 석사학위논문 집필과 그 후일담'(1980.4-1981.3).

석사학위논문은 전적으로 지도교수님의 지도와 배려로 작성하였다. 그 결과로 박사과정에 진학, 수료까지 할 수 있었다. 석사학위 제출논문 중에서 박사과정 진학이 확정된 2편을 선정하여 발표회를 갖는다. 이 행사는 석·박사과정 신입생들을 위한 오리엔테이션을 겸하여 매년 3월 하순, 춘분 무렵에 하치오지(八王子) '대학세미나하우스'에서 개최한다. 교수와 졸업 동문 선배(타 대학 현직 전임 교원 포함), 대학원 석·박사과정 학생들이 1박2일 일정으로, 초빙 연사의 강연도 포함하여 발표와 토론, 뒤풀이 등 순서로, 대개는 오후부터 발표하기 시작해서 저녁 먹고 강연 듣고 밤중, 새벽까지도 각종 주류(선배들 지참 포함)와 음료, 다과를 들며 담론이 이어지는 것이 보통이다.

여기서, 석사논문 발표자 두 명에 일본인 학생 이누이(乾 昌幸/ 이후, 현대 하이쿠로 저명한 필명 나쓰이시 반야夏石番矢) 군과 내가 선정되어 발표하였다. 내 발표순서가 두 번째였으면 좋았는데 먼저 하게 되었고, 발표 내용을 표로 작성하여 전체 흐름을 먼저 소개한 도입부는 괜찮았다고 발표 마친 후에 누군가가 말해주었지만, 마이크 시설이 없는 넓은 세미나실에서 목소리가 작았던 점과 시간을 많이 초과하는 등 하고자 하는 내용을 제대로 전달 못하여 요령부득인 발표가 되어버렸다. 결국 질의응답 시간도 생략되었고 발표 방법 면에서 졸작이라 하겠다. 지도교수님께 면목이 없었고 유학 후배와 동석했던 아내 보기가 미안했다.

　그 때 실패의 경험이 작용했던지 대학에 부임하여 대학원 학생들 석·박사 지도나 학회 발표 때에, 특히 학위논문 중간발표와 본 심사 발표 때, 사전 대비로 시간 엄수와 발표 방법, 질의에 응답하는 방식 등을 철저하게 지도하여 발표 전 꼭 2~3회의 연습과 리허설을 하도록 했다.

　유학 때 매년 봄, 도쿄 근교의 대학세미나하우스에 가서 강연과 발표, 토론회에 참여한 것처럼, 여름과 겨울 방학 때마다 대개 연 2회, 1박2일로 서울 근교에서 〈일본근대문학세미나〉(초빙 강연과 발표 및 토론)를 개최하여 전공분야의 심화와 선후배 동기 간의 유대를 갖도록 하고 총 25회 세미나의 결과물로 『일본근대문학 산책』 제1~7호(1993.8-2015.5)를 간행할 수 있도록 지도했다. 아마도 국내 대학원의 한 전공분야에서는 전무후무한 일일 것이다. 그 결과로서 실제 전공 관련 교수가 학내에 유일하다는 이유로 일본근현대문학 전공 지도 대학원생의 수가 많았고 학위를 다수 배출하여 강사 수도 꽤 늘어나 한 때는 '○○○ 사단'이란 말까지 들었던 적도 있다.

　바로 그 '대학세미나하우스'의 식당 벽 액자에, 'Plain Living & High Thinking'이라는 W. 워즈워스의 시구가 걸려 있었는데, 내 e메일의 서명 맨 아래에, '좋은 나날'(최근은 '감사하는 나날' '日々是好日'포함)이라는 말과 함께 아주 오래전부터 적혀 있게 된 유래가 되었다. 20대에 실패한 한 순간의 기억이 이리도 오래 갈 줄이야…….

이제 내 나이 칠순이 코앞이다. 이야기가 좀 샛길로 벗어난 듯 한데 다시 오가이 얘기로 돌아가면, 이렇게 나와 오가이의 인연은 시작이 되었고 그 후 40여 년이 지난 지금까지도 그 인연의 끈은 이어지고 있다.

모리 오가이에 대하여

먼저, 모리 오가이에 대해 간략히 소개하고 넘어가는 것이 순서인 것 같다. 오가이의 경력과 역할은 군의관으로 출발하여 최고위직인 군의총감을 역임하고 정년퇴임을 할 때까지 위생학을 전문으로 하는 자연과학자 의사로서의 길을 걷는다. 한편으로, 계몽사상가로서의 역할과 평론가, 소설가, 번역가, 시인으로서 여러 방면에서 많은 업적을 남겨, 일본근대문학사에서 국민작가로 일컬어지는 나쓰메 소세키(夏目漱石)와 쌍벽으로 알려져 있다. 군의관 정년 후에는 제실(帝室) 도서관장, 박물관장 등을 역임하며 고증학자로서의 면모도 보였다.

오가이는 한학 학습과 난학 섭렵은 물론, 서양과 한국, 중국 만주, 대만 등 동아시아를 실제로 두루 체험하여 당시 넓은 시야의 지식인, 문학자로서 흔치 않은 인물이다. 일찍이 한문을 터득하고 독일어와 프랑스어, 영어 등을 학습하였고 도쿄대학 의학부를 졸업하고 군의관으로서 독일에 4년간 국비 유학하여 독일어에 능통했다. 유학 중 독일 레크람(Reclam)문고의 세계문학전집을 독파하였고, 귀국 후 평론과 소설을 발표하는 한편으로 서양문학을 다수 번역 소개하였다. 외국체험의 기록으로는, 「독일일

기(独逸日記)」(1884-1888)와 군의부장으로 러일전쟁 참전 「시로 쓴 일기(うた日記)」(1905), 청일전쟁 참전 보고서 「일청역자기(日清役自紀)」(1894, 조선의 동학, 의병에 대한 기록 있음), 러일전쟁 참전 「조정일기(徂征日記)」(1894) 등이 있다.

모리 오가이의 업적과 위상

오가이의 업적은 이와나미서점 간행, 『오가이 전집』 전38권(1974년. 각 쪽 상하 2단 편집, 큰 판형)에 모아져 있다. 그 내용을 요약하면, 소설(현대소설, 역사소설), 평론, 시, 사회 도시 개량, 위생학/자연과학 개량, 문학 연극 개량 등 각 분야의 근대화론, 서양문학 번역, 고증학 등이다. 이와 같이 오가이는 다양하고 폭 넓은 분야에서 활약하여 커다란 족적을 남긴 근대 일본의 선각자로, 메이지라는 근대화의 과도기, 변혁의 새 시대가 낳은 뛰어난 인물이다. 자주 소세키와 나란히 거론되는 문학 분야뿐만이 아니라, 일본의 근대화 전반에 끼친 사상과 실질에 있어서 그저 근대의 한 작가에 머물러 있는 인물이 아닌 것만은 분명하다. 오가이는 '서양에서 돌아온 보수주의자' 소위 '화혼양재(和魂洋才)'로서 동·서양에 대한 해박한 식견과 '복안'으로 서양의 장점을 배워 바람직한 일본 근대화의 방향을 모색했다. (『일본문학의 이해』, 민음사, 1995)

오가이의 대표적인 문학 작품

우선 작가로서 교과서에 게재된 작품도 여럿 있다. 근대인의 자아 각성을 다뤄 초기 근대문학사를 수놓는 단편소설의 백미 「무희」 등 독일유학

체험 초기 3부작과 우연과 필연, 주체적 의지와 체념의 주제를 다룬 근대의 대표적 명작 소설 『기러기(雁)』(1911), 근대 일본의 모습을 보여주는 장편 『청년』, 삶을 회고하며 자전적 사상을 내비친 단편 「망상(妄想)」, 한 어휘의 무게를 사색한 수필 「빈 수레(空車)」(1916) 등이 있다.

역사소설로는 무사사회의 '신쥬(心中:할복자결)'의 문제점을 부각시킨 비극적 이야기 「아베 일족(阿部一族)」(1913), 근대 신여성의 당찬 면모를 과거 중국의 인물에서 찾아본 「어현기(魚玄機)」, 중국의 기인 도사 이야기인 「한산 습득(寒山拾得)」, 재산에 대한 관념인 자족(自足)과 안분지족, 그리고 일찍이 안락사 주제를 부각시킨 테마소설 「다카세부네(高瀨舟)」(1916), 중세시대 인신매매 납치와 혹사, 염원의 성취를 다룬 동화풍의 「산쇼 대부(山椒大夫)」 등이 있다. 역사 인물 전기(史伝)의 대표작은 오가이 만년의 역작 『시부에 츄사이(渋江抽斎)』(1916)이다.

『시부에 츄사이』는 한 인물(에도시대의 의사, 학자)의 종적인 가족사의 흐름(전사 6대 조상과 학문적 계보, 후세 자손들의 후일담)과 횡적인 유대관계(가족, 처가, 은사, 학자, 친구 등 동시대의 주변인물)의 전후좌우, 표면적인 것과 내면의 흐름까지를 기술한다. 한 인간의 전체상을 조감하도록 펼쳐 보인 역량과 의지가 돋보이는 역사전기의 수작으로 이제까지 역사소설과 인물 전기를 써온 오가이의 체험과 방법이 집대성된 작품이다. 총 119절 중에 다음 인용은 시부에 츄사이(1805-1858)의 사상 성향을 기술한 부분이다.

츄사이는 근왕주의자(勤王家)였지만 양이주의자(攘夷家)는 아니었다. 처음에 츄사이는 서양을 싫어하여 양이(攘夷)에 귀를 기울이기 어렵지 않은 사람이었는데, 앞에서 말한 대로 아사카 곤사이(安積艮斎)의 저서를 읽고 깨우친 바가 있었다. 그리고 몰래 한역(漢訳)본 『박물궁리(博物窮理)』 서적을 열람하고 점점 양학(洋学)을 폐할 수 없다는 것을 알았다. 당시의 양학은 주로 난학(화란학)이었다. 상속자 타모쓰 씨에게 화란어를 배우게 할 것을 유언한 것은 이 때문이다.

일본 전통적인 것과 서양의 것, 한방과 양의를 동시에 인정하고 배우며 존중하는 츄사이의 모습에서, '서양에서 돌아온 보수주의자'(오가이의 자전적 작품 「망상」 중의 말)를 자임하던 오가이의 면모를 발견하는 것은 어려운 일이 아니다.

이와 같은 독특한 역사전기물은 오가이가 창안한 것으로, 『오가이 선집』(전22권)의 작품을 선정한 이시카와(石川淳)는 저서 『모리 오가이(森鷗外)』에서, '조용히 내부로 침잠해 간 정신의 운동이 전개해 가서 소우주를 성취', '츄사이라는 인물이 있는 세계상'이라고 명언하고 있다. 요시다(吉田精一)·야마모토(山本健吉) 편 『신판 일본문학사』에서는 『시부에 츄사이』를 다음과 같이 평가한다.

> 역사소설을 쓰는 동안에 점차 역사적 사실의 자연을 존중하는 생각이 강해져 정확한 실증적 조사에 바탕을 두고 상상을 가능한 한 배제한 독자적인 세계이다. 학자로서의 그의 학재(学才)와 작가로서의 그의 시재(詩才)가 발견한 그에게 있어서 가장 자기의 엘리멘트를 살린 적절한 분야였다. 그것들은 전아 단정한 문체에 의해 당시 유학자의 생활을 떠올리게 하는 것에 성공한데다가 긴 역사의 흐름 속에 떠도는 망망대해의 일엽편주(孤舟)와 같은 인간의 운명을 통감시키는 바가 있다.(『新版日本文学史』, 角川書店, 1986)

결국 오가이는 한 인간의 소우주적인 삶을 재현한 『시부에 츄사이』로 스스로의 성향에 딱 들어맞는 문학양식을 찾아 역사전기의 새 장을 열었다.(논문「모리 오오가이(森鷗外)의 역사소설」, 『일본연구』 제16호 · 민성홍교수정년 퇴임기념호, 한국외대 일본연구소, 2001.8. 공저 『일본문학의 기억과 표현』, 제이앤씨, 2015)

번역문학으로는 일본 근대 최초의 번역 시집 『그림자(於母影, 오모카게)』 (1889)와 낭만주의 문학의 걸작 안데르센의 『즉흥시인』(1892), 입센의 『노라(인형의 집)』(1913), 괴테의 『파우스트』(1913) 등 여기서 이루 다 헤아릴 수 없다.

대표 작품의 문장 일부를 아래에 인용해본다.

> 나는 모호한 공명심과 검약에 익숙한 학습력을 갖고 갑자기 이 유럽 신대도회의 한복판에 섰다. 무슨 광채냐 내 눈을 쏘려고 하는 것은. 무슨 색채냐 내 마음을 현혹시키려고 하는 것은. 〈중략〉
>
> 그저 수동적, 기계적인 인물이 되어 스스로 깨닫지 못했는데 이제 25세가 되어 이미 한동안 이 자유로운 대학의 바람을 쐬었더니 마음속이 왠지 편치 않고, 깊숙이 잠재하던 진정한 자아는 드디어 겉으로 드러나 어제까지의 나 아닌 나를 다그치는 것과 같다. -「무희」

> 쇼베는 그저 막연히 사람의 일생이라고 하는 것을 생각해 보았다. 사람은 몸에 병이 있으면 이 병이 없었으면 하고 생각한다. 그날그날 먹을 것이 없으면 먹고살아 갈 수만 있다면 하고 생각한다. 만일의 경우를 대비하는 저축이 없으면 조금이라도 저축한 돈이 있었으면 하고 생각한다. 저축한 돈이 있더라도 또 저축이 좀 더 많았으면 하고 생각한다. 이와 같이 연쇄적으로 생각해 보면 사람은 어디까지 가서 멈출 수 있을지 모른다. 그것을 지금 눈앞에서 멈춰 보여 주는 사람이 기스케라고 쇼베는 깨달았다.
>
> 쇼베는 지금 새삼스럽게 경이의 눈을 번쩍 뜨고 기스케를 보았다. 이때

쇼베는 하늘을 우러러보고 있는 기스케의 머리에서 호광(毫光)이 비치는 것처럼 느꼈다. -「다카세부네」

오가이의 시인적 자질을 보여준 러일전쟁 참전 문학〈시로 쓴 일기(うた日記)〉(1905)는, 군의부장으로서 체험한 전쟁의 기록으로 의미가 있으며, 시(신체시, 근대시)와 노래(단가, 하이쿠) 등 다양한 시 형식으로만 일기를 적고 날짜와 장소를 명기한 특이한 시가집이다.

오가이가 본 한국

오가이의 한국(또는 조선) 관련 기록을 나누어보면 대개 일기와 평론, 청일전쟁 참전 시에 군의부장으로 부산에 파견 중의 견문보고서, 그리고 역사소설 「사하시 진고로(佐橋甚五郎)」의 소재로서 조선통신사와 관련지은 이야기 등이다.

오가이는 독일 유학중, 의학부 동기 군의관 고이케 마사나오(小池正直)의 부산체재 기록 『계림의사(鶏林医事)』(1883.3-1885.5)를 「Zwei Jahre in Korea(한국에서의 2년)」라는 제목으로 번역, 후에 독일인류학회지에 게재되었다. 이 번역에 의해 오가이는 한국에 대한 지식과 관심이 한층 많아졌다. (「메이지 일본의 지식인 · 문학자의 조선 인식—小池正直의 『鶏林医事』를 중심으로」, 『비교문학연구』 제65호, 도쿄대학비교문학회, 1994)

오가이가 본명, 모리 린타로(森林太郎) 군의부장 명의로 한 보고서 『일청역자기(日清役自紀)』에 호랑이와 표범에 관한 기록과 동학당 관련 기록이 보인다.

> 안보 가흥 사이에 동학당(東学党)이 출몰하여 대단히 병참 업무를 방해하다. 병참감 진압 명령을 내리다.'(「별보」10, 1894.9.23. 부산), '안동 예천 간 난민 수천 있고 스스로 의병이라고 칭하며 사대를 창도함. 태봉사령부 부관 기병대위 다케우치 모리마사 살해됨. 경부 절창, 혼신좌상 있음.
> (森林太郎,「중로병참군의부별보」(『일청역자기』)『鷗外全集』제33권, 岩波書店, 1974)

청일전쟁 당시의 일본과 한국 간의 마찰과 한국 민중의 주체적 자기주장인 〈동학당〉의 출현과 활약을 오가이의 문장을 통해 확인할 수 있는 기사라는 점에 의의가 크다.

「고쿠라(小倉)일기」(1899.7.30)에는 도쿄대학 의학부 벨츠 교수가 한 말을 기록하고 있다. 즉, 왜 빨리 영어로 일본 글자를 대신하지 않는가 라는 일본의 문자정책에 대한 조언과 러일 양국에 의한 조선분할론, 일본의 배금주의의 폐단, 일본의 조선인 학대 우려 등에 대해 충고했다고 적고 있다.

오가이의 유명한 평론「양학의 성쇠를 논함(洋学の盛衰を論ず)」(1902)에서는 다음과 같이 당시의 한·중·일의 상황을 분석한다.

> 우리나라는 오히려 서양 여러 나라와 함께 능동적 지위에 서고, 중국(支那) 조선(朝鮮)은 홀로 수동적 지위에 안주할 수밖에 없는 지경에 이르렀다. 왜 그런가. 이것은 우리나라가 서양의 학술을 수입했기 때문이다. 〈중략〉이 학풍은 중국에는 없는 것으로서 중국 조선은 그 마음을 편중하여 박물학을 멸시하는 학문을 그저 고수했기 때문에 지금의 가련한 수동적 지위에

섰고, 우리나라는 이 서양학을 수입했기 때문에 지금의 경하할만한 능동적 지위에 서게 되었다.

이러한 오가이의 정곡을 찌른 지적은 뼈아프지만 그 이후의 역사의 추이를 볼 때 사실로 입증이 되었다.

러일전쟁 종군 일기 「시로 쓴 일기(うた日記)」(1907.9 간행)에도 단편적으로 한국과 관련된 기록이 섞여 있다. 이 중에 「파도소리(浪の音)」는 대동강 하구 진남포에 정박했을 때(1904.5.2.) 지은 평판이 좋은 4연 구성의 7·5조 시다. 감상적인 이 시의 각 연 마지막 구절에 〈대동강의 파도소리〉를 되풀이하여 효과를 내고 있다.

> 소식 끊겨 벌써 열흘
> 그대를 생각하며 잠 못 드는
> 한밤의 애수를 생각하라고
> 하는 말 들려도 사람은 없네
> 대동강의 파도소리   - 제1연, 『전집』제19권

'대동강의 파도소리'가 '그대를 생각하는' 오가이의 시심을 환기시킨 것이다.

그리고 오가이는 부산에서 한 달쯤 체재하고 떠나기 이틀 전에 양반의 의복, 갓(笠子)과 망건, 관자(冠子), 요대 등을 갖춘 한복 한 벌을 구입한다. 「일기」(『조정일기』, 1894.10.10.)에는 품목별로 가격까지 상세하게 적었다.

오가이의 역사소설 「사하시 진고로」(1913)는 조선통신사(1607)를 소재로 한 색다른 이야기다. 에도막부 쇼군(将軍) 도쿠가와 이에야스(德川家康)의 부하였던 사하시 진고로는 뛰어난 재능과 기량, 배포가 있어 충성을

다해 처음에는 신임을 얻었지만, 그러한 기량을 경계한 이에야스의 흉중을 알아채고 사하시(佐橋)는 남몰래 자취를 감춘다. 그리고서 24년이라는 세월이 흘러 이에야스가 조선사절단을 면회했을 때 그 중의 한 사람 교첨지(喬僉知)가 사하시로 보였다. 사실인지 아닌지는 확인할 도리가 없지만 사하시 집안에는 조선인삼이 상당히 많이 보관되어 있었다는 줄거리로 사실인 듯이 이야기를 맺고 있다.

이 작품은 본래 자기 의지를 관철한다는 주제의 이야기 모음에 함께 포함되어 있다. 소재는 봉건 사회에서 구하여 작가 나름으로 서양 전래의 근대적 자아(ego) 각성과 주체적 인간을 묘사한 작품이라고 해석하는 것이 일반적이다. 그런데, "잘도 조선인이 돼버렸다."(이에야스의 독백)는 사하시 진고로, 즉 교 첨지는 조선인으로서 분명 〈조선〉에서 온다. 그러므로 이 작품이 쓰인 시점과 위에서 소개한 오가이의 한국 관련 견문과 체험 등을 고려하여 재해석해야 한다고 본다. 임오군란으로 한국행이 지연되었고 동학운동과 의병의 항거를 직접 현지에서 체험한 오가이는 바다 건너 이웃나라 한국 민중의 자기주장이 일본과 대항하고 있었던 당시의 시대상황을 인식하고 이 작품에서 상징적으로 표현한 것이라고 볼 수 있다.

모리 오가이는 군의관, 공직자로서 당시 한국을 보는 시각은 일본인의 일반적 사고의 범주 안에 포함되어 있었지만 특별히 멸시하거나 비하한 흔적은 눈에 띄지 않는다. 오히려 한국을 떠나기 전에 한복 한 벌을 사고, 다음 임지인 만주로 향할 때 부산을 출발하며 「일기」(1894.10.3)에 적은 하이쿠에서는 아쉬움이 묻어나기도 한다.

지식인으로서 자유와 미(美)로 대표되는 근대 서구 문예사조를 체득하고 작가로서 평론가, 시인으로서 정신적 자유를 구가한 인물이기도 했다. 오가이처럼 서구와 동아시아를 직접 두루 섭렵한 지식인 작가는 드문 존재로 한국을 잘 보고 알고 있었던 근대 일본인이라고 하겠다.

한국의 오가이 작품 번역과 연구

오가이 작품이 국내에 번역 소개되기 시작한지 50여 년, 오가이문학 연구가 시작된 이래 40여 년이다. 그동안 오가이 작품 번역은 총 16작품을 18명의 역자가 38건, 연구 논문은 47명의 필자가 105편 발표하였고, 국내에서 오가이연구 박사학위논문은 5편이 발표되었다.(2015년 필자 조사, 이하 통계 같음)

모리 오가이 문학의 소개와 번역

한국에서 모리 오가이를 일찍이 소개한 것은 1916년 이광수의 평론「문학이란 무엇(何)이오」에서, '각종 원고료 중에 문학적 원고료가 최고하니, 현금 일본 문사 중 坪内逍遙(쓰보우치 쇼요), 夏目漱石, 森鷗外 등 제씨는 원고지 1매에 평균 5원이며,…' 라고 썼고, 또 「괴테와 나」에서는, '「파우스트」는 森林太郎(모리 린타로) 박사의 일본역과 新渡戸稲造(니토베 이나조) 박사의 「파우스트이야기」로 보았습니다.' 라고 쓴 데서 유래한다고 본다.

오가이 작품이 한국에 처음 번역 소개된 것은 역사소설로 1966년 김용제 역 「산쇼 대부」이며, 1980년대까지 「무희」(1973) 「산쇼 대부」 「마지막 한마디」(1976) 「다카세부네」(1989) 등 소설 4편(5건)이 번역 소개되었을 정도다. 1990년대 이래 오가이 작품 번역은 점차 증가하여 「다카세부네」 「산쇼 대부」 등 역사소설 번역이 6할을 차지한다.

작품별 번역 편수는 「다카세부네」(7) 「무희」(5) 「산쇼 대부」 『기러기』 「사카이 사건」(각 4) 「마지막 한마디」(3) 「아베 일족」(2) 등이다. 가장 많이 번역된 「다카세부네」의 첫 번역은 최재철 옮김 「다카세부네」(동양권 단편소설/일본, 월간 『東洋文學』, 1989.4)이다.

오가이 연구 40여 년

한국의 모리 오가이 연구 40년사(1976-2015) 중에서 처음 10년간을 초창기(1976-1985)라고 볼 수 있는데, 첫 오가이 연구는 독문학자 고창범 교수가 발표한 논문 「모리 오가이 관견-그의 독일문화 수용을 중심으로」(『일본학보』 제4집, 한국일본학회, 1976.8)로부터 시작된 것 같다.

오가이 문학 연구의 추이와 전개를 살펴보면, 주로 「아베 일족」을 비롯한 역사소설(역사전기 포함)론이 35편으로 가장 많고, 그 다음이 「무희」를 비롯한 초기3부작론(13편)과 『청년』 『기러기』론(5편) 등 현대소설론이 18편, 이 둘을 합친 작품론이 전체의 5할로 작품 중심의 연구가 활발하게 진행되었다. 그리고 주제 연구(30편)와 비교 연구(15편)가 점차 증가 추세에 있으며, 유학과 근대화 지식인상 등 작가론(기타)이 7편이다. 그리고, 12작품에 50편의 논문이 집중되었는데, 작품별 논문수는 「아베 일족」(9편), 「무희」「다카세부네」(각 7), 「산쇼 대부」『청년』(각 5) 등이 많은 편이다.

필자별 논문 다수 발표자는, 유진우 권태민(각 9편) 최재철 이기섭 김옥지(각 6편) 송현순(5편) 외(3편 이상의 필자 10명이 과반수인 53편 발표)이며, 각각의 관심 분야는 역사소설, 초기3부작과 자아의식, 근대성과 한국상, 초기 3부작과 유학, 배(舟) 관련 주제, 역사소설 등으로 역시 역사소설과 초기3부작에 관한 연구가 많이 이뤄졌다.(「한국의 모리 오가이 문학 번역 소개와 연구 동향—1966년부터 2015년까지 50년간」, 『일어일문학연구』 제96집, 한국일어일문학회, 2016.2)

모리 오가이와 나

이제까지 필자가 모리 오가이에 관하여 소개하고 연구 논문을 집필한 내용과 오가이와의 관련 사항 등을 간략히 돌아보려 한다. 학부와 대학원 강의에서 오가이를 지속적으로 다룬 것 외에, 작가 오가이와 그 작품 세계를 소개한 것으로는, 「아베 일족」(KBS 3tv/교육방송, 현 EBS tv, 〈고전백선〉 김윤식 교수 진행, 1987.10)과 「산쇼 대부」 「무희」(〈일본문학산책〉〈일본문학연구〉, EBS 라디오, 방송통신대, 1999.8, 2005.6) 등이 있다. 번역 소개로는 「다카세부네」, 「빈 수레」(〈세계의 명산문 5-일본편〉, 『계간 수필』 제8호, 2009-겨울) 등이 있고 심포지엄과 세미나에서 「일본 근대 가족의 초상 – 오가이의 『한나절(半日)』론」(2000.4) 등을 발표했다. 이 논문은 『일본연구』(한국외대 일본연구소, 2000.12)에 게재하고, 이후 「'가족'이 해체되다 – 모리 오가이의 「한나절」 외」라는 제목으로 단행본 『일본 근대문학의 발견』(한음출판, 2019)에 수록하였다.

그리고 석사논문 이후 「입센의 한일 수용과 그 의미 – '개인'의 발견, 자주성과 관련하여」(2017.6)에 이르기까지 오가이 문학에 대한 논문을 몇 편

학술지에 게재했다. 또한, 국내 문학관련 잡지, 예를 들면『문학사상』『동서문학』『외국문학』『문학정신』『수필문학』등에 오가이를 비롯한 일본 근현대문학을 소개했다. 이러한 오가이 등의 일본 근현대문학 관련 소개와 해설, 논문 등은 저서『일본문학의 이해』(민음사, 1995)에 1차로 정리 수록했다.

그리고, 서평『오가이를 읽어내다(鷗外を読み拓く)』(大塚美保 지음, 2002)를 일본『국문학 해석과 감상』(至文堂, 2002.9)에 게재하기도 하고, 「일본근대문학자가 본 한국-오가이와 소세키를 중심으로(日本近代文学者の見た韓国－鷗外と漱石を中心に)」를 국제비교문학회(ICLA) '91-Tokyo 대회에서 발표 후, 국제비교문학회 발행, 『Inter-Asian Comparative Literature』(The Force of Vision V6. International Comparative Literature Association, 1995.6)에 게재했다.(「최재철/崔在喆, CHOI, Jae Chul 교수 약력」, 『일본연구』제72호/최재철교수정년퇴임기념호, 한국외대 일본연구소, 2017.6 참조)

이러한 연구를 바탕으로, 「모리 오가이에 있어서의 한국(森鷗外における韓国)」을『강좌 모리 오가이(講座 森鷗外)』(전3권) 제1권('오가이의 인물과 주변', 新曜社, 1997)에 수록하게 되었다. 또한, 『모리 오가이 사전(森鷗外事典)』(新曜社, 2020. 1)의 공동 필진으로 참여, '한국'과 '한국에서의 모리 오가이 번역 및 연구' 항목을 집필, 수록했다.

『강좌 모리 오가이』와『모리 오가이 사전』공동집필자로서 참여하게 된 계기는, 편자 히라카와 스케히로(平川祐弘; 1931~) 교수 추천이었다. 오가이론을 포함한『화혼양재의 계보』의 저자이기도 한 히라카와 교수님은 필자가 유학중 강의를 수강한 이래 귀국 후에도 드문드문 연락과 교류가 이어지고 있던 은사 중 한 분이다. 2019년 봄에 도쿄에 갔을 때 연

락을 드렸더니, 마침 문화센터에서 시민강좌로 아서 웨일리 역 〈『겐지이야기』 영문 독회〉를 진행 중이라고 하여 유학 중인 제자와 함께 1회분 수강료를 지불하고 참석했다. 그 다음날 댁 오찬에 초대받았는데 저작집 총서 원고 마무리 정리를 하고 있다는 등 근황을 들려주셨다. 나는 아베 요시시게(安倍能成)에 대한 관심과 논문을 쓴 얘기를 하자, 저서 『다케야마 미치오와 쇼와의 시대(竹山道雄と昭和の時代)』(藤原書店, 2013)를 주셨다. 다케야마는 평론가이자 독문학자로 「버마의 하프(ビルマの竪琴)」라는 소설로 알려진 작가이기도 했는데 히라카와 교수의 장인이었다. 이 책 내용 중에 아베 요시시게와 관련된 항목이 있어 참고가 될 거라는 뜻이었다.

　그리고는 요즘 경색된 한일관계를 걱정하면서 앞으로 어찌 될 것 같은가를 질문했는데 나는, 때때로 난관도 생기지만 멀리 보면 이웃끼리 서로 잘 지내야할 터이니 나아질 것이라고 긍정적으로 대답했더니 그리되면 좋겠다고 기대감을 표했다. 그러나 역사문제에 대한 한일 간의 인식의 차이 등으로 외교 문제와 통상 마찰은 그 후로도 한동안 지속됐다. 저작집이 출간되면 외대에 기증하겠다고 해서서 도서관 주소를 적어 드렸다. 몇 달 뒤 대학 도서관 담당자로부터 『히라카와 스케히로 결정판저작집(平川祐弘決定版著作集)』(勉成出版, 2020)이 도착, 출간과 동시에 기증받았다는 연락을 받았다. 도서관장 명의로 감사장을 보내드리는 게 좋겠다고 했더니 수긍하고 보내어, 이후 통화 시에 대단히 격식을 갖춘 감사장을 받았노라고 좋아하셨다.

　그리고 보니 또 하나 생각나는 것은, 도서관 관장 재임 중(2006. 2-2007. 10)에, 『오가이 전집』(전38권, 岩波書店)이 국내 도서관 어디에도 소장한 곳이 없어(일본 공보문화원 도서실 포함), 국내 도서관에 적어도 한 질은 있어야 한다고 생각하여, 도쿄 방문 중에 간다(神田) 진보쵸의 고서점에서 전집을 찾아내어 구입, 배편으로 우송했다. 그래서 국내에 유일하게 한국외대 도서관(서울)에 『오가이 전집』이 비치되었다.

그런데, 여기서 또 하나 기록하지 않을 수 없는 이야기가 있다. 그것은 교육대학원 일본어전공과정에서 내가 석사논문을 지도하여 오가이의 「기러기」에 대한 논문을 쓴 (주)AND의 이재춘 대표(이후, 경제학박사학위 취득)를 최근(2020.11)에 우연히 연락이 되어 여의도 그의 사무실에서 만났다. 그가 하는 말이 얼마 전에 일본 전국의 서점을 지인들에게 뒤지도록 하여 『오가이 전집 38권』을 모두 찾아 전부를 완전히 갖추어 외대 글로벌캠퍼스 도서관에 기증했다는 것이었다. 그는 사업가이지 연구자는 아니다. 더구나 일본문학이나 오가이 관련 전공 과정을 마치고 떠난 지 여러 해 된다. 그런 그가 전집 전질을 갖춰 후배들을 위하여 기증했다는 사실을 듣고 놀랐다. 감사한 일이다. 물론 그도 국내에 오가이 전집이 없는 줄 알았다고 한다. 석사학위 논문지도를 받던 20여 년 전 그 당시엔 도서관에 오가이 전집이 없었으니까 불편했기도 했으리라……. 인연이란 참 질기고 귀하다.

자랑도 아니지만, 대학원에서 일본문학관련(아마 타 분야 포함해서도) 논문지도를 가장 많이 한 편에 속한다고 생각한다. 대학원 일본문학전공과 교육대학원 일본어교육전공, 통번역대학원 한일과에서 일본근현대문학과 번역 주제로 지도한 석사학위 배출은 30여 년 봉직하는 동안 대략 150여 명이고, 박사학위 논문지도 및 배출은 '모리 오가이의 역사소설 연구'로 국내 최초 박사학위를 취득하고, 교육 현장에서 활약하다가 최근 정년퇴임한 유진우 교수(동남보건대)를 비롯하여 24명이다. 대학원 졸업생들은 대부분 대학 강의 경험을 갖고 있다. 유학을 다녀오기도 하고 번역을 하거나 그 밖의 일터와 가정, 각자의 위치에서 스스로에게 주어진 책무를 감당하리라 믿는다. 다른 작가 관련 주제로 논문을 준비하더라도 재학 중에 적어도 한 학기는 지도교수인 필자의 오가이 관련 강의를 수강했을 테니까 어디서 무엇을 하고 있든지 대학원 시절을 돌아볼 때면 모리 오가이에 대해서는 어쩌다가 떠올릴 것이라고 기대한다.

'오가이 문학의 한국(인)상' 연구와 관련하여

일본 근대의 대표 작가 중 한 사람이 한국을 어떻게 봤는지 궁금했다. 특히, 연구 주제로 삼고 있는 작가라서 더 그랬다. 물론 일본문학으로서 작가 오가이와 그 문학 자체에 대한 연구가 제일 목표였긴 하지만 한국관련 사항을 우선 짚고 넘어가야겠다고 생각했다. 그 결과 이 부분의 조사 연구는 어느 정도 진척이 있었고, 국내에서는 먼저 앞서간 측면이 있어서 후진들에게 자극을 주어 타 작가의 한국관 연구가 확산 되는 촉매가 된 것 같다는 자평을 하고 일반 독자들의 관심도 얼마간 불러일으키게 되었다고도 본다.(「일본문학과 한국」『일본문학의 이해』등) 이 작업을 통해 오가이 역사소설 「사하시 진고로」의 새로운 해석을 제시한 측면도 있다. 그러나, 결국은 일본의 문학 그 자체의 심도 있는 연구를 진행해야 한다는 생각을 꾸준히 하고, 한국상 연구가 일본문학 읽기와 일본 이해에 방해가 되지 않아야 한다는 생각도 하고 있었다.

오가이에 대한 변명

이제까지 필자가 추진한 오가이문학 연구는, 청년론과 한국상, 근대성론, 「무희」 「망상」 등의 자전 문학론, 「기러기」론, 「다카세부네」 「산쇼 대부」 「아베 일족」 등에 관한 역사소설론, 「한나절」 「뱀」 등을 소재로 한 근대 가족론 등, 몇 편의 논문과 산발적인 소개 글을 썼지만, 하나의 주제로 모리 오가이에 대해 본격적인 논문을 지속적으로 쓸 여가를 확보하지 못했다.

그 이유는, 내가 유학을 마치고 귀국한 직후부터 우리 사회가 요구하는 일본 관련 문화와 문학 일반에 대한 관심의 폭이 다양하여, 그 욕구에 부응하기 위해 지인의 추천이나 소개로 원고 청탁이나 소개의 기회가 들어오면 대개 응해주다 보니까 한 가지 주제에 머물러 있을 수가 없었다. 그 때(1990년대 초반 무렵)까지는 이 분야에 필진이 그리 많지 않았기 때문에 부담이 가중된 면도 있었다는 생각을 하게 된다. 또한 연구소 주관 연구 프로젝트에 공동으로 참여하자는 기획이 늘어나고 연구재단의 연구비 신청 과제를 수행하게 되는 계기도 생겨 여러 방면의 테마를 소화해야하는 부담을 안게 된 것이다.

오래 전에 모 대학 출판부의 신서판 「세계의 작가 소개 시리즈」에 〈모리 오가이〉를 소개하기로 하고, 그 시리즈 일련번호에 작가와 필자 이름이 계속 출간 예고로 나갔는데도 결국 이 약속을 지키지 못했다. 일단 약속만은 지키기로 하고 그때까지 쓴 원고를 모아보니 작은 책 한 권의 분량은 충분히 됐지만, 오가이의 전체상을 체계적으로 소개하기에는 균형 면에서 뭔가 부족하다고 판단했다. 지금 돌이켜보면 더 집중하면 가능했을 텐데 약속을 못 지킨 것이 미안하기도 하고 못내 아쉽기도 하다. 아마도 전공하는 작가를 주제로 낱권의 책을 내려면 제대로 써야 한다는 강박감도 작용하여 쉽게 마무리 하지 못하고 그간의 원고를 모아 단행본의 〈차례〉를 만들어보길 몇 번이었던가.

이제 국내에 일본문학 관련 연구자가 상당히 증가된 건 사실이지만, 꾸준히 자기 한 분야를 지속적으로 심도 있게 하는 풍토가 자리 잡지 못한 듯하다. 이것은 타 분야도 비슷하여 우리 사회의 구조적인 문제도 작용하고 있는 것 같다고 생각한다. 그러나 결국은 우리 연구자 스스로 마음먹기 달린 것 아닌가 싶다.

이제 정년도 하고 시간이 나니까 이 숙제를 풀어야 하지 않을까 생각하고 있다. 오가이 연구와 소개를 하겠다고 결심하고 유학을 떠나던 그 시점으로 돌아가 지금까지를 회고하면서, 그동안 내가 한 일이 과연 무엇인가, 어떻게 했는가, 왜 그랬는가, 돌이켜보게 되는 것은 오가이의 〈망상〉만은 아닐 것이다.

> 생이라고 하는 것을 생각한다. 내가 하고 있는 일이 그 생의 내용을 충족시킬 수 있는지 어떤지를 생각한다.
> 태어나서 지금까지 나는 무엇을 하고 있는가? 늘 무언가에 채찍을 맞고 뜀박질하듯이 학문이라고 하는 것에 안달하고 있다. 〈중략〉
> 그 맡고 있는 배역 뒤에 따로 무엇인가가 존재하고 있지 않으면 안 되는 것 같이 느껴진다.
> 채찍을 맞으며 뜀박질만 하고 있기 때문에 그 무엇인가를 깨우칠 틈이 없는 것처럼 느껴진다. 〈중략〉
> 잠시 무대에서 내려와 조용히 나 자신이라고 하는 걸 생각해보고 싶다. 배후에 있는 무엇인가의 모습을 들여다보고 싶다고 생각만하면서 무대 감독의 회초리를 등에 맞으며 이 배역 저 배역을 계속 맡고 있다. 이 배역이 즉 생이라고는 생각할 수 없다. 배후에 있는 그 무엇이 진정한 삶이 아닐까 하는 생각이 든다. 그러나 그 무엇은 눈을 뜨자 눈을 떠야지 하면서 또 다시 꾸벅꾸벅 잠들어버린다. -「망상」(1911)

오가이와 비교할 수도 없고 그럴 생각은 아니지만 우리네 삶과 통하는 것이 있지 않은가. 어줍잖게 스스로를 부추기며 이 분야를 개척하고 보완하여 일으켜야 한다는 사명감에서, 아님 알량한 공명심도 더해진 책임감에 등 떠밀려서 뭔가를 해온 것은 아닌가.

한편으로는, 태어날 때 하늘로부터 우리 각자에게 주어진 이 '시대의 책무' 같은 것이 있지 않을까? 여전히 미진하고 약속 못 지킨 것들, 아쉬웠던 것을 해소하고 싶다는 마음이 남아 있다. 뭔가를 해소하고 싶다는 이러한 마음도 욕심인가. 체력이 받쳐줄지, 가족의 일도 염두에 둬야 하고……. 시간이 얼마나 걸릴지 모르지만 그간에 썼던 글들을 모으고 일부 새로 써야 할 부분, 꼭 다루고 싶었던 테마, 예를 들면 '오가이 문학 속의 유머' 등에 대해 찬찬히 다시 읽고 정말 즐겁고 여유로운 마음으로 오가이의 진면목을 음미하며 좋은 글을 써보고 싶다는 생각을 해본다.

한 가지 약속은 이번에 늦게나마 지키게 될 것 같다. 1980년대 부임 초부터 일본 관련 모 출판사와 약속했다가 지키지 못하고 다시 새로운 출판사와 출판계약을 하고도 또 몇 년을 미뤄온 「무희」『기러기』 번역이 이제 거의 진척이 되어 교열과 각주 보완을 거쳐 신년 초에는 원고를 넘길 예정으로 마무리 작업 중이다. 2021년 새해에는 오가이 대표작품 번역이 한 출판사 〈세계명작시리즈〉의 한 권으로 출간된다고 생각하면 벌써부터 기대가 된다. 과제를 하나씩 푸는 재미도 느껴진다. 오가이의 에세이를 한 군데 읽어보고 이 글을 마칠까 한다.

'빈 수레(空車; むなぐるま)'는 옛말이다. 이 말을 들으면 옛 두루마리그림에 있을 법한 관람용 수레가 떠오른다. 〈중략〉

옛말은 보물이다. 그러나 물려받아 이것을 저장해 두는 것은 보물을 썩히는 것이다. 설령 존중하여 사용하지 않은 채로 놔둔다 해도 사용치 않으면 무용지물이다. 나는 보물을 캐내어 살려서 이것을 사용한다. 나는 옛말에 새로운 생명을 부여한다. 옛말이 띠고 있는 고유의 색깔은 이로써 사라진다. 그러나 이것은 새로운 생명에 희생을 바치는 것이다. 나는 이런 변명을 하며 남들의 비방을 개의치 않는다. 〈중략〉

 그리고 이 수레는 하나의 빈 수레에 지나지 않는 것이다.

 나는 이 수레가 가는 것을 볼 때마다 눈으로 맞이하고 이를 배웅하지 않을 수 없다. 나는 이 빈 수레가 뭔가를 싣고 가면 좋겠다는 따위는 전혀 생각하지 않는다. 내가 이 빈 수레와 뭔가를 실은 수레를 비교하여 우열을 논하려고 하는 따위를 생각하지 않는 것도 또한 말할 필요도 없다. 설령 그 뭔가가 아무리 귀한 물건이라 하더라도. -「빈 수레」(1916)

 말, 언어, 하나의 어휘를 대하는 태도, 사물의 내면을 보고 두루 생각하고 담담하게 글을 쓰는 기본 마음가짐을 엿볼 수 있는 문장이다. 옛것을 다시보고 전통을 계승 발전시키고자 하는 의지와 학문을 하는 자세, 언어 표현의 절도에 대해 생각하게 하는 명문이라고 할만하다.

 옛것을 낡았다고 버리고 새 것만 추종하는 요즘 우리들 세태에 비추어 볼 때, 수필 「빈 수레」는 온고지신(溫故知新)을 참고로 현대의 새로운 방향을 모색하기 위해 절실한 화두로서 우리에게 다가오는 것이 있다

맺음말

 이 에세이를 통해 이렇게 지나간 날들을 회고하고 인연의 소중함을 느끼며 기록을 남겨 시사하는 바가 후세에게 전달되기를 기대하는 것은 자기현시의 욕심일까, 무모한 일인가를 자문하며 인내하고 글을 여기까지 써왔다. 이것이 〈빈 수레〉라도 말이다. 이제 마무리를 해야 할 시점이다.
 '모리 오가이(森鷗外)'의 삶과 족적, 그의 사상의 의의, 현재적 의미는 무엇인가. 주어진 운명적 삶—장남으로서 군의관으로서 직무에 충실하게 임하고 새벽시간에 현실 속의 숨통으로서 문필이라는 도구를 착실하게 구사하여 많은 업적을 남긴 지식인이다 그러나 자기의 묘비명에는 '〈모리 오가이의 묘〉 이외는 한 글자도 더 새기지 말 것'이라는 유언을 남겼다. 그의 시야의 폭과 생각의 깊이, 응결된 표현을 후세 독자에게 마주하게 한 공적은 크다. 소위 근세 일본의 하이쿠시인 바쇼(芭蕉)가 말하는 바 '불역유행(不易流行)', 변함이 없는 것과 변하는 것, 새로운 것의 추구는 '온고지신'의 정신, 전통과 새것의 조화를 추구하는 오가이의 생각과도 통한다. 일본과 서양, 양쪽에 대한 지식을 공유하고 균형을 생각한 모리 오가이는 메이지 시대가 낳은 걸출한 계몽사상가다.
 이러한 이웃나라의 근대 계몽지식인 모리 오가이에 대해 알고 참고하여 실천할 때 그 의의는 더한 가치로 우리 앞에 전개될 것이다. 그 실천이 바로 한일 관련 세미나와 저술 등도 하나의 방법일 것이며, 독회와 시민강좌를 통해 일본관련 전문 지식을 일반인에게 전파, 확산하고 공유하는 일일 것이다. 그것이 한일 상호이해로 가는 지름길이다.
 하나의 작은 돌멩이가 파문을 일으켜 동심원이 점점 멀리멀리 퍼져나가듯, 하나의 작은 인연의 파장이 점점 널리 확산되어 가는 것을 보게 된다. 반갑고 신기한 일이 아닐 수 없다. 이 세상에 발전이라는 이름의 진보가 있다고 한다면, 초석을 놓는다는 것의 의미는 그 위에 누군가가 돌 하나씩 꾸준히 쌓아갈 것이라는 것, 작은 물결이 일어 그 다음의 물결을 부추기고, 다시 그 다음으로 퍼져 더 큰 물결이 어딘가로 누군가로 전달되어 간다면 그것 또한 뜻있는 일이 아닐까.

유한한 인생, '헛되고 헛되다'는 우리네 삶 속에서 뭔가 조금은 위로받는 듯한 그런 느낌, 살아서 꿈틀대고 있다는 그런 것은 소중하다고 본다.

일본을 생각하다

목근춘추 3

보물과 가극과 꽃과

보물 제285호 '금동보살입상'과 관련한 미스터리

신근재

고려대학교 박물관 소장품이 될 뻔했던 금동보살입상(金銅菩薩立像)

여름을 재촉하던 지난 늦봄의 어느 날. 나는 어느 신문에 난 기사를 보고 깜짝 놀라지 않을 수 없었다. 그것은 바로 "일제강점기 때도 문화재 지켰던 간송미술관, 보물 2점 경매 내놨다"라고 문화면을 큼지막하게 장식한 기사 때문이었다. 순간, 마음속에는 잔잔한 전율이 일어나는 것 같았다. 그리고 나는 특히 그 보물 중의 한 점인 보물 제285호 '금동보살입상'(金銅菩薩立像, 이하 '금동보살입상')에 관한 내용을 꼼꼼히 읽기 시작했다.

문화재에 관심이 있는 대한민국 국민 대다수가 알고 있는 간송미술관이 누적된 재정난을 겪으며 국가 보물로 지정된 불상 2점을 2020년 5월 27일 열리는 케이옥션 경매에 내놓는다는 소식은 적잖이 놀라운 일이었다.

나는 왜 그 기사에 놀라움을 감출 수 없었을까. 그리고 왜 지금 금동보살입상에 관한 글을 쓰려고 하는 것일까. 이 글은 그런 의문을 푸는 데 약간의 도움이 될 것이다. 동시에 금동보살입상을 둘러싼 세상에 잘 알려지지 않은 미스터리한 이야기를 풀어내, 지금까지 우리나라 사람들이 잘 몰랐던 문화재 역사의 뒷이야기 하나를 들려주고자 한다. 이 글이 때늦은 감도 없지 않으리라. 하지만 지금이라도 글로 남겨 문화재 애호가들에게 읽혔으면 하는 바람이다.

우선, 시간을 되돌려 1930년대 경남 거창으로 가보자.

1930년대 초, 당시 경상남도 거창(居昌)에는 거창군 거창읍(居昌郡 居昌邑)에서 가조면(加祚面)에 이르는 도로개설 공사가 있었다. 그리고 양평리(陽平里)에서 살피재(沙浦峴) 사이의 새 도로 공사장에서는 다이너마이트 발파작업이 있었는데, 그 과정에서 흙더미 속에서 금부처(金銅佛) 2개가 모습을 드러냈다. 그때, 도로공사 현장의 인부 감독을 비롯하여 작업하던 사람들이 거창 시내의 남창의원(南昌醫院) 신창재(愼昌縡; 1896-1966) 원장에게 달려갔다. 금동불상 2기를 신문지에 둘둘 말아서 떼를 지어 병원으로 몰려간 것이다.

그들이 의사였던 신창재 원장에게 달려간 것은 그가 골동품에 조예가 깊다는 소문을 듣고 있었기 때문이었다. 그렇게 인부 감독은 남창병원에서 이 금동불상을 인수해달라는 청을 했던 것이다. 신창재 원장은 이를 수용하였다. 당시 화폐 단위의 최고액인 백원 지폐(百圓 紙幣) 한 장을 건네고 불상 2기를 사들였다. 인부 감독 일행은 희색이 만연한 채로 어찌할 바를 몰라하며 돌아갔다.

그때 그 불상이 바로 후에 보물 제285호 금동보살입상으로 유명해진

보살상이었다. 삼국시대에 만들어진 금동보살입상은 이렇게 하여 오랜 시간을 지나 후세의 사람들과 호흡을 하기 시작했다.

'문화유산포털'에는 "경남 거창에서 출토됐다고 전해질 뿐 확실한 유래는 없다"고 하는 표현이 나온다. 즉, 지금까지 금동보살입상의 출토와 그 유래에 관한 이야기가 제대로 전해지고 있지 않았다는 뜻이다.

그럼 금동보살입상은 어떤 것일까. 구체적으로 그 형상을 서술한 글을 보자. 『한국조각사(韓國彫刻史)』(문명대, 열화당, 1980) 및 『문화재대관 보물―불교조각』 1(문화재청, 2016)을 참고하면 다음과 같은 구절이 나온다. 인용하여 이해를 돕고자 한다.

간송미술관 금동보살입상은 경남 거창에서 출토되었다고 전해지는 특이한 삼국시대 금동보살입상이다. 광배만 없어지고 불상과 대좌가 남아 있지만 손상이 거의 없는 완전한 형태의 보살상이다. 삼국시대에는 거창이 삼국의 접경지대이어서 그런지 백제적인 요소, 신라적인 요소, 고구려적인 요소가 혼합되어 있는 것처럼 느껴지는 특이한 보살로 알려져 있다.
머리에는 인동무늬같은 넝쿨무늬를 새긴 부채형보관을 쓰고 있으며 신체에는 큼직한 구슬로 이루어진 굵은 영락장식의 X자 전신거리를 하고 있으며, 또한 두 줄의 소박한 목걸이로 치장한 독특한 장식성이 우리의 눈길을 끄는 묘한 매력이 넘치는 보살상이다. 영락장식 전신거리는 고신라의 선산출토 금동관음보살상이나 백제 규암금동관음보살상과 근사하고, 두 줄 목걸이는 국보 제83호 미륵반가사유상 및 규암관음보살상의 소박성과 계미명 삼존협시보살상(563년)의 꺽쇠형과 유사하여 삼국의 공통성이 보이고 있는 것이다.
이런 특징은 좌우로 정연하게 뻗친 날카로운 날개형 옷깃에도 볼 수 있다. 어깨에서 작게 시작한 옷깃은 내려가면서 점점 커지고 날카롭고 묵직하게 표현되고 있어서 비상하는 모습을 나타내고 있는 것처럼 보인다. 이런 날카로운 날개형 옷깃은 고구려계 X자 천의의 금동보살입상을 시작으로 이 거창 금동보살입상 그리고 백제의 군수리 금동보살상, 부여규암 신리(왕흥사지) 금동보살상, 신라의 안동숙수사지 금동보살상으로 진행되면서 점차 작고 무디고 형식화로 진행되고 있다.

이런 특이한 도상 특징은 얼굴에서 가장 두드러진다. 갸름한 얼굴에 툭 튀어나온 이마, 가늘고 긴 눈이 튀어나온 이마와 볼록한 두 뺨으로 인하여 상대적으로 들어가게 보이고, 코 또한 높아진 이마, 두 뺨, 쭉 내민 입으로 푹 꺼진 듯 보이고 있어서 토착적인 듯 촌여(村女)인 듯한 묘한 인상을 나타내고 있는 것이다. 촌스럽다고 말해지는 이런 특이한 미인상은 불상이 이제 한국적인 얼굴로 완전히 변모되었다는 뜻을 담고 있다. 이런 특이한 얼굴은 약간 다른 얼굴로 변모되었지만 양평 금동불입상이 가장 유사한 편이다. 즉 양평불상의 얼굴도 긴 얼굴에 팽창된 두 뺨, 쭉 내민 입, 들어간 눈 등으로 묘한 인상을 주고 있어서 두 상의 얼굴은 기본적으로 유사한 것이기 때문이다. 또한 원통형의 장신형 긴 체구도 두 상은 유사하여 같은 시기의 불상으로 보여진다. 이런 특징을 종합해보면 북제·주의 특징이 보이면서 한국화된 불상으로 6세기 후반의 보살상으로 편년할 수 있을 것으로 판단된다.

대좌 또한 단판 연꽃이 새겨진 복련대좌인데 연꽃이 좁고 길고 판이 볼록한 고식이어서 여기에서도 보살상의 특징과 서로 연계되고 있다.

이처럼 이 금동보살상은 토착적으로 한국화된 특이한 얼굴, 긴 장신형의 원통적 체구, 소박한 목걸이와 묵직하면서도 장려한 X자 영락장식, 전신거리, 정연한 좌우 균제의 날카로운 날개형 옷깃 등에서 6세기 삼국 공통의 도상요소가 혼합된 6세기 후반의 토착화된 보살상이라는데 큰 의미가 있다고 평가된다.

그러면 그때 발견된 금동불상 2기 중에서 하나는 어디로 갔을까 하는 의문점이 남는다. 또 이야기는 다시 당시의 신창재 원장으로 향한다.

서울의 골동품 가게(온고당)에서 신창재 원장은 인부 감독 일행에게서 사들인 불상 2기를 자신이 탐을 내던 서화 및 도자기 몇 점과 교환을 했다. 물론 그가 불상 2기를 사들이고 시간이 한참 지난 뒤였으리라. 그러나 그 후 들리는 소문에 의하면, 그 골동품 가게에서는 신창재 원장이 서화 및 도자기와 교환한 가격보다 30배가 넘는 값으로 팔렸다는 것이다. 생각해 보면, 일생일대의 실수였다. 그 금동불상이 있었다면 국보급인데 하는 아쉬움이 적지 않았으리라. 천추의 한이라 하지 않을 수 없고, 눈이 어두워 마귀에 홀린 듯 저지른 과오였다고 하지 않을 수 없었다.

그렇게 금동보살입상 한 점은 전형필(全鎣弼; 1906-1962)의 간송미술관으로 들어갔다. 1935년 전후의 일이다. 나머지 한 점은 일본인 손으로 넘어갔다고 전해질 뿐이다.

신창재 원장은 평생 모은 고미술품 587점을 1958년 2월 고려대학교 박물관에 기증했다. 고려대학교는 이를 바탕으로 박물관을 신축하고, 1962년 5월 그를 명예박물관장으로 추대하기도 했다. 가정이지만, 만약 그가 금동보살입상을 그냥 갖고 있었다면 고려대학교 박물관 소장품이 되었을지도 모른다.

한편, 지난 5월 간송 전형필의 후손이 경매에 내놨다가 유찰됐던 '보물' 불상 두 점은 결국 국립중앙박물관이 구입했다. 박물관 관계자는 8월 23일 "케이옥션 경매에서 유찰됐던 보물 제284호 금동여래입상과 보물 제285호 금동보살입상을 최근 박물관이 구입했다"고 알렸다. 두 보물의 구

보물 제285호 금동보살입상(金銅菩薩立像). 이 책 368쪽 참조
(출처: 대한민국 문화재청 국가문화유산포털 문화재 검색)

일본의 국보 호류사(法隆寺) 구세관음보살상(救世觀音菩薩像). 이 책 369쪽 참조
(출처: 야후재팬, 法隆寺 救世觀音菩薩像으로 검색)

입 가격은 두 점을 합해 30억 원 이하인 것으로 전해진다.

아, 그러나 신창재 원장이 소유하고 있었던 나머지 금동불상 한 점은 지금 일본의 어느 미술관에서 숨을 쉬고 있을까. 안타까움만 더해간다.

호류사(法隆寺) 구세관음보살상(救世觀音菩薩像)에 대하여

한편, 우리나라의 보물 제285호 금동보살입상이 일본의 불상에는 어떤 영향을 주었을까. 불상의 양식에 있어서 한국의 영향으로 일컬어지는 것은 호류사(法隆寺) 동원몽전(東院夢殿)의 관음보살입상(觀音菩薩立像)이다. 1951년 6월 일본의 국보로 지정되었다. 몽전 본존의 구세관음(救世觀音)이라고도 불리며, 일본의 쇼토쿠태자(聖德太子; 574-622)의 초상(肖像)으로 전해진다.

이하 이 구세관음보살상을 소개하는 글은 「주간 아사히 백과(週刊 朝日 百科)」 1997년 3월 2일 발행의 『일본의 국보 002 나라/호류사2(奈良/法隆寺2)』 등을 참고하여 서술한다.

이 보살상은 일본을 대표하는 명품으로, 녹나무로 만들어진 것이다. 일목조(一木造)다. 일목조는 일목조각이라고도 하며, 불상의 중심부를 통나무 하나에 새기는 기법을 말한다. 금박(金箔)이며 키는 179.9 센티미터.

커다란 산 모양의 금동투조(金銅透彫)의 보관(寶冠)을 쓰고 있고, 가슴 앞에는 양손으로 보주를 떠받치고 서있다. 이 보살상을 모신 동원몽전은 일본의 아스카시대(飛鳥時代; 593-628) 때 쇼토쿠태자의 이카루가노궁(斑鳩宮)이 만들어진 옛 흔적에, 그 황폐함을 탄식한 교신(行信)이라는 일본 승려가 737년 무렵에 조영(造營)을 시작한 것으로 보인다. 이 보살상이 구세관음이라고 불리게 된 것은 일본의 헤이안시대(平安時代, 794-1192)에 들어와서다.

또한, 이 보살상은 12세기 초반에는 비불(祕佛)로서 두 개의 문짝이 달린 궤(廚子) 안에 안치되었으며, 일본의 중세와 근세를 통해서 오랫동안 갇혀 있었기 때문에 사람들은 보지 못하고 있었다. 1884년(明治 17) 혹은 1886년에 오카구라 텐신(岡倉天心; 1862-1913)과 페노로사(Ernest Francisco Fenollosa; 1853-1908)에 의해서 발견되어 그 모습이 일반인에게도 널리 알려지게 되었다.

이 보살상의 제작연대는 쇼토쿠태자가 살아 있었을 때나 사후로 의견이 나누어진다. 그 어느 것이든 그 모습이 고풍스러운 당초(唐草) 무늬를 많이 사용한 보관(寶冠)이나 광배(光背)의 문양에서 분명한 것처럼, 늦어도 일본의 아스카시대를 그다지 내려가지 않은 7세기 전반의 것이라는 데에 이론(異論)은 없다.

그 양식의 원류에 대해서도 보주(혹은 사리기[舍利器])를 받들어 들고 있는 도상(圖像)이며, 상하 이단(二段)으로 겹쳐 표현되는 복련(覆蓮)의 대좌형식 등이 주로 한반도의 삼국시대 백제(4세기 중반-7세기)나, 중국 남조(南朝)의 양대(梁代, 6세기)의 작품을 더듬어 보아야 한다는 사실에서 그 지역과의 면밀한 관계 아래 만들어진 것이라 여겨진다.

보주(寶珠)의 사상—중생구제(衆生救濟)의 상징

구세관음보살상이 양손으로 받들어 들고 있고 주위에 불꽃을 가로 길게 뻗치고 있는 공 모양의 것은「마니보주(摩尼寶珠)」혹은「보주」라고 불리는 상상의 보물이다. 여기에서 '마니(摩尼)'라는 말은 산스크리트 및 팔리어의「mani」에서 음을 취한 것이다. 『한역 불교경전(漢譯佛敎經典)』에는 중국의 5호16국시대(316-439)부터 '마니보주' 혹은 '보주'라고 번역되어 왔다. 산스크리트는 고대 인도의 표준적인 문장어를 가리키는 말로 흔히 범어(梵語)라고 불리는 것이다. 팔리어는 인도 · 유럽 어족(語族)의 인도 아리아 어파(語派)에 속하는 언어를 말한다.

물론 몇몇 불교경전에는 '마니보주'란 무엇인가 라는 문제에 대해서 언급이 이루어지고 있다. 예를 들면, 『대품반야경(大品般若經)』을 해석한 『대지도론(大智度論)』에는, 용왕(龍王)의 머리에서 나온 것이라든가, 과거불(過去佛, 석가와 석가 이전에 나타났다고 하는 부처들)의 사리(舍利)라고 하는 등의 설이 소개되고 있다.

그리고 '마니보주'는 세계를 밝게 비추고, 그것을 가진 자의 소원대로 어떠한 보물이라도 내어줄 뿐 아니라 병이나 괴로움조차도 없애주는 힘을 가진다고 기재되어 있다. 다시 말하면, '마니보주'는 중생구제의 상징이 되었던 것이다.

다음 글은 '마니보주'의 기원과 그 표현에 관한 것이다.

마니보주의 기원과 표현

　인도에서는 불교 탄생 이전부터 'mani' 라는 개념이 존재하고 있었다. 그러나 그 재질이나 형태는 정해져 있지 않았고, 수목(樹木)이나 황금으로 만들어진 것, 더하여 수정(水晶)으로 된 것 등이 있었다. 또한 공 모양뿐만 아니라, 배(船) 모양이나 괭이(鍬) 모양의 것까지 존재하고 있었다는 사실이 문헌 연구로 보다 명확해지고 있다.
　어느 것이나 주술력을 가지는 부적이며, 인도 사람들은 그것에 실을 통하게 하며 목에 걸치거나 팔에 차거나 했다고 한다. 그러나 유물이나 그림에 표현된 목걸이나 팔찌 등을 보는 한, 어느 것이 'mani'인지 특정 짓는 것은 곤란하다. 그 때문에 인도에 있어서의 'mani' 표현이 어떠한 것이었는지는 유감스럽지만 오늘날에는 알 수가 없다.
　한편, 서역(西域)에 있어서는 'mani'가 수정 등 광물의 결정(結晶)과 같은 형태로 표현되었다고 알려져 있다. 육각형뿐만 아니라, 깎여진 다이아몬드처럼 팔각형의 것, 또는 원형의 것까지 볼 수 있지만, 그러한 것들은 모두 불꽃을 내뿜거나 불꽃에 싸이거나 하는 형태다. 또한, 본체 좌우를 별개의 색으로 나누어 칠하여 빛의 굴절률의 차이를 표현하고자 한 것도 있다.
　상상 속의 보물을 도상으로 나타낼 경우, 그것을 광물의 결정과 같은 형태로 표현한 것은 주위에 바다가 없는 서역일 때의 발상인 것을 감안하면, 이는 매우 흥미롭다.
　중국에서는 5호16국시대에 이미 'mani'가 유행하고 있었던 것 같고, 424년에 만들어진 감숙성 병령사(甘肅省 炳靈寺)의 제169굴(窟)에서는 현존하는 중국 최고(最古)의 'mani' 그림이 발견되었다. 서역의 것과는 달리

두 개의 작은 원을 곡선으로 이은 형식이지만, 불꽃에 싸여 중앙에 그어진 축의 좌우가 각각의 색으로 나뉘어 칠해져 있다는 사실에서 역시 이것도 'mani'라는 것을 확인하게 해준다.

합자(合子)에서 보주로의 전환

그런데 구세관음보살상에 볼 수 있는 양손으로 '마니보주'를 받들어 들고 있는 형식은 백제의 보살상에서 자주 볼 수 있다. 중국 사천성 성도(四川省 成都) 만불사(萬佛寺)에서 출토된 '협시보살상(脇侍菩薩像)'도 거의 같은 모양의 형식을 갖추고 있었다는 사실에서, 종래 이런 형식의 기원은 중국의 남조(南朝)에 있고, 그것이 한반도를 경유해 일본으로 전해졌다고 여겨져 왔다.

그러나 만불사 출토의 협시보살상을 자세히 관찰하면, 그들이 받들어 들고 있는 것은 '보주'가 아니라, 뚜껑이 있는 그릇을 뜻하는 '합자'와 같은 용기(容器)라는 것을 알 수 있다. 이처럼 '합자'를 받들어 들고 있는 상(像)은 중국의 북조(北朝)에도 존재했고, 서역이나 간다라에서도 볼 수 있다. 게다가 양손으로 받들어 들고 있는 형태의 '합자' 속에는 사리가 들어 있다.

때문에 호류사 구세관음보살상의 양손의 형식은 중국의 남조가 아니라 서방(西方)에 그 기원이 있었다는 것을 알 수 있다. 또한, '마니보주'를 양손으로 받들어 들고 있는 형식이 중국에서는 볼 수 없다는 사실에서 오히려 한반도에서 그 원형을 찾아내어야 할 것이 분명해졌다.

그러면 '합자'가 '보주'로 변화한 것은 한반도에서 이루어졌다는 것이 사실이 되어, 호류사 구세관음보살상 등 일본에서 볼 수 있는 이런 형식의 관음보살상은 한반도의 영향에서 만들어졌다고 생각할 수 있다.

따라서 한반도의 장인들이 중국의 관음보살상이 가지고 있던 '합자'를 '마니보주'로 착각했다고 설명하는 것만으로는 불충분하다는 것을 알 수 있게 된다. 중생의 구제라는 성격을 갖는 관음보살의 소지물로서 구제의 상징 '마니보주'가 무엇보다도 어울린다고 생각했기 때문에, 분명 그들은 '합자'를 '마니보주'로 바꾸었을 것이다.

그렇지만 또 하나의 가능성으로 서역이나 간다라처럼 중국에서도 '합자' 속에는 사리가 들어 있다고 여겨졌다는 사실에서, 한반도의 장인들이 양손으로 보주를 들고 있는 관음보살상을 만들어냈다고도 생각을 할 수 있다.

『대지도론』에는 불법(佛法)이 사라졌을 때, 과거불의 사리가 '마니보주'로 변화해서 중생을 구제한다는 내용이 소개되고 있지만, 한반도에서 '마니보주'가 사리신앙과 보다 강하게 결부된 결과, '합자(납골 항아리)'가 '마니보주'로 변화했을 가능성도 있기 때문이다.

불꽃에 싸인 보주

그렇지만 한반도에서는 불꽃에 싸인 '마니보주'를 양손으로 받들어 들고 있는 관음보살상을 만든 일은 없었다. 그것이 일본에 있어서 갑자기 출현했다. 불꽃에 싸인다는 것은 '마니보주'의 중요한 특징의 하나이기 때문에, '마니보주'가 이렇게 표현되는 것은 당연한 결과였다.

그러나 흔들거리는 화염(火焰) 표현을 장치하고, 사람들에게 관음보살의 영이(靈異), 곧 불가사의함을 더 한층 강하게 느끼게 했다는 점에서는 일본 장인들의 독자성을 볼 수 있을 것이다.

가극 「나비부인」에 대하여

이종덕

머리말

가극 「나비부인(蝶々夫人)」(Madame Butterfly)은 세계 오페라 역사상 가장 유명한 가극의 하나로 발표된 지 수십 년이 경과되었지만 아직도 세계 각국에서 공연을 지속하고 있다. 우리나라에서도 지난 2013년 3월 12일부터 3월 15일까지 세종문화회관에서 공연되어 대성황을 이루었다.

이 오페라의 작곡자는 이탈리아의 유명한 작곡가 푸치니이며 스토리의 무대는 일본의 나가사키(長崎)다. 당초 이탈리아 가수의 주연으로 「나비부인」을 공연하였지만 실패한 후 일본인 가수 미우라 다마키(三浦 環)가 주연으로 발표한 바 대성공을 거두었다.

푸치니는 "이 작품을 성공시킨 것은 일본인 가수 미우라 다마키의 덕이다"라고 말하고 이 오페라에서 여주인공으로 활동한 3대 프리마돈나 중 미우라 다마키가 가장 일본문화를 제대로 전달하고 이해시킨 대가수라고 칭찬하였다. 미우라 다마키는 1906년부터 1946년까지 40여 년간 세계 각국을 순회하면서 「나비부인」을 2000회 이상 공연한 프리 마돈나이다. 이와 같이 일본이 낳은 세계적인 오페라 가수로 활약했는데도 일본 국내에서는 냉대하였다.

여기서 오페라 「나비부인」과 가수 미우라 다마키에 대한 여러 가지를 소개하고자 한다.

작곡가 푸치니 소개

위대한 오페라 작곡가 자코모 푸치니(1858-1924)는 이탈리아의 유서 있는 집안에서 1858년에 태어났다. 일찍부터 그는 성당의 오르간 주자로 활동하며 합창단을 이끌었고 뛰어난 음악적인 재능을 인정받아 궁정 악단의 지휘자가 되었다. 푸치니는 18세에 베르디의 오페라(Aida 아이다) 를 접한 후 본격적으로 오페라 작곡가가 되기로 결심을 하고 밀라노에서 음악 공부를 하였다. 첫 작품인 'Le Villi(빌리)', 'Edgar(에드가르)' 이후 작곡 활동에 몰두하여 오페라 작곡가로 인정을 받고, 'Manon Lescaut(마농 레스코)'의 성공으로 국제적인 명성을 얻게 되었다.

19세기 말에서 20세기 초에 이르면서 푸치니는 베르디적인 장대한 규모의 오페라에서 벗어나 인간의 희로애락을 다룬 사실과 오페라 운동을 전개하였는데 이런 종류의 오페라를 현실주의 또는 사실주의 오페라라고 한다.

푸치니는 그의 음악을 통해서 인간의 감정과 극적인 요소를 특유의 화려한 선율로 표현하고 있으며 동시대 작곡가들의 작곡 경향을 인지하는 한편, 시대의 변화에 뒤떨어지지 않았다. 관현악 편성에 있어서도 선율의 아름다움을 부각시켰고 세부적인 장면에도 이에 맞는 악기 편성으로 극적인 음악적 효과를 끌어내었다. 푸치니의 오페라는 강렬하고도 극적인 긴장감이 있으면서도 서정성이 넘치며, 소재 선정에서도 천재적인 상상력으로 이탈리아 이외의 다른 국가의 소재를 오페라에 도입하고 있다. 예를 들면 프랑스의 '마농 레스코', 일본의 소재로는 '나비부인', 중국 소재로는 'Turandot(투란도트)', 미국의 소재로는 'La Fanciulla del West(서부의 아가씨)' 등을 작곡하여 대성공을 거두었다.

 이탈리아를 대표하는 오페라 작곡가는 흔히 베르디와 푸치니를 꼽는다. 하지만 푸치니의 작품 전개는 더욱 섬세하고 인간적인 감정을 다루었으며 전부 12편의 오페라를 남기고 있는데, 'Il Tabarro(외투)', 'Suor Angelica(수녀 안젤리카)', 'Gianni Schicchi(잔니 스키키)' 등은 작은 규모의 오페라지만 독특한 개성이 넘치는 오페라이고, '마농 레스코', 'La Boheme(라 보엠)', 'Tosca(토스카)', '나비부인', '투란도트' 등은 이탈리아 오페라를 대표하는 대작이다.

 푸치니는 1924년에 마지막 작품 투란도트를 작업하던 중에 병이 악화되어 브뤼셀에서 숨을 거두었다. 사후에도 그의 작품은 전 세계에서 널리 사랑 받고 있으며, 베르디 이후 이탈리아 최고의 오페라 작곡가로서 본질적으로 19세기 전통을 꽃피운 작곡가이다.

「나비부인」 에피소드

지금의 한류처럼 17세기부터 유럽에 있어서 일본은 하나의 트랜드였다. 당시 유럽의 식자들은 앞다투어 일본에 대한 흥미와 사랑을 내보였고, 문학, 음악, 미술 분야에서도 예외가 아니었다.

미국의 소설가 J.L 롱의 소설을 극작가 벨라스코가 희곡으로 만들고, 그 연극을 감상한 푸치니가 오페라의 대본으로 정했다. 롱의 소설 자체가 1900년경 일본 유수의 개항지인 나가사키의 상황을 잘 그려냈다. 일본에는 한번도 가보지 못한 푸치니는 자신의 상상력과 예술성을 총동원해 가장 나가사키적인 음악과 분위기를 만들어 내는데 성공하였다.

그러나 이 작품은 대본상으로는 애초부터 주둔지에서 잠깐 지내다 떠나 버릴 미 해군 장교의 내심을 눈치채지 못하고, 그토록 기다리다 버림받고 결국은 자결까지 하는 나비부인을 설명하지 못하고 있다는 아쉬움이 남는다. 원작 소설이 일본이 지니고 있는 자살의 미학을 다루기는 했지만 그 심연까지는 들여다 보지 못한 부분 또한 아쉬운 점이다.

이 오페라는 대표적인 프리마돈나 오페라로서 한 남자와 결혼하는 15세의 소녀에서부터 3년 동안 소식 없는 남자를 일편단심 기다리는 인고의 젊은 여성, 마침내 자기 손으로 비명 한 번 지르지 않고 자결하는 비장한 여인에 이르기까지 모든 것을 프리마돈나 혼자서 소화해야 한다. 그만큼 한 명의 소프라노 가수(주인공)에 의해서 이 가극에 대한 성패가 좌우되는 작품이다.

「나비부인」 줄거리

⟨제1막⟩ 나가사키에 주둔하는 미군 해군 대위 핀커턴(Pinkerton)은 가벼운 마음으로 나가사키에 있는 동안 현지처를 두기로 한다. 결혼 전인 핀커턴 대위는 중매쟁이 고로(Goro)의 소개로 열 다섯 살의 꽃다운 게이샤(藝者) '쵸쵸 상'(蝶々さん; Madame Butterfly)을 만난다.

핀커턴은 동거만 하려고 생각했는데, 쵸쵸 상 측에서 반드시 결혼식을 올려야 한다고 주장한다. 몰락한 귀족 가문의 여식으로 먹고 살기 위해 게이샤 노릇을 하고 있지만, 돌아가신 아버지에게 정당한 예식도 없이 결혼했다고 고하고 싶지 않다는 것이다. 드디어 결혼식 아침이 밝는다. 핀커턴 대위의 친구인 나가사키 총영사 샤플리스(Sharpless)는 더 신중하게 생각해 결혼을 결정하라고 충고한다.

그러나 핀커턴은 결혼식 날이니 축배나 들자면서 자신은 얼마 뒤 미국에 가서 사귀던 여자와 결혼할 계획이라고 말한다. 그저 재미만 보면 되지 않겠냐고 말한다. 어린 신부 쵸쵸 상이 친구들과 도착한다. 그녀는 자기가 핀터컨을 얼마나 사랑하는지 아무도 모를 것이라고 하면서 행복감을 노래한다.

쵸쵸 상은 미국인과 결혼하기 위해 기독교로 개종한다. 결혼식 분위기는 갑자기 나타난 쵸쵸 상의 삼촌 본제(BONZE, 불교 승려) 때문에 싸늘하게 식는다. 삼촌은 조상의 신앙까지 버리고 양놈하고 살려는 조카를 저주한다. 손님들은 모두 흩어지고 아무도 없는 집에서 쵸쵸 상만 울고 있다. 우울해 하는 쵸쵸 상을 핀커턴이 위로한다.

〈제2막〉 3년이 흐른다. 하녀 스즈키(鈴木)는 미국으로 떠난 핀커턴이 다시 올 것 같지 않다고 걱정이다. 그러나 쵸쵸 상은 아무 소식도 없이 3년이 지났건만 언젠가 핀커턴이 "나비야!"라고 부르며 나타날 것이라고 굳게 믿는다. 이때 부르는 아리아가 아주 유명한 「어떤 개인 날」이다.

미국으로 간 핀커턴은 케이트(Kate)라는 아가씨와 결혼했다. 나가사키 주재 미국 영사 샤플리스는 이 사실을 알고 있지만 쵸쵸 상에게 차마 얘기하지 못한다. 핀커턴이 샤플리스에게 편지를 보낸다. 쵸쵸 상이 아이를 낳았다고 하는데 자기 자식이니 미국으로 데려와 기르기로 케이트와 합의했으며, 아이를 입양하기 위해 며칠 뒤 케이트와 함께 일본으로 오겠다는 내용이다.

샤플리스는 이 얘기만은 쵸쵸 상에게 해야겠다고 마음 먹고 쵸쵸 상을 만나지만, 그녀가 핀커턴이 돌아와 자기와 아이를 미국으로 데려갈 것이라고 믿고 있어 말을 전하지 못한다. 그날 오후, 항구에서 대포소리가 들린다. 핀커턴이 탄 배가 도착한 것이다.

쵸쵸 상은 오매불망 그리던 꿈이 이루어졌다고 생각해 죽어도 여한이 없을 것 같다. 마당을 청소하며 꿈에도 그리던 낭군이 당장이라도 달려올 것 같아 설레는 마음을 감추지 못한다. 얼마나 참고 견뎌온 시절이었던가?

중매쟁이 고로는 시도 때도 없이 나타나 돈 많은 야마도리의 후실로 들어가라고 성화를 부리지 않나, 이웃 사람들은 양놈의 자식이라면서 자기 아들을 업신여기지 않나, 쵸쵸 상에게는 눈물의 3년이었다. 그녀는 사랑하는 핀커턴을 만나면 무슨 얘기부터 할까 생각하며 소녀처럼 들떠 있다. 그녀는 스즈키와 함께 낭군을 맞을 준비를 한다.

〈제3막〉 쵸쵸 상은 마루에서 밤새도록 핀커턴을 기다린다. 코러스는 쵸쵸 상의 간절한 마음을 관객에게 전달한다. 마침내 핀커턴이 영사와 함께 쵸쵸 상의 집으로 들어선다. 양산을 쓴 케이트가 뒤를 따른다. 쵸쵸 상과 핀커턴의 감격적인 만남도 잠시 뿐, 케이트를 본 쵸쵸 상은 불안한 심정을 감추지 못한다. 그녀는 직감적으로 저 여자가 아들을 빼앗으러 왔다고 생각한다. 쵸쵸 상의 희망은 한 순간에 무너진다. 그녀는 손도 쓰지 못하고 아들을 빼앗길 수밖에 없는 운명을 생각한다. 쵸쵸 상에게 선택의 여지는 없다. "명예를 잃고 사는 것보다 죽는 편이 낫다"(操に死ぬるは, 恥のうち生きるよりもっとましよ)라는 돌아가신 아버지의 말씀이 떠오른다.

쵸쵸 상은 케이트에게 5분만 아들과 보내게 해 달라고 부탁한다. 쵸쵸 상은 방으로 들어가, 아들 트러블(Trouble)의 눈을 가린 뒤 병풍 뒤로 들어가 칼로 자결한다. 아무것도 모르는 아이는 성조기를 흔들며 마냥 즐거운 모습이다. 방에서 쵸쵸 상이 쓰러지는 소리가 들리자, 불길한 예감에 핀커턴이 뛰어 들어가지만 쵸쵸 상의 몸은 싸늘하게 변해 있다.

핀커턴은 그제야 자신의 잘못으로 한 여인이 한 많은 목숨을 끊었다고 자책하며, 쓰러져 '나비야 나의 나비야'를 흐느껴 부른다. 어머니의 주검을 보여 주지 않기 위해 샤플리스가 아이를 안고 돌아선다.

미우라 다마키의 활약상

미우라 다마키(三浦 環; 1884-1946)는 6세 때 유치원에서부터 노래를 잘 불렀다. 어려서부터 일본의 나가우타(長唄), 오코토(お琴: 아마다류)를 배워

소질이 있다고 칭찬받았고 노래뿐 아니라 춤도 잘 췄다. 샤미센(三味線)도 배웠다. 후일, 유럽에서 오페라 공연하는데 어려서 배운 것이 큰 도움이 되었다고 한다.

도라노몬(虎門)여학교 진학 후, 음악선생에게서 성악에 소질있다고 칭찬을 많이 받았고 우에노음악학교(上野音樂學校) 진학을 강력히 추천 받아 성악과에 진학하였다. 학생은 40명인데, 교수는 4명이었다. (독일인 3명, 일본인 1명) 예과 1년, 본과 3년, 4년간 성적우수 학생으로 평가받았고, 학부 졸업 후, 대학원에 장학생으로 진학하여 졸업 후, 조교, 강사, 조교수, 교수가 되었다.

1903년 11월 23일 일본에서 최초로 오페라 공연이 있었다. 이 때 미우라 다마키는 주연으로 공연하여 크게 성공하였다.

가극명 : 〈Faust〉
지휘 : 노벨 베리(프랑스인)
피아노 반주 : 케벨 (독일인)
장소 : 일본 데이코쿠(帝國) 극장

우에노음악학교 은사인 독일인 윤겐 교수가 독일유학을 강력히 권유하여 독일 유학을 계획하였다. 남편 미우라 세이타로(三浦 政太郎, 의사, 비타민 C 발견)는 의학을 연구하고, 다마키는 음악(성악) 공부하러 선편으로 독일 베를린으로 떠났다.(1915. 5. 20 요코하마 출발)

이 때 전쟁이 야기되어 독일에 있을 수 없어, 영국으로 가서 핸리 윗트 경(卿)에게서 노래 테스트 받고 합격하였고 영국 적십자에서 주최하는 음악회에 참여를 권유받았다. 때마침 미우라 다마키는 푸치니를 만나서 테스트를 받은 결과, 적격자로 인정되어 「나비부인」의 여주인공으로 공연,

대성공을 거두었다. 당시 전쟁 중으로 오페라 시즌인데 공연의 제한이 많은 상황이었다.

미우라 다마키는 오페라 「나비부인」의 여주인공으로 유럽 각국의 순회공연을 할 때 영국, 이탈리아, 러시아 등의 가수들과 합동 공연하는 경우가 많았다.

오페라 가수는 노래도 잘 해야 되지만 당연히 연기도 잘 해야 된다. 「나비부인」의 제1막에서는 15세의 소녀 역을, 제2막에서는 18세의 젊은 부인 역을 연기하고, 또 사랑하는 아들과의 이별 장면, 또 자살하는 장면까지 연기한다.

1919년 런던 오페라 하우스에서 「나비부인」의 공연이 대성공하자, 미국에서 초청을 받고 여비까지 1,000불이 송금되었다. 미국으로 이동하여 첫 공연은 뉴욕에서 공연하였고, 이어서 L.A에서, 시카고에서도 공연하였는데 시카고에서는 100회를 공연했다. 다음으로 하와이와 캐나다에서도 순회공연을 하여 미주 지역에서만 16년간 30개 도시를 순회공연하였다.

워싱턴 D.C.에서는 재미 일본인동포 위문공연음악회를 세 번 개최하였는데, 당시 워싱턴 주재 일본대사 히로타(廣田)가 주최한 음악회였다. 히로타는 다마키의 남편 미우라 세이타로(제일고등학교와 동경제국대학 동창생)와 절친한 사이다.

미국에 체류기간 중, 미국 대통령(윌슨, 히딩크, 크릿치) 3대에 걸쳐서 대통령 취임식에 초대되어 백악관에서 「미국 국가」를 노래했다. 1920년 1월에는 뉴욕 렉신톤 극장에서 세계적인 테너 가수 카루소와 「나비부인」을 공연하기도 하였다.

미우라 다마키는 "오페라는 나의 로망이다. 언어가 달라도 시대를 뛰어 넘어도, 마음은 하나로 묶는 매직이 있다"라고 말한 바 있다.

맺음말

오페라 「나비부인」에 붙여져 있는 말이 있다. 그것은 '스스로의 환상에 갇혀 있는 슬픈 사랑'이다.

미국 브로드웨이에서 장기간 공연 뮤지컬 「미스 사이공」의 소재는 바로 「나비부인」에서 인용된 것이며 뮤지컬의 구성도 역시 「나비부인」과 똑같다. 「나비부인」은 아이러니컬하게 미국 전지역에서 가장 많이 공연되는 가극으로 미국인들은 의외로 비극적인 가극을 많이 즐기는 편이다. 이 오페라 공연이 시작되면 관중석에서 훌쩍이는 소리와 함께 손수건을 꺼내는 관중을 많이 볼 수 있다고 한다.

오페라 「나비부인」 공연에 있어서 성패의 관건은 전적으로 「나비부인」 역을 맡은 소프라노 가수 한 사람의 능력에 따라서 좌우되는 것이 특징이다.

일본인 오페라 가수 미우라 다마키는 세계 오페라사에 기록될 만큼 유명한 가수다. 동양인 여성으로 세계 성악계를 감동시켰고 이탈리아 오페라 잡지에 여러차례 등재되었다. 그녀는 우리나라의 오페라 가수 김자경, 김천애, 정흥모 등과도 교류가 있었다.

이와 같이 미우라 다마키는 일본 여성으로서 일본의 국위선양에 크게 공헌하였음에도 불구하고 일본 정부에서는 등한시했다. 사유인즉 미우라 다마키는 20년간 미국에 체류하는 동안에 백악관에서 거행된 세 번의 대통령 취임식에서 「미국 국가」를 열창한 것인데, 미국, 육군, 해군, 공군 장병들 위문공연도 여러 번 실행하였다.

미우라 다마키의 모교인 도쿄예술대학([구]上野音樂學校)에서 그녀의 공적을 인정하여, 개교기념일에 '학교를 빛낸 졸업생'으로 수여하기로 결정되었으나 일본 문부성에서 인정하지 않아 수상이 취소되었다고 한다.

이 가극 「나비부인」에서 작곡가 푸치니는 소극적인 사랑을 자살이라는 극단적인 방법으로 승화시키는데 재능을 발휘한 것 같다.

꽃 싸움 놀음

이덕봉

꽃 싸움 구경

꽃과 싸움은 애초부터 어울리지 않는 언어 조합이다. 두 낱말의 이미지가 크게 다르기 때문이다. 그럼에도 '꽃 싸움'이라 하면 먼저 떠오르는 광경이 있다. 꽃밭에 가득한 갖가지 꽃들이 서로의 아름다움을 다투듯 뽐내는 모습이다. 참으로 향기로운 아름다운 장면이다. 또 다른 장면으로는 화훼 시장에서 상인들 사이에 벌어지는 좋은 꽃 쟁탈전이 떠오른다. 아름다움을 두고 벌어지는 지극히 현실적인 뜨거운 장면이다. 둘 다 아름다운 것을 지향하는 이미지라는 점에서 그다지 부정적이지는 않다. 세상의 하고많은 싸움 중에 꽃 싸움보다 더 아름다운 싸움이 또 있을까. 도무지 싸움이 성립될 성 싶지 않은 낭만적인 이름이다. 자고로 흥정은 붙이고 싸움은 말리랬다지만 꽃 싸움 구경은 각별한 재미가 있을 것 같아서 말리고 싶지가 않다.

꽃 싸움 중에는 향기롭지도 않고 현실적이지도 않고 아름답지도 않은 싸움이 있다. 대다수의 한국인들이 한두 번쯤 경험하였을 흔한 싸움이다. 이름하여 화투 놀이다. 한국 사람들이 모인 곳에서는 시간적 여유가 생기면 으레 화투판이 벌어지기 마련이다. 지금도 온라인, 모바일, 비디오 게임 등에서도 고스톱이 다양하게 진화하고 있는 현상에서 화투 문화의 왕성한 생명력을 확인할 수 있다.

화투는 18세기에 일본에서 도박 금지령을 피해 눈속임용으로 만들던 것이 발전하여 19세기 조선시대에 대마도를 거쳐 조선으로 전파된다. 일본에서는 '하나후다' 즉 '꽃패'라고 부르지만, 조선에서는 당시 유행하던 '수투(數鬪)'를 따서 '화투전(花鬪錢)' 즉 '화투'라는 독자적인 명칭을 사용하게 된다. 화투는 식민 잔재가 아닌 자연스러운 문화 교류의 산물이라는 점에서 위안이 된다. 이제는 도입 1세기가 넘는 긴 연륜 만큼 한국적 놀이 문화로서의 개성을 갖고, '고스톱'이라는 특화된 명칭으로 국민적 놀이 문화로 굳게 자리잡은 상태다.

대부분의 꽃 싸움 참가자들은 곁에서 구경만 하는 것을 좋아하지 않는다. 놀이에 직접 참여하고 싶어 한다. 싸움판을 구경하는 즐거움 보다 직접 싸우는 즐거움이 훨씬 크기 때문이다. 남녀노소를 가리지 않고, 섞고 나누고 조이고 치고 때리면서 시간 가는 줄 모르고 화투의 그림 속으로 빠져든다. 구경꾼의 눈으로 화투의 그림 속 열두 마당의 풍경을 구경해본다면 어떤 모습이 전개될까. 화투 속 열두 마당, 열두 계절을 둘레길 걷 듯 둘러본다.

꽃그림의 의미

첫 번째 코스인 1월의 둘레길에 들어서 본다. 울창한 솔 숲 너머로 새해의 붉은 해가 솟는다. 한국과 일본 모두 새해 첫 해돋이를 바라보면서 소원을 빈다. 두 나라의 태양 그림은 낙조가 아름다운 문화권답게 붉게 칠하는 것이 정겹다. 소나무 사이로 장수와 고고함의 상징이며 소식을 의미하는 겨울 철새 학이 춤을 춘다. 한국에서 소나무는 국내 수종 중에 가장 많고 나무 중에 우두머리라 하여 솔나무, 소나무라 부른다. 한국에서 소나무는 꿋꿋한 절개와 씩씩한 기상의 상징이다. 아침 햇살을 받아 가지 끝의 노란 송화 색깔이 더욱 선명하다. 일본에서 소나무는 '가도마츠'라 하여 정월 1주일 동안 문간에 꽂아 조상신과 복을 맞아들이는 종교적 역할을 한다. 해와 소나무와 학과 같은 십장생이 셋씩이나 등장하는 것을 보면, 두 나라 모두 새 해를 맞아 복을 비는 간절함이 느껴진다. 길한 한 해의 시작을 구가하는 그림인 것이다.

2월의 그림 속에 들어가 보면 조선에서는 선비들이 마당에 심어 두고 감상하던 매화가 만발하고, 일본에는 방방곳곳 매화 공원에서 꽃구경이 한창이다. 매화나무 가지에 앉은 새를 가리켜 한국에서는 꾀꼬리라 부르고 일본에서는 휘파람새라 부르는데, 두 나라 모두 여자의 아름다운 목소리에 비유하기도 한다. 이 새를 가리켜 한국에서는 임을 의미하고 일본에서는 손님이 올 것을 예고한다. 서리와 눈을 두려워 하지 않고 언땅에서도 가장 먼저 피어나는 매화에서 고결한 선비의 자태를 본다. 일본의 무사들도 같은 정신이었을 것이다. 화괴(花魁)의 향기와 아름다운 자태와 꾀꼬리의 노래소리가 들리는 2월은 아름다운 계절임에 틀림없다.

3월의 그림 속에 들어가 보자. 한국에서는 활짝 핀 벚꽃이 기와집 처마와 잘 어울리고, 일본은 '만막'이라 불리는 화려한 막을 둘러치고 밤이 깊도록 벚꽃 놀이가 한창이다. 왕벚나무의 원산지인 한국에는 새하얀 벚꽃에서 평화와 백의민족을 떠올리고 여행을 생각한다. 일본에는 엷은 홍조를 띤 벚꽃을 선호하여 제국주의 군인들의 군복 칼라를 물들여 충성심과 깨끗한 죽음의 상징이 되었다. 일본의 상징인 벚꽃이 지금은 외려 한국의 공원과 아파트 단지마다 활짝 피어 일본보다 벚꽃을 구경하기가 쉬어졌다.

4월의 그림을 보고 한국에서는 싸리문과 울타리를 만드는 재료인 싸리라 하여 흑싸리라고 부른다. 하늘엔 초승달이 뜬 서쪽 하늘에 한 마리 귀촉도 날고 있다. 망자를 그리며 목에서 피가 나도록 슬피 운다는 귀촉도의 슬픈 사연 때문일까 달마저 눈시울이 붉다. 일본에선 등꽃으로 꽃가마를 장식한 전통 축제가 열린다. 그림에서 검게 보이는 점들은 보라색 등꽃이 매달린 모습을 나타낸 것이다. 한국은 울타리가 정겹고 일본은 등나무 꽃이 정겨운 계절이다.

5월의 그림은 한국에서는 군자화의 대표적 소재인 난초가 향기롭고 국수 면발이 있으므로 먹을 복이 있음을 의미한다. 일본의 습지엔 붓꽃을 구경하기 위하여 여덟팔자 모양으로 이어지는 '야쯔하시'라는 대나무 다리가 놓여 있다. 사람들이 그 다리 위를 거닐면서 붓꽃을 감상하고 있으리라. 한국인의 눈에는 난초가 보이고 일본인은 창포를 본다.

6월의 그림을 보면 한국은 초여름에 피는 꽃의 왕인 모란이 만발하고, 나비가 춤을 춘다. 동양에서 꽃과 나비하면 모란을 가리킬 만큼 모란은 꽃의 왕으로 불린다. 한국화의 경우 당태종이 신라 선덕여왕에게 보낸 모란 그림에 나비가 없었던 것에 연유하여 그 때부터 한국화의 모란에는 나비를 그리지 않는 것이 관례이지만, 화투에는 모란의 향기를 입증하듯 나비가 날고 있다. 모란은 한국의 민화에도 반드시 등장하고 20세기 이전에는 베갯잇 문양에서도 자주 볼 수 있었다. 일본에선 모란이 여름의 시어(詩語)이며, 가문의 문양으로도 선호된다.

7월의 그림을 보면, 한국에선 홍싸리라 하여 짙은 홍색 싸리가 행운을 의미하고, 돼지는 다산 다복의 상징이어서 돼지꿈은 길몽이 된다. 일본에서 싸리는 가을 7초의 하나이면서 여름의 시어이다. 두 나라 모두 멧돼지 사냥철이기도 하다. 7월의 그림을 한국에선 행운을 보고 일본에서는 풍류를 본다.

8월의 그림에서 한국은 대표적인 명절인 한가위를 맞아 앞산에 떠오르는 쟁반 같은 보름달을 보며 소원을 빌고, 새로 수확한 음식을 가득 담아 차례상을 차려놓고 조상께 감사드린다. 북쪽 하늘에서는 기러기가 편대를 이루어 날아들고, 아랫마을에서는 강강술래의 노래 소리가 들리는 듯하다. 일본은 '츠키미'라는 절기를 맞아 억새가 가득한 동산을 향해 햇토란과 경단을 차린 상위에 억새를 꽂아 장식하고, 떠오르는 달을 보며 소원을 빈다. 한국에서는 수확을 감사하고 일본에서는 달구경의 풍류를 즐긴다.

9월의 그림에 들어가 본다. 9월 9일은 중양절로서 한국에서는 국화전을 부쳐 먹기도 하고 산에 올라 국화주를 마시며 복을 빈다. 일본에선 흐르는 물에 술잔을 띄워 마시고, 국화 위에 덮었던 비단옷으로 몸을 씻으면 무병장수 한다는 날이다. 에도시대부터 국화 재배가 성하여 현대에도 일본은 세계적인 국화 재배국으로 알려져 있다. 일본왕가의 문양이 국화인 것 때문에 벚꽃을 국화라고 규정할 수 없는 속사정이 되기도 한다. 술잔에 목숨 수(壽)자를 그려 넣고, 바위, 물, 구름 등 십장생이 셋씩이나 등장하는 것으로 보아 두 나라 공히 장수에 대한 바람이 얼마나 간절한가를 가늠할 수 있다. 경주에 남아있는 신라시대의 포석정을 연상케 한다.

10월의 그림에서는 한국과 일본 모두 단풍의 명소마다 구경꾼으로 북적댄다. 수확의 계절에 십장생의 하나이며 고귀함의 상징인 사슴이 뛰놀고, 옛날에는 귀족들의 사슴 사냥철이기도 하였다. 한국에서는 풍파를 점치기도 하고, 일본에서는 사슴이 뒤를 돌아보고 있는 모습에서 모르는 척 오리발 내민다는 의미가 되기도 한다.

11월의 그림에서 한국은 돈과 입신출세의 상징인 오동잎이 널따랗고, 왕비를 상징하는 봉황이 난다. 일본은 오동을 뜻하는 '기리'라는 발음이 끝을 의미하므로 마지막 계절인 12월에 속한다. 오동잎에 봉황은 일본 천왕의 도포에 사용되는 문양이며, 도쿠가와 막부를 상징하던 문양으로서 막강한 권력의 상징이었다. 지금도 일본 수상의 상징마크로 사용되고 있다. 한국인은 똥이라 부르면서 돈과 출세라는 행운을 보고, 일본인은 무소불위의 권력을 본다.

12월의 그림에서 한국은 갓 쓰고 도포 입은 선비가 입신양명과 손님을 상징하고, 복을 가져오는 두꺼비가 기어 나오고, 겨울에도 가녀린 가지가 얼지 않는 외유내강의 수양버들이 등장한다. 일본에선 개구리가 버드나무에 뛰어오르기 위해 노력하는 모습을 보고 깨달았다는 오노노도후라는 옛 서예가의 가르침을 나타낸다. 한국인은 행운을 보고 일본인은 교훈을 본다.

화투의 열 두 둘레 길을 모두 둘러보니 일본의 연중행사로 가득하다. 모든 계절에는 빠짐없이 식물과 동물 또는 인간이 함께 등장한다. 3월, 5월, 8월, 9월의 경우 화면상으로는 동물이 보이지 않지만 모두 인간이 등장하는 계절이다. 3월의 둘러친 '만막' 속에는 밤늦도록 벚꽃 축제를 즐기고 있는 인간들이 가득하고, 5월에는 붓꽃을 구경하는 사람들이 '야츠하시' 위를 걷고 있을 것이다. 8월의 동산에는 억새풀이 가득하고 산위에는 달맞이 나간 사람들이 모여 있고, 9월에 술잔을 물에 띄워 국화주를 마시는 장소에도 사람이 빠질 수 없다. 이처럼 화투에는 사람과 동물과 식물이 함께 어우러진 생명의 향연으로 가득하다. 이러한 생명의 향연 속에는 인간이 이루어낸 갖가지 문화 행사까지 담겨 있다. 화투는 다름아닌 자연과 문화의 조화를 디자인한 예술품이다.

화투 그림 중에는 광과 띠가 있다. 1, 3, 8, 11, 12의 다섯달에만 20점 짜리 광(光)이 배치된 것도 설날(1월), 벚꽃축제(3월), 오봉과 달구경(7, 8월), 7, 5, 3이라는 어린이 명절(11월), 세모(12월) 등 일본의 대표적인 명절이 들어 있는 경사스러운 달이라는 공통적 특징을 갖는다.

8, 12월(한국은 11월)을 제외한 모든 달에 「띠」가 있는데, 단자쿠(短冊)라는 와카나 하이쿠를 짓는 용지를 의미한다. 계절을 시로 읊는 풍류를 표현한 것이다. 다만 8월과 12월 두 달에만 띠가 없는 것은 8월은 바쁜 추수기이면서 추수 감사의 행사가 있는 시기이고 12월(일본의 경우)의 오동은 바쁜 세모인 관계로 시를 짓는 시기로서 적합하지 않아서인 것은 아닌지 추측해 본다.

약이라고 불리던 것 중에는 홍단과 청단이 있다. 홍과 청은 음양을 표현한 색깔이기도 하지만, 목조주택이 대부분인 일본의 경우 겨울철에는 불조심, 여름과 가을에는 태풍과 물난리로 어려움을 겪는 곳이다. 1, 2, 3월에 홍단을 둔 것은 화재 예방을 뜻하고, 6월 장마와 9, 10월 태풍의 계절에 청단을 두어 물난리를 경계하는 듯하다. 놀이를 하면서도 절기를 기억하고 천재지변에 대한 경계를 게을리 하지 않는 생활의 지혜를 엿볼 수 있는 부분이다.

꽃 싸움의 그림자

일본을 몸서리치도록 싫어하는 한국인들이 해방 75년이 지나도록 일본 문화로 가득한 화투의 기호조차 읽어보지 않은 채 화투 놀이에 빠져왔다는 사실을 어떻게 해석해야 될지 난감하다. 집단적 도박 심리로 해석해 볼 때 사회적 불안 특히 정치적 불안에 가장 큰 영향을 받는다고 하므로 1980년대 초반의 불안한 정치 상황 아래에서 급속히 번진 것 정도로 해석할 수 있을 뿐이다. 화투의 칠거지악으로는 경제적 부담, 생활 리듬의 파괴, 가정 분위기 파괴, 자녀도 함께 즐기는 망국 놀이, 중독 증세로서의 무기력, 심성의 파괴, 인간관계의 파괴 등을 들고 있다. 모두 파괴적인 효과로 일관되어 있다. 화투를 즐기는 사람들 대부분이 화투를 치는 기회의 74%가 각종 모임 때이고, 그 대상도 가족, 친지, 직장 동료인 것으로 나타나 있다. 한국인은 모임이 잦은 민족이어서 종전의 전통 놀이가 대부분 양편으로 갈라 겨룬 뒤 함께 어우러지는 화합의 놀이었던 것과는 달리, 화투라는 개인 중심의 대치형 오락으로 바뀜에 따라 고유의 집단성은 크게 변질되게 된다. 물론 고유의 집단성이 파괴된 원인을 몽땅 화투에만 돌리려는 것은 아니다. 산업사회의 특징으로서의 도시화와 핵가족화 등도 주요한 원인일 것이다. 그러나, 이러한 요인들은 세계적으로 보편적인 변화 요인이지만, 화투는 일제 때의 전통놀이 탄압의 역작용으로 권장되었던 특수한 요인이라는 점을 간과해서는 안 된다. 일제에 의한 전통 놀이와 집단성 파괴의 결과는 가공할 만한 것이어서 지금까지 남아 있는 집단 놀이라고는 백일잔치, 돌잔치, 생일잔치 같은 핵가족 레벨의 통과의례뿐이다.

민족적 명절로 민족 대이동이 벌어지는 설날이나 추석과 같은 명절에 모처럼 만난 가족 모임에서도 고스톱 판이 벌어진다. 현대판 집단 모임인 동창회, 친목회, 야유회 등에서도 모임의 종류를 가리지 않고 고스톱 판은 필수적이다. 요즘엔 화투라는 명칭은 사라지고 고스톱이 놀이의 명칭을 대신하고 있을 만큼 고스톱이 대세다. 상대를 철저하게 골탕 먹이는 고스톱의 속성상 가족 중심 모임이 많은 한국인들에게 있어 화투는 사회의 기본 단위이며 화협의 원천인 가족 집단을 파괴하는 실로 망국적 놀이가 아닐 수 없다. 한국과 같이 혈연적 구심력을 바탕으로 하는 집단 사회가 받는 폐해는 상대적으로 클 수밖에 없다.

우리사회에서 일본 문화를 바라보는 자세에는 간과할 수 없는 맹점이 있다. 즉, 부분적 명분을 중시한 나머지 민족적 정체성이라는 보다 큰 명분을 잃게 된다는 점이다. 우리 것이라는 명분에 약하여, 무엇이든지 우리나라가 원류라는 말이 나오면 의심할 여지없이 수용하여 버리는 약점이 있다. 왕벚나무의 원산지가 우리나라라는 이론이 나오더니, 신라 고도 경주를 비롯하여 전국의 도로와 아파트 단지가 사쿠라로 뒤덮이고 말았다. 일본 엔카의 대표적인 작곡가가 한국의 선린중학교를 졸업했고 그의 정서는 한국의 정서를 바탕으로 하고 있을 것이라는 유추 해석과 함께 엔카의 원류는 한국이라는 명분을 세운 뒤 온 국민이 트롯트를 국민가요로서 즐기고 있다. 80년대에 도입된 노래방 문화도 지금까지 우리의 저변 문화로서 잘 작용하고 있으며, 2020년 들어 트로트의 제2 전성시대를 구가하게 된 데에도 한 몫 하고 있다. 모름지기 명분이란 감정을 바탕으로 한 것이어서 객관적인 통찰을 결여하기 쉽다. 감정적으로는 일본에게 가장 큰 피해를 입은 민족답지 않게 일본을 무조건 외면하는 것을 당연시한다. 우리의 일본 연구가 전반적으로 낙후되고, 대일 외교도 과거사 문제에서 헤어나지 못한 채 답보상태에 있는 것도 이러한 명분 중심의 대일 자세에서 그 원인을 찾을 수 있다.

인류 문화사를 살펴보면 모든 문화는 왕성한 교류를 통해서 발전한다. 외래문화를 보다 적극적으로 수용한 민족이 새로운 문화를 창조하면서 주변 문화에도 영향을 미치게 된다. 역으로 획일적인 잣대로 수구적 자세를 고집하면서 명분이라는 감정적 프리즘을 통해서만 타문화를 접하는 민족은 아이로니컬하게 외래문화를 받아들이느라 여념이 없다. 우리의 지정학적인 위치로 볼 때 일본, 중국과 같은 인접국가 간의 문화는 필연적으로 끊임없이 상호 교류될 수밖에 없다. 따라서 문화적으로 발전하는 나라가 되기를 원한다면, 다양한 타문화를 이해하는 보편적인 시각을 길러 보다 유연하고 의연하게 외래 문화를 수용하는 자세가 필요하다. 타문화에 대한 이러한 자세를 통해서만이 이질적인 외래 문화를 우리의 전통 사회구조에 맞게 접목시켜 우리의 문화로 소화 수용하고, 다시 창조된 새로운 문화를 주변 국가에 전파하는 선도적인 역할을 할 수 있을 것이다. 부분적이기는 하지만 최근에 해외로 진출한 K-pop이 좋은 사례다. 1990년대 이후 문화적 주체성을 창조적으로 표현한 한국적 화투 디자인의 개발이 시도된 것도 화투 문화의 생동적 수용 모습의 한 단면이라 하겠다. 문화 수용이라는 긍정적 차원에서 화투를 바라보면 단순한 놀이 수단에 불과한 것을 아름다운 꽃 싸움으로 승화시켜 한국적인 자연과 문화적 가치까지 담아 넣은 것은 민초들의 문화 수용자세가 돋보이는 좋은 사례인 것이다.

에필로그

　아름다운 장미에도 가시가 있듯이, 꽃 싸움에도 독소가 숨어 있다. 식물의 꽃은 본래 생명을 재창조하기 위하여 경쟁하듯 피고진다. 꽃이 지면 생명의 재창조물인 열매가 맺히듯, 꽃 놀음을 끝낸 자리엔 삶의 재생산인 웃음과 화목이 남아야 한다. 꽃 싸움은 삶의 재창조를 위하여 휴식과 스트레스 발산의 기능을 하여야 하는 '놀음'인 것이다. 꽃 놀음에 돈이 얽히고 다툼이 남는다면 꽃과 문화를 디자인 한 꽃 놀음 제작자의 뜻에 어긋나는 '노름'이 되어버린다. 꽃 놀음을 지친 삶에 생기를 불어 넣는 긍정적 기능을 가진 놀이 문화로서 후대에 넘겨줄 수 있기 위해서는 사행적 놀이로 치부한 채 방치할 것이 아니라 교육적 차원에서도 보다 진지한 검토가 필요하다. 꽃 놀음에 참가하는 사람들은 꽃은 인간을 즐겁게 하기 위한 위안의 존재이기 이전에 생명의 풍요와 번창이라는 유종의 미를 이어가기 위한 생산적인 수단임을 잊지 말아야 한다.

일본을 생각하다
목근춘추 3

일본에 대한 사고

일제말 창씨개명의 실제

이종덕

머리말

　19세기 초부터 서구열강들은 해외에 식민지를 확장하는데 혈안이 되어 있었다. 우리나라와 이웃하고 있는 일본도 일찍 개화한 후 조선을 찬탈하려는 야욕을 실행에 옮기고 있었다. 드디어 1910년 일제는 한국을 강점하였다.
　일본의 제국주의는 우선 조선의 외교권을 빼앗고 중국대륙으로 식민지를 확대하고. 군수물자를 원활하게 공급할 목적으로 경제를 전시체제로 전환하였다. 또 한·일 민족 간의 이질감을 없앤다는 명분아래 자신들의 민족 속에 우리를 동화시키려는 소위 창씨개명(創氏改名)을 강요하였다.
　우리는 올해(2020년)로 광복 75주년을 맞는다. 광복이 되던 해에 태어난 사람이 고희를 훌쩍 넘겼다. 또 한일국교를 맺은지도 55년이 지났으니 짧은 시간이 흐른 것은 아니다. 하지만 일제를 경험한 세대는 역사의 뒤안으로 밀려나고 일제의 만행은 점차 자취를 감추고 있다.

1940년부터 5년간 치열하였던 제2차 세계대전의 와중에서 당시 우리 조선인의 의식구조는 어떠하였던가?

전반적으로 규정하기는 어려우나 오랫동안의 일제의 악랄한 탄압과 침략전쟁으로 내핍생활로 겨우 연명하고 있는 실정이었다. 또한 이 시국에 일제 군벌의 포악이 너무나 거세었다. 따라서 일본제국주의자들의 횡포에 조선인들은 불가항력이었으며 표면적으로는 이에 순응하는 듯한 사회적 분위기였다.

그리고 일제는 금방 전쟁에 승리할 것처럼 호언하면서 낮에는 축하행렬, 밤에는 제등행렬로 전국을 환호의 분위기로 몰아갔다. 이에 전략적인 정보가 없는 조선인들은 이대로 일본이 승리하는 것이 아닌가 의심하기도 하였다. 따라서 이러한 축하행렬, 신사참배 등에 수동적으로 참여하는 것이 다반사였다. 또 건물마다 내선일체(內鮮一體), 미영격멸(米英擊滅) 등의 표어가 붙어있고 전쟁 완수를 위한 격문이 거리마다 나부끼는 환경에서 조선인은 곤궁하고 불안하게 살아갈 뿐이었다.

이러한 초비상의 공포 분위기에서 언제나 벗어날 것인가? 하는 생각은 마음속에 품고 있을 뿐 현실적 공포감을 운명처럼 감내하면서 장래의 희망을 갖기 어려웠다. 따라서 당시의 조선인들은 일본의 패망이 조선의 독립을 가져올 것이라는 희망을 예상하지 못하였다.

당시의 일본제국주의의 폭정에 대하여 호사카 유지 교수는 그의 박사학위 논문에서 "1910년부터 1945년까지 36년에 걸쳐 일본이 행했던 조선에 대한 식민지 지배는 세계에서도 유례가 없는 가혹한 지배였다고 일컬어진다"라고 논하였다.(호사카 유지[保坂祐二], 고려대학교 박사학위논문)

시대적 배경

1931년 9월 일본의 도발에 의해 만주사변(滿洲事變)이 야기되었고, 1933년 1월에는 괴뢰국인 만주국이 세워졌다. 이러한 일본의 대륙 침략에 대하여 국제연맹은 만주에서 일본군의 즉각 철수안을 결의하였다.

이에 불복한 일본은 1937년 7월 마침내 중·일전쟁을 야기하였다. 그리고 이때부터 일본 내에서 군국주의가 일본 정권을 완전히 주도하게 되었다. 일본의 군부가 기세등등 침략을 확대할 때 연합군이 이에 응징을 시작하였다. 또 일본은 1941년 12월 8일 미국의 진주만을 공격하면서 미합중국에 선전포고를 하였다.

이때 일본의 식민지였던 조선은 인력과 군수물자의 보급로일 뿐만 아니라 침략전쟁의 병참기지 역할을 하게 된다. 이때부터 조선의 식량과 지하자원이 모두 전선에 충당되었다.

한편, 조선총독부에서는 후방지역에 있는 조선인에 대하여 철저한 황민화정책(皇民化政策)을 시행하였다. 그리고 이 정책을 완벽하게 수행할 일본제국주의의 거물급 조선총독이 필요하였다.

드디어 1936년 9월 5일 제7대 조선총독으로 미나미 지로(南 次郞) 육군대장이 발탁되었다. 그는 일본 육군성의 대신을 역임하였고, 일본이 자랑하는 최강부대인 관동군의 총사령관으로 장기간 근무한 역대 조선총독 중에서 최고의 강경파였다.(미나미는 패전 후 연합군의 도쿄재판에 의해 A급 전범자로 처형됨)

미나미 총독과 황민화 정책

　미나미 총독은 조선의 인적자원을 일본의 침략전쟁에 동원하기 위한 방책으로 내선일체와 황민화 정책을 강력 추진하였다. 그는 이를 위해 첫 사업으로 조선인에 대한 정신적 교화의 일환으로 신사참배(神社參拜)를 강요하였으며, 이어서 '황국신민의 誓詞'(세이시; 서약)를 제정하여 이를 제창하도록 규정하였다.

　　황국신민 서약(皇國臣民 誓詞)
　　1.우리들은 황국신민이다. 충성으로 군국에 보답하리라.
　　2.우리들 황국신민은 서로 신애협력하여 단결을 굳게 하리라.
　　3. 우리들 황국신민은 인고 단련 힘을 길러서 황도를 선양하리라.
　　(1. 我等ハ皇國臣民ナリ、忠誠以テ君國ニ報ゼン。
　　2. 我等皇國臣民ハ互ニ信愛協力シ、以テ團結ヲ固クセン。
　　3. 我等皇國臣民ハ忍苦鍛鍊カヲ養ヒ、以テ皇道ヲ宣揚セン。)

　그리고 매일 아침 각급 학교 조례 때에는 일본 궁성을 향해 궁성요배(宮城遙拜)를 하고, 일본 국기 게양, 기미가요(君ガ代) 제창 등을 실시하였다. 또 미나미 총독은 민족동화정책이라는 미명 아래 조선인의 창씨개명을 추진하였다.
　즉, 1927년도에 조선 호적령 제정 실시 때 거론되었던 조선인의 창씨개명을 본격적으로 실행하려는 계획이었다. 당시 조선총독부 총무국장 미야모토 하지메(宮本 元)는 다음과 같이 말했다.

원래 조선민족과 일본민족은 동조동근(同祖同根)이다. 혈연적으로 맺어져 있으며, 옛날부터 일본에 와서 사는 조선사람은 일본식 이름으로 부른 사람이 많았다. 따라서 조선은 지나(支那:중국)의 모방에서 탈피해야 한다. 일본도 지나문화의 영향을 많이 받았지만 일본은 자기중심을 잃지않고 지나를 모방하였다. 그러나 조선은 자신을 잃고 지나문화를 그대로 모방하였다. 지금까지 조선인의 성명은 완전히 지나적인 것이다. 이번에는 일본 국민이니까 일본식 씨명을 사용할 때가 왔다.(조선총독부,「新朝鮮」, 1944. 9)

창씨개명의 법제

1940년 2월 11일을 기해 조선에 일제히 실시된 창씨개명 정책의 법령이 발표되었다. 그러나 효를 가장 중요시하는 조선인에게는 창씨개명이 도저히 받아들일 수 없는 조치였다. 즉 조선인에게 씨(氏)를 새로 만든다는 뜻에서 창씨라고 불렀지만 당사자인 조선인들은 이를 반대하였다.

여기에서 유의해야 할 점은 조선인의 성(姓)이나 본관(本貫)이 없어지는 것이 아니라 그것은 그대로 유지하면서, 다만 종래의 조선인의 성은 호적의 한쪽에 밀쳐버리고 공용의 이름이나 사회적인 호칭의 단위가 성명 대신 씨명으로 된다는 것이다. 그리고 창씨개명의 본질은 성에 대한 개성(改姓)이나 폐지가 아니고, 법적으로 성명에서 씨명으로 변경된다는 것이다. 그래서 강제언은 「일제하 40년사」에서 이렇게 말했다.

한국에는 족보라는 것이 있어 아들이 태어나면 호적에 올리지 않을지언정 족보에는 반드시 올려야 한다. 일족(한 가정)의 계보란 그만큼 중요한 것이어서 선조 대대로 내려온 성(姓)을 바꾸는 것은 선조의 뼈를 팔아 넘기는 일과 다름이 없다는 생각을 한다. '조상의 뼈를 팔아 먹는 놈이라' 불리는 것은 조선에서는 최대의 모욕이다.(강제언, 「일제하 40년사」)

미나미 총독은 창씨개명 실시에 앞서 형식적인 절차이지만 당시 조선인의 대표격인 윤치호(尹致昊; 1865-1945, 日本大政翼贊會 회장, 중추원 고문, 조선의 최대 지주 집안)와 창씨개명에 대한 언급을 하였다고 한다. 당시 윤치호는 창씨개명 실시를 연기할 것을 건의하지만 이 건의는 묵살되었다고 한다.

조선의 '성'과 일본의 '씨'의 상이점

창씨개명을 이해하는데 혼동하기 쉬운 개념이 '성(姓)과 '씨(氏)가 서로 엉켜있는 점이다. 일본인들이 쓰는 '씨'는 조선의 '성'과 다르다. 따라서 창씨개명제도가 시행된 1940년 당시 조선사회에서는 혼돈이 많이 일어났다.

조선에서는 '씨 · 성'이 같은 의미로 쓰이지만 법적 용어로 쓰이는 것은 성명(姓名)이다. 일본의 경우는 '씨 · 성'이 같은 의미로 쓰이지만 법적 용어로 쓰이는 것은 씨명(氏名)으로 되어 있다.

그러나 소위 창씨개명은 법률적으로 국민등록제도이기 때문에 법적인 용어로 사용하게 되어있다.

　　조선인의 법률명: 본관(本貫) + 성(姓) + 명(名)
　　일본인의 법률명: 씨(氏) + 명(名)

창씨개명이 시행된 당시 민법 규정에 의거 "호주와 가족은 그 가(家)의

씨로 호칭한다"라고 규정되어 '씨는 '가(家)'의 칭호가 되었다. 결혼, 양자 등의 경우는 그 당사자가 속하는 '가'가 바뀌면 새로 입적하는 가정의 '씨'로 바뀐다.

예를 들면 가네우미 하나코(金海花子)가 리노이에 이치류(李家一龍)와 결혼하면 리노이에 하나코(李家花子)가 되고, 가네우미(金海)가에서는 제적된다.

이름의 일본화, 가족제도의 일본화

「창씨개명」을 시행하는데 있어서 일본은 두 가지 정책목표가 있었다. 하나는 조선인의 이름을 일본식으로 바꾸는 것이고, 또 하나는 조선인의 친족구조를 변화시키는 정책이었다. 창씨개명이라는 것은 이름 문제보다는 가족제도 문제라고 보는 편이 더 정확한 판단이다.

조선의 가족제도를 일본화한다는 '종적'인 점과, 또 하나는 조선에서의 징병제 시행을 대비한 황민화 정책 실시라는 '횡적'인 두 가지 정책이 효과를 거두기 위해서는 창씨개명이라는 정책이 필연적 수단이 되었다. (김영달,「창씨개명제도」)

다시 말해 조선인 징병제가 실시되어 조선 청년이 군에 징집되었을 경우 일본인 출신과 마찰을 피해 군의 일체성, 동질성을 확보하기 위해 꼭 필요한 수단이었다. 군에서 조선식 이름 김(金)·이(李)·박(朴) 등 이름을 일본식 창씨명으로 金田(가네다), 李家(리노이에), 朴原(보쿠하라) 등 일본식 이름으로 개칭하는 것이 그들의 정책목적이었다.

창씨개명의 절차와 유형

다섯 가지 절차

(1) '씨' 설정 신청을 하지 않고 개씨(改氏), 개명(改名)도 하지 않은 사례
제령 제19호 부칙 제3항에 의거(호주의 성을 씨로 한다) 자동적으로 법적 창씨는 되지만, 개씨·개명을 하지 않은 것과 같다.

   호주 홍(洪) 순길 ☞ 호주 洪 순길
   호주의 처 金복순 ☞ 호주의 처 洪 복순
   호주의 자 洪병대 ☞ 호주의 자 洪 병대

(2) '씨' 설정계를 제출하지 않고 있다가 기한이 지난 후에 개씨만 하고, 개명은 하지 않은 경우. 창씨개명에 반대하여 씨 설정계를 제출하지 않고 있다가 기한이 지난 후에 법정 창씨(法定創氏)로 된 '씨'를 쓰는 경우

   호주 洪 순길 ☞ 호주 德山(도쿠야마) 순길
   호주의 처 金복순 ☞ 호주의 처 德山 복순
   호주의 자 洪병대 ☞ 호주의 자 德山 병대
              (기간 경과 후 개씨)

(3) '씨' 설정계를 제출하지 않고 있다가 기한이 지난 후에 개씨·개명을 하는 경우. 창씨개명 실시기한이 경과된 후 총독부의 협박이나 회유, 또는 본인의 심적변화로 개씨·개명하는 경우

호주 홍순길   ☞   호주 도쿠야마 다로
호주의 처 김복순   ☞   처 도쿠야마 후쿠에
호주의 자 홍병대   ☞   자 도쿠야마 이치로
                                      (기간 경과 후 개씨 · 개명)

(4) '씨' 설정계를 제출하지만 개명을 하지 않는 경우
   ('씨'는 일본식, '명'은 조선식)

호주 홍순길   ☞   호주 德山 순길
처 김복순   ☞   처 德山 복순
자 홍병대   ☞   자 德山 병대
                             (기한내 창씨)

(5) '씨' 설정계도 제출하고, 개명도 하는 경우

호주 홍순길   ☞   호주 도쿠야마 다로
처 김복순   ☞   처 도쿠야마 후쿠에
자 홍병대   ☞   자 도쿠야마 이치로
                              (기한내 창씨, 개명)

  이상의 다섯 유형 중에서 어느 유형의 선택을 하든 간에 일본식으로 법률명이 '씨'명으로 변경된 것이 실제로 창씨개명이다.

창씨의 유형

창씨를 유형별로 나누어 보면 아래와 같다

(1) 본관을 그대로 사용, 또는 본관에서 한자를 취하거나 본관의 옛 지명을 나타낸 경우

   김해(金海) 김씨 ☞ 가네우미 金海
   광주(廣州) 이씨 ☞ 히로하라 廣原
   달성(達城) 서씨 ☞ 다쓰시로 達城
   창원(昌原) 박씨 ☞ 보쿠하라 朴原

(2) 원 성(姓)을 표시한 경우

   김씨(金氏) ☞ 가네모토 金本
   이씨(李氏) ☞ 리노이에 李家
   박씨(朴氏) ☞ 보쿠야마 朴山
   유씨(兪氏) ☞ 유하라 兪原

(3) 시조의 이름에서 글자를 따거나 시조에 얽힌 전설 또는 선조의 이름 호(號) 또는 고사에서 취한 것

   박씨 ☞ 밀양 박씨 ☞ 新井(아라이)

  시조 박혁거세가 우물에서 태어났다는 전설 인용

(4) 성(姓)을 일본어 훈독으로 써서 창씨한 예

　　　남(南)　☞　미나미(南)

(5) 일본인 같은 성(姓)으로 창씨개명한 예

　　　香山　☞　가야마　이(李)

① 본관(本貫)을 그대로 인용/본관에서 한 자를 취한 경우

(본관 성)	(창 씨)
가평 簡씨 ☞	加平 구와히라
회산 甘씨 ☞	檜山 히야마
신천 康씨 ☞	信川 노부카와
청주 慶씨 ☞	淸原 기요하라
청주 郭씨 ☞	西原 니시하라(淸州에서 인용)
릉성 具씨 ☞	綾城 아야기
담양 鞠씨 ☞	潭本 후지모토(潭陽에서 인용)
안동 權씨 ☞	安東 안도
곡산 盧씨 ☞	谷山 다니야마
강화 魯씨 ☞	江本 에모토
밀양 唐씨 ☞	密山 미쓰야마(密陽에서 인용)
풍양 陶씨 ☞	豊山 도야마(豊陽에서 인용)
광천 董씨 ☞	廣川 히로카와
두릉 杜씨 ☞	杜山 후사야마(杜陵에서 인용)
신창 孟씨 ☞	新昌 니이마사
여흥 閔씨 ☞	興本 고모토(驪興에서 인용)

수원 白씨	☞	水原 미즈하라
초계 卞씨	☞	草溪 구사타니
원주 邊씨	☞	原本 하라모토(原州가 本이다)
거창 史씨	☞	居昌 교마사
이천 徐씨	☞	利川 도시카와
달성 徐씨	☞	達城 다쓰시로
보성 宣씨	☞	寶城 다카라기
순창 薛씨	☞	昌本 마사모토(淳昌에서 인용)
평산 邵씨	☞	平山 히라야마
월성 孫씨	☞	月城 쓰키기
안동 孫씨	☞	安東 안도
덕산 宋씨	☞	德山 도쿠야마
김해 宋씨	☞	金海 가네우미
광산 承씨	☞	光山 고야마
거창 愼씨	☞	居昌 교마사
진산 愼씨	☞	眞山 미야마
평산 申씨	☞	平山 히라야마
고령 申씨	☞	高本 다카모토(고령 신씨 인용)
영월 辛씨	☞	越本 에쓰모토(영월 신씨 인용)
청송 沈씨	☞	靑松 아오마쓰
풍산 沈씨	☞	豊山 유타카야마
남원 梁씨	☞	南原 미나미하라
중화 楊씨	☞	中和 나카가즈
성주 呂씨	☞	星本 호시모토(星州 인용)
의령 余씨	☞	宜川 요시카와(宜寧에서 인용)
서천 廉씨	☞	瑞原 미즈하라(瑞川에서 인용)

단양 禹씨 ☞ 丹山 니야마
원주 元씨 ☞ 原元 하라모토(원주의 원씨)

청풍(淸風) 金씨 ⎤
청주(淸州) 金씨 ⎬ ☞ 金淸 가네키요
청도(靑道) 金씨 ⎦

해평(海平) 金씨 ⎤
해주(海州) 金씨 ⎬ ☞ 金平 가나히라
평해(平海) 金씨 ⎦

안성(安城) 金씨 ⎤
고성(固城) 金씨 ⎥
금성(錦城) 金씨 ⎬ ☞ 金城 가나시로
적성(積城) 金씨 ⎥
의성(義城) 金씨 ⎥
야성(野城) 金씨 ⎦

영천(永川) 金씨 ⎤
오천(烏川) 金씨 ⎥
희천(熙川) 金씨 ⎥
신천(信川) 金씨 ⎥
사천(泗川) 金씨 ⎬ ☞ 金川 가나가와
백천(白川) 金씨 ⎥
진천(鎭川) 金씨 ⎥
통천(通川) 金씨 ⎥
웅천(熊川) 金씨 ⎦

영광(靈光) 金씨　　☞　　金光 가네미쓰

풍덕(豊德) 金씨
풍산(豊山) 金씨　　☞　　金豊 가나토요
풍기(豊基) 金씨

김해(金海) 金씨　　☞　　金海 가네우미
수원(水原) 金씨　　☞　　金原 가네하라
문화(文化) 金씨　　☞　　金文 가네후미
해풍(海豊) 金씨　　☞　　豊田 도요타
창평(昌平) 金씨　　☞　　昌平 마사히라
이천(伊川) 金씨　　☞　　伊川 이가와

구성(駒城) 李씨　　☞　　고마시로 駒城
가평(加平) 李씨　　☞　　구와히라 加平
강진(康津) 李씨　　☞　　고모토 康本
덕산(德山) 李씨　　☞　　도쿠야마 德山
개성(開城) 李씨　　☞　　아키시로 開城
결성(結城) 李씨　　☞　　유기 結城
고성(固城) 李씨　　☞　　가타기 固城
광주(廣州) 李씨　　☞　　히로하라 廣原
광산(光山) 李씨　　☞　　미쓰야마 光山
김포(金浦) 李씨　　☞　　가네우라 金浦
광평(廣平) 李씨　　☞　　히로모토 廣本
덕수(德水) 李씨　　☞　　도쿠모토 德本
단양(丹陽) 李씨　　☞　　니하라 丹原

단성(丹城) 李씨	☞	니시로 丹城
덕수(德水) 李씨	☞	도쿠야마 德山
덕은(德恩) 李씨	☞	도쿠야마 德山
부평(富平) 李씨	☞	도미히라 富平
성산(星山) 李씨	☞	호시야마 星山
안성(安城) 李씨	☞	야스모토 安本
안산(安山) 李씨	☞	야스야마 安山
전의(全義) 李씨	☞	스베요시 全義
청송(靑松) 李씨	☞	아오마쓰 靑松
신평(新平) 李씨	☞	니히라 新平
장흥(長興) 魏씨	☞	나가모토 長本
강화(江華) 韋씨	☞	에바나 江華
파평(坡平) 尹씨	☞	히라누마 平沼
남원(南原) 尹씨	☞	미나미하라 南原
영천(永川) 尹씨	☞	나가가와 永川
해평(海平) 尹씨	☞	우미히라 海平
행주(幸州) 殷씨	☞	고모토 幸本
결성(結城) 張씨	☞	유기 結城

평택(平澤) 朴씨 ⎫
평주(平州) 朴씨 ⎬ ☞ 보쿠히라 朴平
평산(平山) 朴씨 ⎭

선산(善山) 朴씨 ⎫
상산(商山) 朴씨 ⎬ ☞ 보쿠야마 朴山
죽산(竹山) 朴씨 ⎭

고성(固城) 朴씨 월성(月城) 朴씨 음성(陰城) 朴씨 노성(魯城) 朴씨	☞	보쿠시로 朴城
창원(昌原) 朴씨 진원(珍原) 朴씨 원주(原州) 朴씨	☞	보쿠하라 朴原
춘천(春川) 朴씨	☞	하루가와 春川
안동(安東) 張씨	☞	안도 安東
덕수(德水) 張씨	☞	노리모토 德本
풍천(豊川) 任씨	☞	도요가와 豊川
아산(牙山) 蔣씨	☞	가야마 牙山
고성(固城) 鄭씨	☞	가다기 固城
김포(金浦) 鄭씨	☞	가나우라 金浦
동래(東萊) 鄭씨	☞	도고 東鄉
하남(河南) 程씨	☞	가와모토 河本
백천(白川) 趙씨	☞	시라카와 白川
평산(平山) 趙씨	☞	히라야마 平山
옥천(玉川) 趙씨	☞	다마가와 玉川
강릉(江陵) 崔씨 강화(江華) 崔씨	☞	에모토 江本

직산(稷山) 崔씨 ⎤
아산(牙山) 崔씨 ⎬ ☞ 야마모토 山本
진산(珍山) 崔씨 ⎦

통천(通川) 崔씨 ⎤
양천(陽川) 崔씨 ⎬ ☞ 가와모토 川本
영천(永川) 崔씨 ⎦

화순(和順) 崔씨　☞　가즈야마 和山
청송(青松) 崔씨　☞　아오마쓰 青松
창녕(昌寧) 曺씨　☞　마사모토 昌本
봉주(鳳州) 智씨　☞　오토리 鳳
풍기(豊基) 秦씨　☞　도요타 豊田
평강(平康) 蔡씨　☞　히라야마 平山
광산(光山) 卓씨　☞　미쓰야마 光山
용강(龍岡) 彭씨　☞　다쓰야마 龍山
괴산(槐山) 皮씨　☞　가이야마 槐山

덕산(德山) 黃씨　☞　도쿠야마 德山
창원(昌原) 黃씨　☞　마사하라 昌原
평해(平海) 黃씨　☞　히라우미 平海
청주(清州) 韓씨　☞　니시하라 西原

② 원 성(姓)을 표시한 것

갈(葛)　☞　葛城 가쓰기

경(景)	☞	景本 게이모토
금(琴)	☞	琴川 고토가와
이(李)	☞	李城 리노시로
기(奇)	☞	岩崎 이와사키
길(吉)	☞	吉本 요시모토
나(羅)	☞	羅本 라모토
이(李)	☞	李山 리노야마
마(馬)	☞	馬場 바바
명(明)	☞	明石 아카시
모(毛)	☞	毛本 게모토
목(睦)	☞	睦川 보쿠가와
모(牟)	☞	牟田 보쿠다
문(文)	☞	文山 후미야마
박(朴)	☞	朴原 보쿠하라
반(潘)	☞	米田 요네다
방(方)	☞	方山 가타야마
방(房)	☞	房原 후사하라
부(夫)	☞	夫田 소레다
상(尙)	☞	尙川 나오카와
이(李)	☞	李家 리노이에
성(成)	☞	成田 나리타
소(蘇)	☞	伊蘇 이소
안(安)	☞	安田 야스다
어(魚)	☞	魚川 우오가와
연(延)	☞	延原 노베하라
최(崔)	☞	崔本 사이모토
예(芮)	☞	草內 구사우치

오(吳)	☞	吳松 구레마쓰
옥(玉)	☞	玉崗 다마오카
용(龍)	☞	龍川 다쓰가와
유(兪)	☞	兪原 유하라
음(陰)	☞	陰山 가게야마
장(張)	☞	張本 하리모토
장(章)	☞	章山 스사야마
전(田)	☞	田村 다무라
전(錢)	☞	錢本 제니모토
박(朴)	☞	朴村 보쿠무라
제(諸)	☞	諸本 모로모토
좌(左)	☞	左原 사하라
주(朱)	☞	朱本 슈모토
이(李)	☞	李宮 이노미야
주(周)	☞	周家 슈케
지(池)	☞	池田 이케다
진(陣)	☞	陣川 진가와
차(車)	☞	車田 구루마다
이(李)	☞	李川 리노가와
천(千)	☞	千葉 지바
태(太)	☞	太田 오타
편(片)	☞	片山 가타야마
하(河)	☞	河野 고노
함(咸)	☞	咸野 미나노
호(扈)	☞	扈山 고야마
이(李)	☞	李谷 리노야
홍(洪)	☞	洪原 고하라

이(李)	☞	李石 리노이시
황(黃)	☞	黃田 고오다
이(李)	☞	李川 리노가와
이(李)	☞	李野 리노야
김(金)	☞	金澤 가나사와
김(金)	☞	金宮 가나미야
김(金)	☞	金井 가나이
김(金)	☞	金田 가네다
김(金)	☞	金川 가네가와
김(金)	☞	金屋 가나야

③ 시조의 이름에서 글자를 따거나 시조에 얽힌 전설 인용

강(姜)	신농(神農) 씨는 강성(姜姓)이라는 중국의 옛 기록에 따라 강씨 중에는 神農(신노)라고 창씨한 사람이 많다.
공(孔)	고려 말 공소(孔紹)가 회원군에 봉해지고 '창원'을 사적으로 받은 사실에 연유하여 昌原(마사하라)으로 창씨
노(盧)	노씨의 시조가 평북, 용강 쌍제촌에서 우거한 사실을 기념하여 岡村(오카무라)로 창씨
육(陸)	시조인 신라 경순왕의 부마 관성군능보를 생각하여 管城(구다기)으로 창씨
민(閔)	조상의 호 가운데 자를 취해 岩村(이와무라), 岩本(이와모토)로 창씨
박(朴)	밀양 박씨는 新井(아라이)로 창씨. 서라벌의 육촌 촌장이 나라를 다스릴 군장을 추대할 것을 의논하고 있을 때 홀연히 양산

	(경주 남산) 아래 나정수풀 사이에 서기가 뻗쳐 가보니 박 같은 데서 한 사내아이가 나왔다. 그가 바로 모든 박씨가 유일조로 받드는 신라의 시조 박혁거세다. 이러한 전설에 연유하여 밀양 박씨는 '신라의 우물' 이라는 뜻으로 新井(아라이)로 창씨
반(潘)	전남북에 거주하는 潘씨들은 호남평야에 쌀이 많이 난다는 뜻으로 米田(요네다)로 창씨
배(裵)	선조 무열공의 武자를 따서 武本(다케모토)로 창씨
복(卜)	卜자 왼쪽에 점을 찍고 본관 汚川의 川자를 뽑아 小川(오가와)로 창씨
소(蘇)	蘇자에서 '풀草'와 '벼禾'를 취하여 草禾(구사가)로 창씨
어(魚)	'함종 魚' 씨는 세조~연산군 대에 문장의 일가를 이루었던 조상 서천 어세겸(西川 魚世謙)을 숭모하여 西川(니시가와)로 창씨
예(芮)	글자를 풀어서 草內(구사우치)로 창씨
유(柳)	전국 유씨 모임에서 본관 별로 아래와 같이 정함. 문화 유씨는 柳(야나기), 전주 유씨는 柳澤(야나기사와), 진주 유씨는 柳村(야나기무라), 충산 유씨는 柳瀨(야나기세), 서령 유씨는 柳川(야나기가와), 선산 유씨는 柳原(야나기하라)
유(劉)	조선조의 개국공신인 劉剛이 옥천부원군 (옥천은 강능지방)에 봉해지면서 후손들이 강릉을 본관으로 삼게 되었다. 창씨를 玉川(다마가와)로 함
정(鄭)	삼십여 종의 본관이 있는 정씨는 원조가 신라 육촌중의 하나인 珍支村의 촌장 智佰의 智자를 인용, 智山(지야마)로 창씨하였으며, 본관별로 영일 정씨는 烏川(도리가와), 능원파는 迎田

일제말 창씨개명의 실제 217

(고다), 정종공파는 大川(오가와), 하동 정씨는 河東(가토)로 본 관명으로 창씨. 봉화 정씨는 선조의 아호인에서 三城(미시로)로 창씨하고, 동래 정씨는 東鄕(도고)로 창씨

정(丁) 조상인 정약용의 호 茶山(사야마)로 창씨

조(曺) 창녕 조씨는 선조중에 대사헌을 지낸 夏望의 夏자를 인용해서 夏山(나쓰야마)로 창씨

허(許) 양천 허씨는 대부분 岩村(이와무라)로 창씨. 이는 시조 許宣文이 지금의 경기도 김포군 양천인 공암촌에서 농사 짓고 살다가 왕건이 후백제의 견훤을 정벌할 때 군량을 보급해준 공으로 공양촌을 식읍으로 하사받고 촌주가 됐다는 고사에 연유하여 대종회에서 岩村(이와무라)로 창씨를 결정한 데 따른 것. 김해 허씨는 김수로왕의 비가 천축국에서 올 때 石舟를 타고 왔다는 전설에 따라 石渡(이시와타)로 창씨를 정한 사람도 있다.

현(玄) 현씨의 시조는 고려 명종 도령장군이며, 문화 평장시 담윤공 연주인데 그 후 분파하여 각 관향 본관이 달라졌으니 창씨에는 본관이 달라도 모두 玄武(구로다케)로 할 것을 각도의 여러 종회가 평양에 모여 결정했다. 연주 현씨 중에는 延山(노베야마)로 창씨하기도 했다.

형(邢) 형씨는 남원에 있는 조상의 선산에 소나무가 많다하여 松山(마쓰야마)로 창씨

홍(洪) 남양 홍씨는 친족회의의 결정에 따라 德山(도쿠야마)로 창씨했다. 그러나 동두천 거주 남양 홍씨는 洪川(고센)으로 창씨했고, 명천군내 남양 홍씨는 洪中(고나카)로 창씨

황(黃) 창원 황씨는 조상중에 선조때 사람 황진이 정여립 옥사 때 정언으로써 국청의 대신들이 서로 직언을 회피한 사실을 논박하다 좌천되기도 했으며 뒤에 위성공신으로 화신 부원군에 봉해진 적이 있었다. 이러한 사실에 따라 檜山(가이야마)로 창씨한 사람이 많았다. 또 장수 황씨 중에는 선조인 尨村(무구무라) 황희정승을 추억하여 芳村(호무라)로 정한 사람도 있다.
(『월간중앙』1976. 6)

④ 성을 일본어 훈독(訓讀)으로 써서 창씨개명한 예

1. 남(南)	미나미
2. 임(林)	하야시
3. 계(桂)	가쓰라
4. 도(都)	미야코
5. 유(柳)	야나기
6. 양(楊)	야나기
7. 오(吳)	구레
8. 표(表)	오모테
9. 용(龍)	다쓰
10. 삼(森)	모리
11. 구(丘)	오카
12. 금(琴)	고토

⑤ 일본인과 같은 성으로 창씨 개명한 예

1. 香山	가야마	이씨	21. 大倉	오구라	김씨
2. 野田	노다	송씨	22. 豊田	도요타	최씨
3. 吉田	요시다	권씨	23. 靑木	아오키	박씨
4. 山崎	야마사키	박씨	24. 野田	노다	김씨
5. 山田	야마다	유씨	25. 武內	다케우치	맹씨
6. 山本	야마모토	강씨	26. 三井	미쓰이	조씨
7. 新安	니이야스	강씨	27. 武本	다케모토	신씨
8. 花田	하나다	강씨	28. 森山	모리야마	이씨
9. 天野	아마노	곽씨	29. 波多	하타	박씨
10. 杉野	스기노	김씨	30. 寺谷	데라야	송씨
11. 東	아즈마	김씨	31. 安部	아베	안씨
12. 大江	오에	김씨	32. 梅田	우메다	최씨
13. 宇龍	우타쓰	김씨	33. 三山	미야마	위씨
14. 大倉	오구라	김씨	34. 田中	다나카	최씨
15. 鐵	데쓰	김씨	35. 川崎	가와사키	박씨
16. 豊山	도야마	김씨	36. 池內	이케우치	지씨
17. 安藤	안도	김씨	37. 塩毛	시오게	신씨
18. 宮本	미야모토	이씨	38. 大平	오히라	박씨
19. 寺內	데라우치	정씨	39. 本田	혼다	윤씨
20. 石田	이시다	최씨	40. 直木	나오키	박씨

한국・북한・재일동포의 경우

일본의 조선에 대한 식민지 정책은 서구의 영국, 프랑스 양국에서 시행한 식민지 정책보다 월등히 혹독한 탄압 정책을 시행하였으며, 창씨개명 정책이 그 중의 하나다.

필자는 일제 때 태어났고 창씨개명이 실시되던 때는 초등학교 4학년이었다. 당시 창씨개명이 시작되자, 각 성씨 별로 종가에서 의논하여 결정하였는데, 본관에 충실하던 시대인지라 개명 시에 본(本), 원(原), 산(山), 천(川), 촌(村) 등의 글자를 창씨개명 때 많이 사용하였다.

일본 당국은 창씨개명이 강제가 아니었다고 하지만, 실제로 제약을 많이 받았다. 예를 들면 우리의 애국 시인 윤동주가 당시 일본 도시샤대학(同志社大學)에서 입학허가를 받고 출국하려 할 때 도항(渡港) 증명서가 발급 되지 않아 사유를 알아본 결과 창씨개명을 하지 않았기 때문이라서 하는 수 없이 平沼(히라누마)로 창씨개명하여 도일하였다고 한다. 이화여자전문학교 교장이었던 김활란 박사도 이화여전에서 증과(增科) 신청을 해도 총독부에서 허가가 되지않아 문의한 바, 교장이 창씨개명을 하지 않았기 때문이라 해서 창씨개명을 한 후 증과가 허가되었다고 한다. 이 분이 김해 김씨이기 때문에 金海(가네우미)로 창씨하지만 김 교장은 성경구절을 인용하여 '天城'이라는 창씨로 개명하였다.

이 밖에 창씨개명으로 인해서 자살한 사람도 몇 명이 있다. 전북 고창군에 사는 소진영 씨는 아들이 경성 사범학교 심상과에 진학하려고 하는데 담임 선생(일본인)이 창씨개명을 하지 않으면 조행(操行; 품행)이 을(乙)이나 병(丙)으로 받게 되고 진학이 어려워질 것으로 말해 아들의 진학을 위해 창씨개명을 하고 아들이 입학한 후 아버지는 자진하였다.

전남 곡성에 살았던 유건영 씨는 "말과 글을 빼앗더니 이제 성(姓)까지 빼앗는다. 오천년의 우리 민족이 지켜 온 성을 버리라고 강요하는 것은 죽으라고 하는 것과 같다"고 하며, 항의문을 조선 총독에게 우편으로 송부하고 그 분은 자결하였다.

이 밖에도 당시 조선에서는 창씨개명으로 인해 야기된 비극적인 사례가 많다. 1940년 12월 태평양전쟁이 발발되고 나서 전시동원령에 의거 강제 동원된 군인, 군속, 징용 노무자 중에서 전시에 희생된 사람이 적지 않았다. 그 분들의 성함이 역사자료에서 창씨된 일본명으로 기재되어 그대로 남아있다. 「창씨개명」제도는 사라져가는 일본제국주의라는 한 세대의 광기가 빚은 지워지지 않는 악몽이었다.

창씨개명의 실행은 1940년 2월부터 8월까지 6개월간 실시되었는데 약 80만 가정에서 실행하였다고 하며, 표면상으로는 자율적으로 시행되었다고 하지만 실제로는 그렇지 않았다. 마지막까지 신청을 하지 않아도 '법적 창씨'라고 하여 법적제도를 적용하여 신고하지 않은 조선인 모두에게 이 제도를 적용시켰다.

1945년 8월 15일, 제2차 세계대전 종전 이후 열강의 뜻대로 남한과 북한은 분단이 되었고, 일본에는 전쟁 전부터 거주해온 재일 동포가 60만 명이 있었다.

결론적으로 조선이 일본의 지배에서 광복을 이룩한지도 어언 75년이 되었지만 아직도 일본의 조선에 대한 탄압의 여파는 계속되고 있다. 또한 국토가 남북으로 분단되어 우리는 아직도 온전한 평화를 구현하지 못하고 있다. 따라서 경제도 위와 같은 정치적 상황 때문에 어려움이 따른다.

특히 문화적으로 창씨개명의 여파는 민족의 단일성과 정체성을 파괴하고 민족을 단결시키는데 큰 걸림돌이 되었다. 따라서 우리는 일치단결하며 민족의 동질성을 회복하는데 힘을 써야 하는 과제를 갖고 있다.

이와 함께 우리민족이 일제의 창씨개명의 여파로 현재 겪고 있는 동질성의 현황을 살펴보겠다.

한국의 경우

1945년 8월 15일, 제2차 세계대전이 종식되면서 우리나라는 일제에서 해방되었고 남한에는 미군이 주둔하고, 북한은 러시아군이 주둔하였다. 한국에는 미군정청이 생기면서 군정이 시작되었다. 1946년 10월에 미군정청에서는 법령 122호에 의거 '조선인의 성명 복구령' 이 발효되었다. 일제 때 일본식의 창씨개명된 것을 우리 이름으로 환원시키는 조치이다.

창씨개명 실시 당시에 성만 바꾼 사람이 있고, 성과 이름까지 바꾼 사람도 있었다. 성명 환원 조치가 시작된 후에 성은 모두 한국 성으로 환원하였지만, 그중 일부 사람은 일제 때 개명한 이름을 현재까지도 쓰고 있는 사람도 있다. 예를 들면 아래와 같다.

화(和)	☞	和弘(가즈히로), 和久(가즈히사), 和夫(가즈오)
정(正)	☞	正和(마사카즈), 正雄(마사오), 正彦(다다히코)
명(明)	☞	明信(아키노부), 明博(아키히로), 明義(아키요시)
충(忠)	☞	忠雄(다타오), 忠久(다타히사), 忠正(다타마사)
방(邦)	☞	邦夫(구니오), 邦雄(구니오), 邦久(구니히사)
무(武)	☞	武吉(다케요시), 武星(다케보시), 武弘(타케히로)
용(勇)	☞	勇剛(유고), 勇吉(유기치), 勇平(유히라)

중(重)	☞	重光(시게미쓰), 重夫(시게오), 重長(시게나가)
수(修)	☞	修二(슈지), 修平(오사히라), 正修(마사오사)
문(文)	☞	文雄(후미오), 文正(후미타다), 文吉(후미요시)
청(淸)	☞	淸光(기요미쓰), 淸一(기요이치), 淸政(기요마사)
광(光)	☞	光秀(미쓰히데), 光吉(미쓰요시), 光一(미쓰이치)
중(仲)	☞	仲守(나카모리), 仲弘(나카히로), 仲平(나카히라)
삼(森)	☞	森正(모리마사), 森夫(모리오), 森永(모리나가)
춘(春)	☞	春盛(하루모리), 春雄(하루오), 春樹(하루키)
의(義)	☞	義明(요시아키), 義長(요시나가), 義光(요시미쓰)
박(博)	☞	博文(히로후미), 博永(히로나가), 勝博(가쓰히로)
시(時)	☞	時光(도키미쓰), 時夫(도키오), 時平(도키히라)
구(久)	☞	長久(나가히사), 久雄(히사오), 正久(다다히사)

북한의 경우

북한은 사회주의 정권을 세운 뒤에 러시아 가족법 형태를 따랐다고 한다. 정치, 경제 분야뿐만 아니라, 가족제도까지 러시아 제도를 본받은 것은 그들이 말하는 민족이란 정체성과 어긋나는 형태라고 할 수 있다.

각 민족은 언어, 문화 등에서 다른 민족과 구분되는 그 나라 나름의 특성이 있다. 그런데 북한의 가족제도가 슬라브 민족의 제도와 같다면, 북한 정권에서 조선민족이라는 말을 입에 담는 것은 앞뒤가 맞지 않은 일이다. 한 민족 고유의 본관을 폐지하고 성만을 썼다는 사실에서도 이 점을 알 수 있다. 그들은 본관을 없애고자 종전 직후 각 성씨의 족보까지 압수하였다고 한다. 북한에서 본관을 없애면서 성을 한글 전용으로 쓰게 했다. 본관이 없으면 성을 굳이 표기하지 않아도 된다. 성이 혈족표시의 기능을 잃기 때문이다. 한글 표기만 하게 되면 당연히 성씨 사용에서 혼란이 생긴다. 예를 들어 강씨라면 강씨(姜, 康, 强)의 셋 중에서 쉽게 구별 할 수 없다. 전씨(全, 錢, 田)도 구별이 어려워 진다.

김씨나 이씨의 경우에는 본관이 없으면 수백만 명이나 되는 그들 성씨가 모두 친족처럼 생각될 지도 모른다. 김씨의 본관은 200개가 넘는다고 한다. 이씨나 박씨도 구별되는 본관이 많다. 북한은 이렇게 쓰여 온 한 민족의 성씨 전통을 무너뜨린 것이다. 북한 정권은 혈족 개념의 성을 고집하는 것은 봉건적인 종파분자의 행위라고 비난하고 성은 신분증에 기록되는 다른 일련번호와 마찬가지로 다루었다.

북한에서는 호적부를 없애고 개인별 신분등록제를 시행했다. 이 등록제도는 일인일적, 즉 한 사람이 하나의 적(籍)에 올라가는 제도이다. 때문에 사촌간, 육촌간, 팔촌간 이하는 친족관계를 생각하기 어렵다.

옛날 한국인 풍습에는 동성동본 간에는 금혼의 제약이 있었다. 그리고 현재 법적으로는 폐지가 되었지만 아직도 이 규정을 따르는 사람도 많다.

현재 북한의 노년층은 자신의 성씨 본관에 관한 어느 정도의 정보를 갖고 있으며, 대부분 알고 있을 것으로 생각된다. 그러나 후대로 가면서 본관은 잊혀지게 될 것으로 생각된다.

재일동포의 경우

현재 일본에는 우리나라 동포가 약 60만 명이 살고 있다고 한다. 재일동포의 경우는 창씨개명이 실시된 후 완전히 일본인으로 취급을 받던 것이 1945년 8월 15일 종전 후 한국인, 조선인으로 구별되었다.

1947년 5월 2일, 일본 정부에서 '외국인 등록법'이 제정되어, 이들은 본명(한국인·조선인)으로 등록되었다. 외국인 등록시에 본명과 통칭명 두 가지로 등록 되었으며 법적으로 통칭명으로 부동산 등록도 가능하게 되어 있어 사실상 통칭명으로 많이 쓰고 있다.

예를 들어 박(朴)씨가 아라이(新井)라고 명하는 것이 통례처럼 현재 쓰이고 있다. 외국인 등록증에 표시된 것을 보면 다음 예와 같다.

朴 異名 新井
(박 이명 아라이)

호소카와 교수는 "현재 일본은 일본 국내에 거주하는 다수의 외국인들에 대한 정책을 바꾸고 있는 것 같다. 지방에 따라 재일 한국인, 조선인을 공무원으로 채용할 수 있도록 법을 바꾼 것 등은 그 예라고 할 수 있다. 이처럼 재일 외국인에 대한 정책적인 변화가 계속된다면 식민지시대부터 이어져 왔던 정책은 자취를 감추게 될 것이다. 외국인들에게 동화를 강요하지 않고 있는 그대로의 상태에서 법적으로 평등하게 대우하는 길도 열릴 것이다."(호소카와 논문, 고려대 박사논문)라고 말한다.

그러나 이 또한 일본 당국이 앞으로 어떻게 시행할 것인지도 지켜보아야 할 것이다.

맺음말

　이상 살펴본 바와 같이 우리나라는 우방이어야 할 이웃나라 일본의 무도한 침략을 받아 국권을 잃고 장장 36년 동안 식민지화되어 말할 수 없는 질곡의 세월을 보냈다.
　그동안 우리나라는 정치적으로 자주권을 잃었으며, 경제적으로는 각종 수탈의 대상으로 전락되어 궁핍한 삶을 영위할 뿐이었다. 더욱이 문화적으로는 오래된 고유의 우리 한글 사용을 금지당했으며 창씨개명을 강요당하여 민족의 정체성(Identity)과 동질성을 잃게 하였다.
　글을 맺으면서, 과거 우리에게 만약 일본 제국주의의 주권 찬탈이 없었다면 유구한 역사를 갖고 있는 우리 민족이 자주적으로 장대한 발전을 하였을 것을 확신한다. 그리고 현재보다 더욱 풍요롭고 가치있는 삶과 함께 세계평화에도 기여했을 것이다. 그러나 이러한 확신과는 정반대로 우리나라 역사의 후퇴가 일본에서 비롯되었다는 회한이 뇌리에서 끊이질 않는다.

'82년생 김지영' 신드롬

이덕봉

프롤로그: 한일 공명

　조남주의 소설 『82년생 김지영』(82年生まれキム·ジヨン)이 한국에 이어 일본에서도 신드롬을 불러일으키는 이변이 일어났다. 김지영이라는 30대 육아맘 문제를 둘러싸고 두 나라가 공감하고 공명한 것이다. 현대 페미니즘의 역사에 비추어 일반적인 상식으로 생각할 때 좀체로 납득하기 어려운 공명 현상이 아닐 수 없다.
　한국에서는 『82년생 김지영』이 소설에 이어 영화화된 이후에 사회적 담론으로 부상하면서 2019년을 뜨겁게 달군다. 2016년 10월 조남주 작가의 장편소설 "82년생 김지영"이 출간되면서 소설부문에서 160만 부라는 밀리언셀러에 올랐고, 대만, 일본, 중국, 프랑스 등 16개국에 판권이 팔리면서 세계적인 관심까지 받게 된다. 2019년 10월에 김도영 감독의 영화로 개봉되면서 360만 관객을 동원하는 기염을 토한다. 흥행이라는 상업적 관점에서 보면 크게 성공한 작품임에 틀림없다. 그러나 이 작품에는 흥행의 시각에서만 바라볼 수 없는 심각한 사회적 메시지가 담겨 있다. 성별에 따라 또는 보는 이에 따라 평이 엇갈리고 호불호가 갈리는 민감한 담론의 대상이 된 것이다.

일본에서는 2018년 12월에 번역 소설로 발매되기 시작하는데 초판 4천 부가 발매 이틀 만에 완판된다. 중판을 거듭하면서 1개월 만에 5만 부, 1년만에 13판 15만 부를 돌파하더니 2년을 앞 둔 2020년 가을 현재 21만 부를 돌파함으로써 베스트셀러 대열에 들어가는 이변을 일으킨다. 이변이라고 표현한 이유는 한국 서적의 번역판이 일본에서 주목을 끄는 일은 극히 드물기 때문이다. 일본에서도 곳곳에서 토크쇼가 열리는가 하면, 2019년 8월에는 NHK TV에서 '김지영과 여성들'이라는 특집 방송을 꾸몄고, 2020년 10월에는 영화를 특집으로 소개하는 등 김지영에 대한 관심과 반응은 여전히 뜨겁다.

필자가 유학중이던 1980년 당시 일본의 대학원에서 느낀 일본 여성의 이미지는 완전히 양분되어 있었다. 일본 여성의 진학률은 35%로 높아졌지만 21%의 여성은 단기대학을 선호하였고, 4년제 대학 진학자는 12%로 그다지 많지 않았다. 평소의 말투를 보아도 단대 출신은 가성을 사용한 사교적 화법을 주로 쓰는데 반하여 4년제 대학 출신의 여성은 지고에 (地声)라는 평상시의 목소리로 대화하는 경향이 두드러졌다. 이 무렵 일본에는 부릿코라는 표현이 유행했었는데 당시 성인 여성들이 장소에 따라 평상시의 목소리에서 톤이 높은 사교적 화법으로 바뀌는 것을 비꼬는 표현이다. 그만큼 사회생활에서 여성성을 연출할 필요성이 강했던 것이다.

당시 필자의 개인적인 경험에 따르면 4년제 대학과 대학원 출신 여성의 경우 남성들과 대등하거나 오히려 우위에 선 의식으로 사회생활을 하고 있다는 느낌이 들었다. 단대 이하 출신의 여성들은 생활에 임하는 자립심은 강하지만 사회적 젠더문화에 순응하는 삶을 영위하고 있었다. 이렇게 전혀 다른 두 부류의 여성이 존재한다는 느낌을 강하게 받았던 것이다. 이러한 경험에 비추어 볼 때 일본에서 이번 82년생 김지영 문제에 공감하는 세대는 전자는 아니고, 후자에 속한 여성들이 대부분일 것이라는 생각이 든다.

공감과 비난의 두 목소리

한국 사회의 일각에서는 이 소설과 영화를 미투(ME TOO) 운동의 일환으로 보고 성차별에 대한 고루한 통념을 문제 삼아 남녀의 대립구도를 증폭시키고 있다는 비난이 강했다. 육아맘만 힘든 것이 아니고 남자의 삶도 힘들다며 젠더 대립의 구도에서 바라본 것이다.

반대로 여성해방의 문제를 제기한 것으로서 예전의 노예해방에 비견할 만하다고 공감하기도 한다. 문학 비평 중에는 페미니즘의 메시지를 다루어 사회적 논쟁거리는 제공하였으나 문학 작품으로서 갖추어야 할 구체적인 내면 묘사가 없다는 혹평도 따른다. 개인적인 피해의식의 발로를 너무 일반화시켜서 개별 여성의 고유성을 훼손한다는 평도 듣는다. 심지어 같은 여성으로서 육아의 어려움을 경험한 선배 육아맘들로 부터는 영화 속 남편이 적극적으로 협조하고 배려하는 장면을 외려 부러워하며 호사에 겨운 불평이라는 눈총을 받기도 한다. 이러한 양분된 반응을 통해서 여전히 우리 사회에 뿌리 깊게 잔존하는 젠더 갈등의 현주소를 확인하게 된다.

  가난한 살림에 살림도구마저 열악하던 시절에 많은 수의 아이들을 키워내야 했던 김지영의 어머니 세대가 지금의 김지영을 바라본다면 이해가 되지 않을 수도 있다. 집의 구조도 현대화되고 가사 도구도 자동화되어 살기 편해졌고 아이도 달랑 하나뿐이고, 시부모와도 떨어져 마음 편하게 핵가족으로 살면서 무슨 복에 겨운 엄살을 부리는가 싶을 것이다. 부모 세대가 살아온 환경에 비하면 천국 같은 삶이기 때문이다. 겉모습만 볼 때는 분명 그렇게 보일 수도 있을 것이다.

  수많은 부정적인 평가와는 대조적으로 훨씬 많은 여성 관객들의 공감을 불러일으키고 있는 것도 사실이다. 160만 독자와 360만이 넘는 관객을 동원한 것은 공감되는 현실이 엄존하기 때문일 것이다.

  이 작품의 스토리를 볼 때 남녀 문제를 부각시켜 젠더 갈등을 조장하기 위한 것이거나, 결혼과 출산과 육아를 거부하고자 하는 의도에서 만들어진 것은 결코 아니다. 현대 사회에서 여성으로서의 삶을 살아가는 과정에서 마주치게 되는 사회적 문화적 벽 앞에서 겪는 좌절과 갈등 속에서 나를 찾고자 하는 한 젊은 여인의 모습을 담담하게 그린 것이다. 자신이 이러한 처지에 봉착해있다는 SOS를 사회를 향해 보냄으로써 사회적 공감대가 형성되기를 바라는 호소인데, 사회는 공감은 커녕 오히려 따가운 시선을 보내는 것 같아 안타깝다. 아직도 우리 사회에는 여성의 이런 처지에 대해 공감하지 못하는 사람들이 많다는 증거다.

기로에 선 김지영의 삶

　여성에게 있어서 어머니라는 역할은 위대한 훈장이며, 목숨을 걸고 무사히 성공한 출산은 더없는 축복이다. 그러나 오랜 기간에 걸친 육아 노동과 치열한 경쟁의 늪에 빠진 자식 교육의 무게를 오롯이 홀로 감당하며 슈퍼맘으로 사는 삶은 어떤 동물 세계에서도 유례를 찾아볼 수 없는 가혹한 짐이다.

　일반 동물들의 새끼 양육 모습을 보면 수컷과 암컷의 비율이 1대 다수인 포유류의 경우에는 암컷이 육아를 전담한다. 조류의 경우에는 암수가 번갈아 가며 먹이 사냥에 나선다. 새끼가 스스로 먹이 사냥이 가능하게 되면 독립시킨다. 처음부터 먹이 활동이 가능한 어류의 경우에는 알에서 부화하면서부터 홀로서기에 나선다. 일반 동물들은 육아 시간이 짧은데다 어미가 직접 먹이 사냥에 나서는 소위 생산적 사회활동에 참여하는 셈이다. 사냥이라는 노동을 통해 생산 활동이라는 성취감을 함께 누리고 있는 것이다. 암컷이 홀로 굴속에서 새끼를 돌보며 굴을 깨끗이 관리하면서 일생을 보내는 동물은 없다.

　직장 생활을 하는 육아맘들은 아이가 초등학교에 입학할 즈음에 직장을 그만두는 비율이 제일 높다고 한다. 교육 경쟁의 전쟁터에서 자식을 지원사격하기 위해서 자신의 경력 단절을 감행하는 것이다. 일과 가정에 모두 충실한 슈퍼맘의 삶을 현실은 허용하지 않기 때문이다. 사회가 고도화되고 복잡해지면서 교육 기간은 점점 길어졌다. 그러한 사회적 변화에 적응하기 위해 분업이라는 형태로 아빠는 밖에서 돈을 벌고 엄마는 집에서 육아와 살림을 전담하는 새로운 분업형식이 자리 잡게 되었다. 그 결과 어깨가 무거워진 남편의 삶은 더욱 고달프게 되었고, 부인의 삶은 생산 활동 참여의 기회가 단절되어버린다. 행복해야 할 결혼과 육아가 부인의 삶에 씌워진 버거운 굴레가 되어버린 것이다. 이 굴레는 아이러니하게도 봉건시대의 노비의 속성을 닮았다. 젠더문화라는 미명 아래 행해지는 문화적 갑질인 셈이다.

그렇다면 가사에만 전념하던 조선시대 여인의 삶은 과연 비참하기만 하였을까? 최근의 연구를 통해 고려와 조선조의 여권이 그다지 나쁘지만은 않았다는 것이 밝혀지고 있지만 여기에서는 보다 상식적인 비교를 해 보고자 한다. 조선시대에는 전체 인구의 절반 가까이가 노비 계급이었다고 하니 여성의 절반은 노비이었고 나머지 절반은 지주나 양갓집 마님이었을 것이다. 노비계급이나 소작농의 여인은 육아 휴가는 언감생심이요 아기를 포대기에 싸서 등에 업은 채 쉴 틈도 없이 힘든 노동으로 지새우는 생활이었다. 양갓집 마님은 유모에게 육아의 도움을 받아 가며 노비와 대가족을 거느리고 가정 살림을 총괄하였다. 그러나 그 시절의 여성에게서는 82년생 김지영과 같은 고민은 제기되지 않았다. 왜일까? 노비로서의 생활은 힘들었지만 남녀 노비가 함께 일하고, 수많은 노비 동료들과 함께 웃고 떠들며 생산 현장에서 일하는 사회생활이 있었기에 집안에 홀로 고립되어 육아와 가사에만 묻혀있는 82년생 김지영과는 다른 삶을 영위하고 있었던 것이다. 끈끈한 동료 의식을 가진 소속감이 있었기에 여자의 한을 속으로 삭이고 신분이라는 얄궂은 운명의 무게를 감내하는 삶을 견딜 수 있었던 것이다. 양갓집 마님의 경우에도 대가족과 노비를 통솔하고 곳간의 키를 손에 쥐고 집안 살림을 관리하는 기업 경영자와 같은 생활을 하였던 것이다. 소위 자기실현의 삶을 영위하였던 것이다. 이들 조선시대 여성의 삶이 82년생 김지영의 삶과 크게 다른 점은 생산 활동에 참여하는 사회생활을 적극적으로 영위할 수 있었다는 점이다. 여성이지만 사회생활의 큰 부분을 책임지고 있었던 것이다. 그런 잇점이 있음에도 불구하고 자기 의사 표현이 자유롭지 않았던 문화 환경 속에서 인내를 강요당하는 삶의 무게가 너무 무거워 화병이라는 한국 여성 특유의 질병을 앓곤 하였다. 82년생 김지영의 어머니 세대가 여자의 고된 일생을 말없이 참고 견디다가 앓던 화병은 김지영 세대에 와서는 육아맘들의 자기표현은 좀더 자유로워진 대신 사회로부터의 고립이 추가되어 산후 우울증으로 나타난다. 영화 속 장면 중에 김지영이 친정어머니로 빙의되는 장면들이 나오는데 이는 대물림되는 여성의 삶을 상징한 것으로 보인다.

현모양처라는 미명하에 말없이 참고 순종하는 것이 미덕이던 예전의 여성과 달리 현대의 육아맘들은 대학을 졸업하기까지 16년에 걸쳐 다양한 사회활동에 관해 학습하고 장차 사회에 나아가 공헌하기 위한 다양한 기능을 연마하였다 그러한 오랜 노력과 꿈이 육아로 인해 하루아침에 경력 단절과 함께 무용지물이 되어 버리고, 육아와 가사에만 전념하는 생소한 생활로 바뀌게 된 것이다. 게다가 사상초유의 과도한 경쟁의 늪에 빠진 자녀 교육의 부담까지 떠안게 된다. 아이가 어느 정도 자란 뒤에 다시 사회로 진출하려 해도 경력을 이어갈 기회조차 주어지지 않을 것을 잘 안다. 이렇게 사회로부터 갑자기 고립되게 되면 성별이나 연령에 상관없이 누구나 감당하기 어려운 상황임에 틀림없다.

현대의 육아맘들이 조선시대의 여성과 크게 다른 점은 사회적 자기실현을 위한 전문적인 훈련까지 받았으면서 조선시대의 여성들이 영위할 수 있었던 사회적 생산 활동마저 누리지 못하고 있다는 점임을 간과해서는 안 된다. 게다가 조선 시대의 여성이 대가족에게서 받을 수 있었던 육아의 도움마저 현대의 핵가족 가정에서는 남편이 함께 하지 않으면 홀로 고군분투해야 한다는 점이다. 세상은 열려있는데 가정이라는 나노 사회에 홀로 갇힌 형국인 것이다. 어머니라는 위대한 본능을 수행한다는 만족스러운 삶과 사회적 자기실현의 기회를 포기하고 고립된 삶 사이에서 갈등할 수밖에 없는 것이다.

인간 욕구의 단계 이론으로 유명한 심리학자 매슬로우(A. Maslow)는 인간의 욕구 중 자아실현 욕구가 가장 강력하다고 하였다. 고등교육을 마칠 때까지 자기 성장 욕구를 키울 대로 키워오다가 출산과 함께 자신의 성장 욕구를 포기하여야 한다. 사회로부터 격리된 육아맘들은 성장 욕구인 자아실현 욕구가 박탈된 상태에서 소속 욕구와 존경 욕구마저도 충족되지 못하는 욕구 불만 상태에 놓이게 되는 것이다. 자신의 처지와 달리 성공적으로 사회활동을 구가하고 있는 지인들을 바라보면서 상대적 박탈감은 더욱 커지기 마련이다. 사회 곳곳에 늘어만 가는 노키즈존(No Kids Zone)과 노배드패어런츠존(No Bad-parents Zone)을 직접 접하게 되고, 영화에서처럼 육아를 빌미로 주위에 민폐를 끼친다는 뜻의 비속어 '맘충'이라는 비아냥까지 듣게 된다면, 육아의 사회적 가치는 땅에 떨어지게 되어 어머니로서의 자부심조차 유지할 수 없게 되는 것이다.

본고 필자는 82년생 김지영이 출생할 즈음부터 여자대학교 강단에 서기 시작하였다. 다른 남녀 공학 대학의 러브콜을 뿌리치고 일부러 여자대학을 택한 나름대로의 이유가 있었다. 국민의 교육 수준 향상을 위해서는 어머니가 될 여성 교육의 역할이 중요하다는 신념 때문이었다. 여성의 전문화를 통해서 사회 전반의 역량 향상의 속도를 높이고자 일부러 여자대학을 선택하였던 것이다. 이후 30년간에 걸쳐 82년생 김지영과 같은 문제가 제기되지 않기를 바라면서 미력이지만 한결같이 여성 교육에 전념해 온 셈이다.

82년생 김지영도 2000년에 대학에 진학하였으므로 상당수의 김지영이 나의 가르침을 받았을 것이다. 그러나 2012년에 퇴직하기까지 30년 동안 지속적으로 풀리지 않는 답답함이 있었음을 기억한다. 꿈과 능력을 키워가던 고학력 여성들이 모든 걸 포기하고 하루아침에 전업 주부로 변해가는 안타까운 모습들도 수없이 보아 왔다. 대학에 진학한 여학생 중에는 자기실현의 꿈을 키우면서 노력하는 학생이 있는가 하면, 가정에서 주부로서 엄마로서의 삶을 선호하는 학생들도 다수 있었다. 여성의 삶에 대한 인생관의 차이가 82년생 김지영에 공감하는 여성과 공감하지 못하는 여성으로 나뉘어 있었던 것이다. 물론 여성으로서 누리고 싶은 모성을 포기하면서 사회에서 자기를 실현하는 삶에도 나름대로의 의미가 있을 것이고, 가정에서 나를 잊은 채 주부로서 아내로서 엄마로서 살아가는 삶에도 의미는 있겠지만, 두 가지 삶 모두 어딘지 아쉬움이 남는 것도 사실이다. 어느 한 쪽만을 택해야 한다면 너무 잔인한 선택일 수 밖에 없다. 다양한 인생관을 가진 학생들을 보면서 일방적인 사회화 교육의 한계를 느끼기도 하였다. 어떤 삶을 선택하든 젠더문화라는 현실은 녹록치 않을 것임을 잘 알고 있었기에 늘 답답함을 떨칠 수 없었던 것이다.

　필자가 여성 교육에 종사했던 30년이라는 시간은 재능을 가진 한 여성의 일생이 오롯이 자식의 양육과 교육을 위해 바쳐지는 모습이 아닌, 여성이 모성도 만끽하면서 자아실현도 충족할 수 있는 삶의 방법을 모색한 시행착오의 시간이었던 것이다.

미래의 김지영을 위한 처방전

　가정에 갇힌 현대 여성의 출구 없는 삶을 해결하기 위해서는 어떻게 해야 할 것인가! 무엇보다 우선하여 우리사회의 성의식과 성태도가 개선되어야 할 것이다. 최근에 벌어진 일련의 미투 운동을 통해 속속 드러나고 있듯이 우리 사회의 여성에 대한 성의식이 고도 문명 시대에 어울리지 않게 매우 원초적인 수준인 데에 문제의 원인이 있다. 뿌리 깊은 성의 상품화는 여전히 개선되지 않고 있고, 아동 성착취 범죄를 비롯한 각종 성범죄에 대해 지나치게 관대한 법률을 비롯하여 성폭력에 대해서도 지나치게 관대한 세간의 반응은 우리 사회 전반에 만연된 성의식과 성태도의 반영이라 하겠다. 군위안부 문제를 유엔에서까지 제기하는 나라의 위상에 어울리지 않는 부끄러운 현실이 아닐 수 없다. 경력이 단절 된 육아맘의 힘들고 답답한 심정을 공감하지 못하는 것도 이러한 성의식 문제와 무관하지 않다. 여성 관련 사회적 제도는 빠르게 개선되고 있지만 젠더문화가 바뀌는 데는 훨씬 긴 시간을 필요로 하기 때문이다. 서구화를 향해 한 걸음 먼저 변하기 시작했던 일본 사회의 경우에도 마찬가지 문제를 안고 있었기 때문에 김지영 문제에 공명하게 된 것이다.

　성의식 문제가 해결되지 않는 한 82년생 김지영은 2020년생 김지영에로 바톤이 이어질 것이고, 국가적으로도 세계 최저 수준의 출산율에 따른 인구 절벽 문제와 높은 이혼율 문제는 계속 심화될 것이다. 머지않아 사회 존속의 기반을 위협하게 될 것이 뻔하다. 이러한 국가적 위기를 미연에 방지하기 위해서는 서둘러서 육아맘의 사회 활동이 가능하도록 사회적 차원의 육아 도우미 시스템을 갖추어야 한다. 마을마다 종일반 어린이

집과 유치원이 충분히 제공되어야겠고, 직장에서는 남녀의 육아휴직만으로 끝날 것이 아니라 예전 어머니들이 애를 업고 일터로 나갈 수 있었듯이 직장마다 육아시설이나 어린이집을 갖추어야 한다. 전국의 초등학교와 유치원에 병설 어린이집을 설치하는 것만으로도 시설 부족문제는 해결될 것이다. 육아맘을 위한 육아 관련교육 및 상담 지원은 물론이고 육아파파를 위한 가사와 육아를 위한 교육과 육아 문제 상담 시스템도 함께 갖춰져야 한다. 이러한 육아 환경 조성을 위하여 사회 전체가 공감하고 협력하는 사회 분위기가 마련되어야 한다. 정치가들은 영화를 관람한 것으로 할 일 다 한 것처럼 딴전 부리지 말고 당장 정책 수립에 임해야 할 것이다.

남편이 육아를 돕는다는 표현에도 문제가 있다. 육아는 남편이 부인을 돕는 것이 아니고 부부가 함께 해야 하는 공동 책임이기 때문이다. 부부는 서로의 고충을 누구보다도 먼저 공감하는 사이이어야 한다. 사회도 아이를 함께 키운다는 생각으로 접근해야 한다. 사회가 도움을 베푸는 것이 아니고 국민의 권리로서 당연히 받아야 할 '정당한 편의'라는 인식이 공유되어야 한다. 기계적으로 천편일률적인 베풂이 아닌 개인의 요구에 맞추어 다양하게 베풀어질 수 있는 사회 시스템의 구축이 바람직하다. 일과 가정이 양립하는 워킹맘, 워킹파파 문화가 정착될 수 있도록 총체적인 사회적 환경이 조성되어야 하는 것이다. 이제는 더 이상 엄마의 전적인 희생 위에 가족이 살고 국가가 돌아가는 시대가 되어서는 안 된다. 엄마라는 호칭이 눈물의 대명사가 되지 않고, 미소를 떠올리는 행복의 대명사가 되게 하여야 한다. 엄마에게도 행복한 삶의 기회를 돌려주어야 한다.

지금처럼 유기적으로 고도화된 새로운 사회적 환경에 적응하기 위해서는 부부 함께 사회 활동과 가정 관리를 담당하고 육아와 교육은 사회도 함께 협력하는 시스템이 구축되어야 한다. 사회의 유지 발전을 위해 필요한 시민 교육은 사회가 수행하듯이 육아 또한 사회의 인적 자원을 양성하는 일이므로 사회적 시스템으로 관리와 감시가 이루어져야 한다. 그렇게 함으로써 어머니들에게도 사회활동의 기회가 주어질 수 있을 것이다.

여성 사회 활동의 현실은 업무가 힘들기도 하고 인간관계도 어렵고 가정에 가져오는 경제적인 도움이 대수롭지 않을 수도 있다. 그러나 사회 구성원으로서의 소속감 충족과 목표달성에서 얻는 쾌감, 가치 창출의 희열, 경제적 자신감 등은 인간으로서의 자존감을 형성하는 원동력이 된다.

한편, 경력 단절을 감수하고 일생을 가사와 육아와 교육에 전념하는 것은 힘든 일이지만, 가정을 관리하고 자식을 잘 길러 낸 뿌듯함을 만끽하게 되는 장점이 있다. 반면에 20년이 넘는 오랜 시간을 자식을 위해 올인한 어머니의 과도한 돌봄은 한 여성의 일생을 송두리째 바친 희생만으로 그치지 않는다. 사회적으로 볼 때 과도한 돌봄의 결과로서 국민 전반의 가족 의존성을 높이는가 하면 시민 의식과 공적 책임감의 저하와 자립심 부족이라는 부작용을 초래하는 단점도 있다.

여성은 결혼한 후에 가사와 직장생활 둘 다 완벽을 추구하는 수퍼맘의 삶을 선택할 수도 있고, 적당한 선에서 타협점을 찾아 현실적인 리얼맘의 삶을 택할 수도 있다. 그러나 현실 사회에서 마주칠 각종 장애물들을 감안할 때 양쪽 다 만족시킬 수 있는 수퍼맘이 된다는 것은 너무 힘겨운 일이다. 시간차를 두고 어느 한 쪽에 중점을 두되 다른 한 쪽은 힘을 줄이는 전략적 자기 타협도 하나의 방안이다. 선택은 어디까지나 본인의 권리이자 책임이지만 자신이 어느 정도까지 감당할 수 있는가를 판단하여 신중하게 선택할 일이다. 어떠한 형태의 삶을 선택하더라도 환경을 조율하며 그 선택을 최고의 선택이 되도록 만들어 가는 것은 자신의 몫이다.

육아에 전념하기 위해 경력 단절을 택하였더라도 미래의 사회 복귀를 위해서는 자신을 꾸준히 관리해야 한다는 것을 잊어서는 안 된다. 사회가 제공하는 정당한 편의만으로 자신의 미래에 다가올 모든 문제가 해결될 수는 없으므로 육아맘 자신이 취해야 할 노력은 필수적이다. 출산과 육아를 경험하는 동안엔 온몸의 기능이 모성 버전으로 바뀌는 것이 생체 본능의 속성이다. 따라서 경력의 완전한 포기를 원하지 않거든 육아 기간 중에도 그 동안 쌓아 온 사회적이고 직업적인 감각을 잃지 않도록 틈틈이 재활하듯 보강해 두어야 한다. 셀프 힐링법을 익혀 정신 건강을 관리하고, 나눔과 봉사의 실천을 통해 자존감을 높이도록 한다. 언제나 자기 삶의 주인공은 자기 자신이라는 것을 잊지 말고 끊임없이 자기 성장 발전에 투자하여야 한다. 취미를 창업으로 발전시킬 수 있는 역량을 키워둔다면 경력단절의 극복을 넘어 전화위복의 삶이 될 수도 있을 것이다. 이처럼 일과 가정의 양립에는 동시적인 양립만 있는 것이 아니고, 시차를 두고 수행하는 순차적인 양립도 있을 수 있다. 일과 가정을 양립시킬 수 있는 자신만의 노하우를 개척하는 것도 흥미진진한 도전이 될 것이다.

　어떤 유형의 삶을 살든지 모든 삶에는 나름대로의 감동어린 스토리가 있기 마련이고 그 나름의 충분한 가치가 있다. 문제는 전업주부의 경우에도 '나'를 찾아 자존감을 가질 수 있는 기회가 주어지고, 직장 여성의 경우에도 육아에 충실할 수 있는 사회적 환경이 조성된다면 더할 나위가 없을 것이다. 단순히 추상적인 양성 평등을 외치지 말고 젠더에 대한 인식을 비롯한 젠더문화 전반에 걸친 올바른 이해와 인식 개선을 위한 체계적인 교육이 이루어져야겠다. 그리하여 82년생 김지영의 처지를 남편과 가족을 포함한 더 많은 사람들이 공감할 수 있어야겠다. 김지영 자신도 자기 실현의 길을 모색함으로써 앞으로는 한국과 일본의 모든 김지영들이 가족과 함께 활짝 웃는 당당한 모습을 볼 수 있게 되기를 기대한다.

에필로그

　소설 82년생 김지영은 김지영이 독자와 사회를 향해 문제제기를 하는 형태를 취하고 있지만, 82년생 김지영 자신에게 보내는 메시지이기도 하다는 것을 깨달아야 한다.
　82년에 대학에 진학하여 필자와 조우한 64년생 김지영들은 이미 50대 후반이 되었지만, 그 사이에 92년생 김지영을 낳았고, 92년생 김지영은 2010년에 대학에 진학하여 다시 필자와 조우한다. 2대에 걸친 김지영을 강단에서 가르친 것이다.
　82년생 김지영은 2000년에 대학에 진학하여 필자에게 여성 교육을 받았고 지금은 2010년생 김지영을 기르고 있다. 그러는 과정에서 이번 담론을 제기한 것이다. 그 후 92년생 김지영도 2020년생 김지영을 낳았다. 2010년생과 2020년생 김지영들이 82년생 김지영의 전철을 밟지 않기 위해서는 이번에 문제를 제기한 82년생 김지영의 역할이 매우 중요하다. 젠더문화를 바꾸는 데는 아들딸을 키우는 어머니의 행위와 사고방식이 크게 영향을 미치기 때문이다. 따라서 82년생 김지영들은 이번에 제기된 사회적 담론을 통하여 자신의 의식과 삶의 자세를 다시 한번 돌아보고 스스로 개선하고 다잡아야 할 것이다. 문화의 형성은 사회가 만들어 주는 것이 아니고 가정생활과 사회생활을 통하여 아들딸을 어떻게 키우는가에 따라 형성되는 것이기 때문이다. 사회 전반의 젠더문화가 바뀌기 위해서는 문제를 감지한 82년생 김지영의 의식부터 먼저 바뀌어야 한다. 82년생 김지영은 여태까지 취해온 자신의 삶의 방식이 주변의 젠더문화에 순응하는 방향이었는지, 아니면 인권 평등의 차원에서 개선하고자 애쓴 삶이었는지를 냉철하게 분석해 보아야 한다. 이는 기존의 자신의 정체성을 꿰뚫어 보는 일이기도 하다. 기존의 젠더문화를 바꾼다는 것은 자신의 정체성을 새롭게 하는 일인 만큼 힘들고 어려운 과정이다. 삶의 가치와 인간 존재에 대한 폭넓은 이해와 철학적 사고가 뒷받침되어야 함은 두말 할 것도 없다.

젠더문화의 변화를 통해 92년생 김지영부터는 같은 문제를 제기하지 않도록 해야 한다. 젠더문화의 변화에서 전제가 되는 것은 인간사회의 존속과 번영을 위해 남녀가 상호협력하고 공존하는 것이어야 한다는 대원칙이다. 이러한 대원칙이 지켜지지 않으면 지속 가능한 젠더문화로 자리 잡을 수 없기 때문이다.

82년생 김지영의 문제를 방치하게 되면 육아맘의 문제만으로 끝나질 않고 교육맘의 문제로 이어지게 된다. 인간의 교육에 관해 체계적으로 배운 적이 없는 어설픈 교육맘인 김지영은 과도한 교육적 책임으로 인해 단기적이고 가시적인 경쟁력 향상에만 집착하게 된다. 그 결과 김지영이 기르는 수많은 2010년생 김지영들에게 갖가지 부작용으로 드러난다.

인지 능력과 관련된 대표적인 부작용으로는 영유아기부터 안겨준 스마트폰에서 초래된 감각 인지 능력의 저해를 비롯하여, 정서적 미숙으로 인한 각성조절 능력 결여, ADHD 증상 등을 들 수 있다. 정서적 부작용으로는 과도한 스트레스로 인한 성격 장애, 공감력 부족에서 오는 사회성과 소통능력의 결여 등이 있다. 한마디로 인성적 결함투성이인 불량국민을 양산하는 결과로 이어지는 것이다. 이것이야 말로 심각한 국가적 재앙이 아닐 수 없다. 82년생 김지영 문제의 해결책을 국가 차원에서 모색해야 하는 이유가 여기에 있는 것이다.

　한일 양국에 불러일으킨 김지영 신드롬은 두 나라의 새로운 젠더문화 정립을 위해 시사하는 바가 크다. 비슷한 시기에 공통 담론이 된 김지영 문제를 통하여 그동안 여성의 삶의 방식에 관하여 무관심했던 한일 양국의 남성들이 관심을 갖고 귀를 기울이게 된 것이 무엇보다 큰 수확이라 하겠다. 마찬가지로 2000년대 이후의 신시대 김지영들이 자신의 어머니 세대를 이해하고 고뇌를 공감하는 계기가 되어 세대 간의 이해를 깊게 한 것 또한 커다란 의의가 있다. 성별과 세대를 뛰어넘는 공감의 확대는 젠더문화를 변화시키는 데에 크게 기여할 것임에 틀림없다. 본래 젠더문화의 변화는 긴 시간을 요하는 것이지만 이러한 계기를 통해 그 시기가 훨씬 단축될 것으로 기대한다.

　아무쪼록 『82년생 김지영』이 한일 양국의 일시적인 담론으로 끝나지 않고, 동일한 악순환이 2020년생 김지영으로 이어지는 것을 방지하는 촉매로 작용하기를 간절히 바라 마지않는다.

친일 반일 극일

유상희

    미국을 위시한 연합군이 일본제국주의를 해체함으로써 잃었던 나라를 되찾아 대한민국을 건국한 지 75년이 흐르고, 한일 간의 국교를 정상화한 지 55년이 흘렀건만, 아직도 우리 국민은 친일, 반일로 분열되어 서로 적대시하고 있는 현실이 너무도 안타깝다.
    패망했던 일본은 과거사에 매달리지 않고 미래를 향해 힘차게 나가고 있는 반면 한국은 이렇게 과거사에 매몰되어 허우적대고 있는 느낌이다. 일본의 아베 수상과 한국의 문재인 대통령이 집권하면서 양국관계는 국교정상화 이후 최악의 상태로 굴러가고 있다. 2015년 박근혜 정부와 아베 정부가 가까스로 타결한 일본군 종군 위안부 문제 해결 합의를 문재인 정부가 일방적으로 사실상 파기한 것을 계기로 양국 관계가 심상치 않더니 2020년 7월 대법원의 일제징용 판결이 기폭제가 되어 준 동맹국에서 준 적국이 된 것 같은 느낌이 든다.
    일본은 과학 분야 노벨상만 해도 20여 개를 수상할 만큼 기술 수준이 우월하여 아직도 우리가 주요 부품을 일본에 의존하고 있는 형편인데, 그

것을 무기삼아 일본이 일부 부품의 수출을 규제하겠다고 하자 한국정부는 즉각 그에 맞서 지소미아(한일군사정보보호협정)을 파기하겠다고 선언함과 동시에 조국 같은 정부 요인들이 앞장서서 동학 농민봉기를 들먹이며 반일운동을 부추기자 순식간에 국론이 양분되었다. 다행히 미국의 개입으로 지소미아 파기까지 가지는 않았지만 이는 양국 모두에 유해무익한 자해행위임이 분명하다.

문재인 대통령이 집권한 후 북한·중국과의 관계는 지나치게 유화적인 반면 일본·미국과의 관계는 위험할 정도로 악화되어 가고 있는 가운데 지나치다싶은 일들이 여기저기서 벌어지고 있다. 그 중의 대표적인 것은 호남의 명문 광주일고의 동창회장으로 현 정부의 교육부장관 겸 사회부총리를 역임한 김상곤 씨가 취임하더니 전격적으로 교가를 개정하였다. 그 이유는 작곡자가 일제 말기에 일본 군국 가요를 연주, 지휘한 적이 있는 친일파라는 것이다. 작곡자 이흥렬 선생은 우리 국군이 가장 즐겨 부르는 군가 「진짜 사나이」를 비롯하여 우리 국민 모두가 애창해 온 동요 「섬집 아이」, 가곡 「봄이 오면」 「바위고개」 「어머니의 마음」 등을 작곡한 한국의 대표적인 음악가이다. 광주일고의 새 교가 작곡자는 「임을 위한 행진곡」을 작곡한 김종률 씨이고, 작사는 재학생 4명의 공동작이라고 한다.

또 경기도 이재정 교육감은 '수학여행'이라는 말은 일제 잔재이므로 쓰지 말자고 주장하였다. 그 말에 따르자면 우리는 그야말로 할 말이 없어진다. 고대 이한섭 교수의 논문 「근대 국어 어휘와 중국어 일본어 어휘와의 관련성」(2006)에 의하면 우리가 현재 사용하고 있는 어휘 가운데 일본인들이 서양의 어휘를 번역하거나 조어(造語)한 것이 '국가', '사회', '대통령' 등 무려 3,600개가 넘는다고 한다.

동국대 김익중 교수는 미생물학 전공인데도 문재인 대통령의 대선 공약 '탈원전' 정책에 깊이 관여한 인사로 알려져 있다. 그는 후쿠시마 원전사고 이후 4년간 일본인 사망자가 60만 명 늘어난 것에 대해 고령화가 주원인인 것을 제쳐두고 "방사능 때문이라는 걸 입증하고 싶다"는 등의 발언을 하였다. 지금까지 원전에서 유출된 방사능으로 인해 사망한 일본인은 전무한 사실을 억지로 외면하는 것이다.

더욱 경악할 일은 작가 조정래 씨의 발언이다. 그는 2020년 10월 12일 한국프레스센터에서 열린 '등단 50주년 기념 기자 간담회'에서 소설 『아리랑』에 대해 전 서울대 경제학과 이영훈 교수가 "작가는 일제시대 학살된 한국인을 어림숫자로 300~400만 명으로 잡고 있다고 했지만, 그것은 사실이 아니다"라고 비판한 것에 대해 "이영훈이란 사람은 신종 매국노이고, 민족 반역자"라며 "내가 쓴 역사적 자료는 객관적이다. 국사편찬위원회에서 발행한 자료와 진보적 의식을 가진 사람들이 쓴 책을 중심으로 한 명확한 자료"라고 주장하였다. 조씨는 이에 그치지 않고 "지금 반민특위는 민족정기를 위해, 왜곡된 역사를 바로잡기 위해 반드시 부활시켜야 한다. 그래서 150만 정도 되는 친일파를 단죄해야 한다. 그 질서 없이는 미래가 없다"고 말하는가 하면 "일본 유학을 갔다 오면 친일파, 반역자가 된다."고도 하였다.

이에 대해 조선일보 한현우 논설위원은 '만물상'에서 "조씨의 말대로라면 일본 유학을 한 윤동주도 친일파가 된다. 문재인 대통령의 딸이 다닌 일본의 대학은 정한론(征韓論) 주창자의 이념을 받들자는 학교다. 문대통령의 딸은 친일파 중의 친일파이고 토착왜구 원조인 셈이다"라고 말하고, 진중권 전 동양대 교수는 "이 정도면 광기, 시대착오적 민족주의 안에 잠재된 극우적 경향이 주책없이 발현했다."라고 강도 높게 비판하였다.

한현우 씨는 한발 더 나아가 "정작 조씨는 대처승의 아들이다. 승려에게 결혼을 장려하고 육식도 허용하는 대처승은 일제의 불교 황국화 정책으로 유입됐다. 일본 유학만 다녀와도 친일파라면, 일제 식민지 덕분에 태어난 조씨는 누구인가. 운동권의 반일 장사, 친일파 장사에 소설가까지 끼어들어 정신 줄을 놓은 모양이다"라고 강하게 비판하였다.

사실 1990년 10월 28일자 동아일보에 따르면 조씨는 "나의 아버지는 일본의 종교 황국화 정책에 따라 철운이란 법명으로 일본 유학생에 선발됐다. 귀향 후 선암사에서 최초로 결혼식을 올렸고, 나는 그 절에서 세상에 태어난 것이다"라고 고백한 바 있다.

정종현 씨의 저서 『제국대학의 조센징』(2019)은 친일 엘리트 양성소이자 조선 독립운동의 수원지였던 일본 본토 7개 제국대학 조선인 유학생 1,000여 명에 대한 최초의 기록이다. 그들은 제국 최고의 엘리트 집단의 일원이면서 동시에 멸시받는 '조센징'이었다. 이러한 분열 속에서 성장한 그들은 남북한의 행정, 경제, 사법, 지식 세계에 막대한 영향을 끼쳤음은 우리의 근현대사가 증명하고 있다.

정종현 씨는 에필로그에서 "제국대학이라는 지식 제도와 관련된 근대 한국의 경험을 모두 '악'으로 도덕화하고 그것을 '적출'하면 문제가 해결될 것처럼 생각하는 것은 환상이다. 한국 근현대의 지식과 문화, 제도는 솜씨 좋은 외과 의사가 좋은 세포만을 남겨두고 암 덩어리를 도려내듯, '일본적인 것' 혹은 '미국적인 것'만을 발라내면 '민족적인 것'만 남길 수 있는 것이 아니다. 어쩌면 그러한 본질주의야말로 가장 위험한 사고일지도 모른다"라고 설파하였다. 조정래 씨 같은 편향된 지식인이 새겨들어야 할 말이다.

그런데 이를 어찌하랴. 그런 편향된 역사관을 가지고 있는 조씨의 한국

근현대사 대하소설 3부작 『태백산맥』 860만 부, 『아리랑』 410만 부, 『한강』 305만 부를 합하면 무려 1,600만 부 가까이 팔렸으니 가히 우리 국민의 교과서가 된 셈이 아닌가.

2019년 7월 서울대 경제학과 명예교수 이영훈 씨를 주축으로 김낙연, 김용삼, 주익종, 정안기, 이우연 등 6인이 『반일 종족주의』(미래사)를 펴냈다. 우파적인 저작으로서는 이례적으로 11만 부나 팔렸고 일본에서는 무려 37만 부나 팔렸다는 베스트셀러이다. '책 소개'를 보면 "아무런 사실적 근거 없이 거짓말로 쌓아올린 샤머니즘적 세계관의, 친일은 '악'이고, 반일은 '선'이며 이웃나라 중 일본만 악의 종족으로 감각하는 종족주의, 이 종족주의의 기원, 형성, 확산, 맹위의 전 과정을 국민에게 고발하고, 그 위험성을 경계하기 위한 바른 역사서"라고 말하고 있다.

그리고 "이 나라는 거짓말 천지이다. 위증죄와 무고죄가 일본의 천 배나 된다. 각종 보험 사기가 미국의 백 배나 난무하고 있다. 정부지원금의 3분의 1일이 사기로 줄줄 새고 있다. 민사소송의 인구 당 건수는 세계 최고이다. 한국인의 숨결엔 거짓말이 배어 있다고 한다. 이 같은 주장에 대부분의 한국인은 한숨으로 동의할 수밖에 없다. 하루하루 그에 고통 받으며 살아가고 있기 때문이다. 거짓말에 관대한 타락한 정신문화는 이 나라의 정치와 경제를 정체의 늪으로 이끌어간다."라고 말한다. 춘원 이광수의 논문 「민족개조론」을 떠올리게 하는 말로 뼈아픈 우리 민족의 반성과 자각을 촉구하고 있다.

이 정도의 용기로 한일문제를 논한 저서는 아직까지 접한 적이 없어 큰 충격을 받았다. 이영훈 씨 등이 주장하는 것에 대해서는 선뜻 수긍이 되지 않는 부분이 많지만 한일 양국의 미래를 생각하는 충정은 이해할 수 있으며 학문적으로 금기를 깬 것에 대해서도 평가할 만하다.

그러나 예상했던 대로 진지하게 논의해 보기도 전에 거친 비판이 봇물 터지듯 했다. 비판하는 심포지엄이 네 번이나 열렸고, 2020년 봄까지 호사카 유지의 『신친일파』를 비롯하여 최소한 5권의 비판서가 나왔다. 거기에는 일제를 위해 목숨을 바친 인간어뢰(가이텐, 回天)라고 조롱하기도 하고, "스스로 학문적 목숨을 끊었다"거나 "일본의 앞잡이", "부왜노(附倭奴)"라고 매도하기도 하고, 일본침략의 역사를 부정한다고 특별법을 만들어 홀로코스트 부정죄 같은 죄목으로 처벌해야 한다는 의견도 있었고, 집권당 산하 정책기관은 법률제정안을 작성했다고 한다.

그러나 이영훈 씨 등은 이에 굴하지 않고, 비판의 주요한 논점들을 골라 하나하나 논박하는 저서 『반일 종족주의와의 투쟁』을 2020년 5월에 다시 출판하였다. 일본군 위안부 문제, 전시동원 문제, 독도 문제, 토지·임야조사 문제, 식민지근대화 문제 등을 중점적으로 다루고 있는데 강고한 신념이 배어 있다.

이 책에서 짚고 넘어가고 싶은 것은 서울시가 초등학교 5,6학년과 중학생을 대상으로 일본군 위안부 피해에 대한 교육을 하고 있는 것에 대해 깊이 우려하는 점이다. 그 교재에는 "일본군 위안부는 성노예", "아침부터 밤까지 끊임없는 성폭력" 등의 서술이 들어 있다는 것이다.

독일 정부는 나치의 홀로코스트에 관한 교육을 할 때도 학생들의 나이를 고려한다는 사실을 예로 들며 이 나라의 교육에 깊숙이 자리 잡은 폭력적 심성을 지적하고 있다. 전교조 교사들이 세월호 사고를 집요하게 교육하는 것은 우파를 공격하고 저주하기 위한 정치적 의도에서 제자들에게 잔인한 심성을 주입하고 있는 것과 마찬가지로 위안부 피해 교육 역시 일본과의 우호는 영원히 불가하다는 증오심을 심어주기 위한 잔인한 교육이라고 강도 높게 비판하고 있다.

또 하나 괄목할 만한 것은 2018년 10월 30일 대법원이 여운택 등 4명의 원고가 일본의 신일철주금(新日鐵住金) 회사를 상대로 한 소송에 대해 동 회사가 이들에게 1억 원씩의 위로금을 지급하라고 판결한 데 이어 2020년 7월에는 국내에 주재한 동 회사의 재산을 압류한 것을 크게 우려하는 점이다.

원고들은 1943~1945년 신일주철의 원 회사인 구 일본제철의 노무자로 일하면서 임금을 제대로 받지 못하는 등 '반인도적 불법행위'를 당했다고 주장하였다.

이에 대해 이영훈 씨는 1965년 한일 양국이 국교를 정상화하면서 장래에 제기될 일체의 청구권을 포함하여 이를 영구히 청산한다는 협정을 체결한 사안으로 그들이 진정 미불금을 찾을 요량이었다면 처음부터 청구권 협정에 따라 우리 정부를 상대로 소송을 제기해야 했다고 주장한다. 이 문제는 현재 한일 간에 최대 현안문제로 대두되었으며 일본 정부가 강경한 태도로 나오자 한국 정부가 딜레마에 빠져 있는 느낌이다.

이렇게 치열한 논쟁이 벌어지면 좀 더 진실에 가까워질 수 있겠구나 하는 기대가 되기도 하지만 자칫하면 국론분열이 일어나 오히려 한일 간의 문제가 더욱 복잡해지지 않을까 하는 우려를 금할 수 없다.

2020년 광복절에 광복회 회장 김원웅 씨는 경축사에서 이승만 때문에 반역자를 제대로 처벌하지 못한 유일한 나라가 됐다고 비판하고, 안익태 작곡가의 친일·친나치 행위가 담긴 자료가 있다며 "민족반역자 노래를 국가로 정한 것은 대한민국뿐"이라고 규탄하였다.

주지하는 바와 같이 애국가는 작사자 미상이고 작곡자는 안익태 선생이다. 작사자는 민족문제연구소의 『친일인명사전』(2009. 4,776명 수록)에 올라 있는 윤치호 선생일 가능성이 높지만, 안창호 선생일 것이라는 주장이 있어서 개정하자는 말이 나오지 않아 오히려 다행이라 생각하고 있었는데, 최근에 애국가마저 도마 위에 올랐다.

  2020년 1월 한신대에 재직하며 전교조 정책위 부위원장인 국제관계학자 이해영 교수의 저서 『안익태 케이스』가 출판되고 나서부터이다. 그는 애국가는 친일을 넘어 친 나치주의자인 안익태가 작곡한 것이므로 개정해야 한다고 주창하였는데 김원웅 씨가 그것을 근거로 삼은 듯하다. 민주당 안민석 국회의원도 애국가는 친일파가 작곡한 것이므로 이참에 바꾸자고 주장한다.

  해방 이후 우리 대한국민 국민은 휘날리는 태극기 앞에 애국가를 부르며 얼마나 많이 가슴 뭉클해 왔던가. 그토록 소중한 것을 헌신짝 버리듯 하자는 것이다. 천만다행으로 2020년 1월 실시한 한 여론조사에서 애국가 개정 반대가 59%이고, 찬성이 24%라고 한다.

  이해영 교수의 주장에 '안익태기념재단 연구회'는 당연히 분노하였다. 우리 한인 최초의 세계적인 음악가 안익태라는 빛나는 인적 자산과 우리 민족의 상징인 애국가를 모독하는 것을 견딜 수 없어 결연한 의지로 각 분야 학자들이 힘을 모아 『안익태 케이스』를 검증하여 그 오류를 조목조목 지적하고, 언론 오보도 면밀히 고찰하여 마침내 역사학자 김형석 박사가 『안익태의 극일 스토리―애국가로 일본을 덮다』라는 저서를 탈고하여 출판사와 계약을 하고 출판기념식 일정까지 잡았으나 해당 출판사가 사유도 분명히 밝히지 않고 갑자기 일방적으로 파약했다고 한다. 대한민국이 어느새 출판의 자유도 보장되지 않는 후진국으로 전락한 것이다. 다행스럽게도 그 소중한 역저는 우여곡절 끝에 2020년 7월에 다른 출판사로 옮겨 출판했지만 매스컴이 거의 관심을 보이지 않아 판매가 극히 부진하다고 한다.

사실 일제 강점기의 조선 민중은 우리 민족의 기개를 만방에 떨칠 영웅을 갈구하였다. 그 때 엄복동이 각종 자전거 경주대회를 석권하였고, 안창남이 최초의 비행사로 이름을 날려 '하늘에는 안창남, 땅에는 엄복동'이라는 말이 유행할 정도였으나 엄복동이 은퇴하고 안창남이 사고로 사망하여 영웅이 사라진 암담한 시절 손기정 선수가 베를린 올림픽에서 우승하여 영웅이 되었고, 안익태 선생은 일본, 미국, 유럽을 돌아가며 유학하고, 24개국을 순회하면서 첼로 연주자와 지휘자로 높은 명성을 얻음으로써 시들어가던 민족혼을 일깨우는데 크게 기여하였다.

애국가는 안익태 선생이 미국 유학시절에 작곡하였다. 1930년 하와이 한인교회에서 「올드 랭 사인(Auld Lang Syne)」 애국가를 처음 들은 그는 새로운 곡조로 애국가를 작곡하기로 결심한다, 그 곡은 스코틀랜드의 민요로서 술집에서 많이 부르는 노래인데다가 유럽 여러 나라로 전파되면서 사랑가 혹은 이별가로 불리기도 하였으므로 신성한 대한민국 애국가로 부르는 것은 수치라고 생각한 것이다. 무려 5년간이나 심혈을 기울인 끝에 1935년 11월에 완성하여 그 해 12월 28일 시카고 한인교회에서 처음으로 발표하였다. 그의 나이 29세 때이다. 중국 주재 임시정부 국무회의에서는 1940년 12월 20일 기존의 「올드 랭 사인」 곡조 대신 안익태 선생의 「애국가」 사용을 허가하기로 의결하였다.

김구 선생은 26년간의 중국 망명생활을 청산하고 환국을 앞 둔 1945년 11월 12일 저서 『한국애국가』를 발간하고 동월 23일 감격적인 귀국을 단행하였다. 당시 김구 선생의 비서로 귀국 비행기에 동승했던 장준하 선생은 저서 『돌베개』에서 '누군가 조선 해안이 보인다고 하자 누구의 지휘도 없이 애국가를 합창하다가 끝까지 부르지 못하고 모두 울어버렸다.'고 회고하였다.

김구 선생은 『한국애국가』에서 다음과 같이 해설하였다. "이 애국가는 50년 전 한국의 어느 애국인사의 손에서 쓰였지만, 그의 이름은 이미 잊어버렸다. 처음에는 서양의 명곡을 가져다 가사를 붙여 노래하였으나, 그 후 한국 인사들이 이래서는 안 되겠다고 여겼다. 이에 10년 전 한국 청년 음악가가 이 새 곡을 만든 것이 곧 한국의 광복운동 중에 국가(國歌)를 대신하게 되었다. 안익태 군은 한국의 저명한 작곡가 겸 바이올리니스트로서 일찍이 오스트리아 수도 비엔나에 유학하여 음악을 전공하여 구미에서 명성이 자자하다. (하략)" 이와 같이 안익태 선생은 김구 선생도 자랑스러워한 인물임을 알 수 있다.

안익태 선생의 가장 큰 성과로 인정받는 것은 1938년 아일랜드의 수도 더블린에서 초연된 「한국 환상곡(Symphonic Fantasia KOREA)」를 작곡한 것이다. 안익태 선생은 이 곡을 1960년 일본 주요 도시를 순방하면서 공연하였을 때 일본인들이 폭발적으로 열광하며 한국어로 합창한 것을 생애 가장 기쁜 일이었다고 회고하였다.

또 1964년 도쿄올림픽 폐막식을 축하하는 음악제에서 지휘를 담당함으로써 극일(克日)의 극치를 우리 국민에게 여실히 보여 주었다. 안익태 선생의 국내 활동으로는 1955년 '이승만 대통령 탄신 80주년 경축음악회'를 지휘하고, 5.16 군사혁명 후 1962년부터 3년간 '국제음악제'를 주도하기도 하였는데, 그런 일들도 비판의 빌미가 되었음직하다. 그리고 친나치 주장에 관해서는 나치의 가장 큰 피해국 중의 하나인 헝가리의 수도 부다페스트에 안익태 선생의 흉상이 건립되어 있는 사실만 보아도 별 문제가 없음을 알 수 있다.

정성진 씨가 2019년 8월 22일 조선일보 '경제포커스'에 쓴 '정직하고 뻔뻔한 일본과 사는 법'이란 제하의 글은 상식적이지만 깊이 공감하여 요약해 본다. 병을 관리하는 첫 단계는 진단이다. 일본을 진단하려면 결국 일본을 연구해야 한다. 그들의 정치, 역사, 사회, 문화를 잘 알아야 어떻게 다룰지 처방할 수 있다. 일본에 방심하면 안 되는 것이 한국의 운명임을 직시하고 고질병을 관리하듯 관리하면서 살 수 밖에 없다. 가까워도 멀어도 곤란한 이웃이 일본이다. 그런데 중국과 스페인 연구자는 급증하고 있는데 반해 일본 연구자는 현저히 줄고 있다. 극일을 위해서는 반드시 지일부터 해야 하는 것으로 일본이 싫을수록 더욱 연구해야 한다. 지일 없이는 극일이 불가능하다는 의견이다.

한편 한신대의 윤평중 교수는 2020년 10월 16일 조선일보 '윤평중 칼럼'에서 "반일 감정의 씨줄과 종북 정서의 날줄이 한국 민족주의를 왜곡한다. 북한이 일제 잔재를 없애 민족사적 정통성에서 앞섰다는 거짓 사관(史觀)이 민족주의를 오염시킨다. 감상적 민족주의는 엄혹한 국제정치에 대한 냉철한 인식을 방해한다.", "즉물적 반일감정을 넘어 냉정한 극일(克日)과 용일(用日)이 새로운 한국 민족주의의 화두가 되어야 마땅하다. 북한은 우리가 생각하는 한민족이 아니다. 스스로 '김일성민족'임을 선포한 지 오래다.", "반일·종북 민족주의는 나라와 시민적 자유를 위협한다. 반일 민족주의는 시대착오적이고 종북 민족주의는 역사의 반동이다"라고 주장하였다. 우리의 현실을 제대로 진단한 것으로 본다.

동서고금을 막론하고 무결점의 완벽한 인물은 존재하기 어렵다. 저명한 인물일수록 장기간 많은 활동을 하다 보면 알게 모르게 과오를 범하기 쉽고 또 그것이 노정되기 마련이다. 우리 민족 중에 위대한 업적이 있음에도 본의 아니게 일시적으로 혹은 불가피하게 저지른 과오 때문에 아까운 인물들이 매도되고 심지어 민족반역자로 매장되는 경우가 엄청나게 많다. 참으로 안타까운 일이다.

그런데 일본은 우리와 사뭇 다르다. '과'보다 '공'이 큰 인물은 결코 버리지 않는 것이다. 예를 들면 메이지 정부를 여는 데 가장 공이 컸던 사이고 다카모리(西鄕隆盛)는 정쟁에서 밀려나자 귀향하여 메이지 정부를 상대로 전쟁을 벌였다. 이른바 '서남전쟁'(1877)이다. 분명 반역자임에도 오늘날 애국자로 추앙받고 있으며, 도쿄 우에노 공원에 그의 동상이 우뚝 서 있다. 또한 일본 근대문학의 거봉으로 사랑받고 있는 시마자키 도송(島崎藤村; 1872-1943)은 미성년인 질녀와의 불륜을 저지른 것도 모자라 속죄한다는 명분 아래 신문소설로 써서 공표함으로써 사회적 지탄은 물론 가족에게까지 의절당한 인물이다. 일본은 어떤 인물이든 '공'은 '공'대로 인정하고 '과'는 '과'대로 비판하는 풍토인 것이다.

만약 이광수, 최남선, 안익태, 이흥렬, 김성수, 이승만, 박정희, 백선엽 같은 인물들이 일본에 존재했다면 오늘날 어떤 대우를 받고 있을까를 생각하면 참으로 안타까운 생각이 든다. 일제는 우리 민족의 정신적 지주가 될 만한 인물들의 약점을 잡아 회유하거나 강요하여 변절시키는 정책을 펼친 것은 주지의 사실이다. 일제의 계략에 각계각층의 훌륭한 인물들이 안타깝게도 오점을 남겼다. 오늘날에도 우리가 그들의 오점만을 부각시켜 매도하고 외면하는 것은 일제의 계략에 빠지는 우를 범하는 것임을 각성하는 것이야말로 극일의 첫걸음이 아닐까 한다.

일본을 생각하다
목근춘추 3

05
기억의 의미

기독교 신자가 되다

박희태

　우리 내외는 2016년 7월 31일 대한예수교장로회 잠실교회에서 세례를 받고 기독교신자가 되었다. 나나 내 아내나 기독교를 믿는 집안이 아니었는데 개신교 신자가 된 것이다.
　배화여고에 다닐 때부터 채플(chapel)시간을 통해 독실한 기독교신자가 된 큰 딸애가 전지전능하신 유일신인 하나님을 믿어야 세상을 뜬 후 천국에 갈 수 있다고 전도(傳道)하곤 했다. 그럴 때마다 나는 천국 안가고 극락을 가겠노라고 했던 기억이 난다.
　나는 어려서 성탄절에 교회에 가서 예배를 드리기도 하고 어른이 되어서도 천주교도를 따라 명동성당에 가서 미사를 드릴 때 참례하기도 한 적은 있었으나 신자가 되지는 아니하였다.
　홍콩 체재 시에는 바이블 스쿨(bible school)에서 중국대륙으로부터 홍콩으로 피난 온 수녀들에게 성경에 대한 공부를 하였다. 예수님이 하나님의 외아들인 독생자라는 이야기, 십자가에 못 박혀 세상을 떠난 예수님이 사흘 만에 다시 살아나셨다는 부활의 이야기 등등 믿어지지 않는 것이 많앉지만 무조건 믿으라고 했다.

　아버지 어머니 두 분이 가정을 이루신 곳은 삼청동이었으나 나는 동대문 가까이에 있는 충신동으로 이사 와서 충신동에서 태어났다. 그리고 어린 시절에는 사대문(四大門) 밖 낙산 밑에 위치한 창신동에서 자랐다.

　어머니께서 이웃에 사는 절집(부처님을 모신 집) 마나님과 벗하여 친히 지내셨으므로 어머니 따라 절집에 자주 드나들면서 목탁 소리와 더불어 자연스럽게 부처님과 가까워졌다.

　음력 사월초파일 부처님 탄신 날은 어머니를 따라 낙산에 있는 암자인 지장암에 가서 가족의 안녕을 위해 연등을 달고 부처님에게 불공을 드리는 등, 불경 공부를 하거나 신앙에 대한 신념이 뚜렷하지는 않았으면서도 자연스럽게 불교 신자가 되어있었다. 그리고 지장암에서 재(齋)를 올릴 때면 절에서 바라춤과 같은 승무를 자주 구경하는 등 사찰과 인연이 많았다.

　아버지께서 6.25동란 때 피란지 대구에서 돌아가셔서(나 자신은 해외에 있었기 때문에 임종을 못함), 불교식으로 장사를 치러 화장을 하고 유골을 갈아 장지에 뿌렸다.

　어머니 역시 아버지의 장례 때처럼 화장을 하고 유골을 분쇄하여 장지에 뿌려서 산소가 없다. 경기도 다락원(多樂園)에 조상의 선산(先山)이 있었지만 그 지역이 개발되어 없어졌다.

　어머니의 장례를 치른 후 마루에 상청(喪廳)을 차려 놓고 매일 아침저녁 상식(上食)을 올리고 음력 초하루 보름 아침에는 삭망전(朔望奠)을 지냈다. 사십구일재(四十九日齋)날과 백일재(百日齋)날은 절에서 부처님께 불공을 드렸으며, 백일재가 지나서는 신주를 절에 모셔놓고 소상(小祥), 대상(大祥) 등 삼년상(三年喪)을 마치고 탈상(脫喪)을 하였다.

설, 추석 명절 또는 부모님의 기일에는 산소가 없어서 성묘는 못했지만 차례(茶禮) 또는 기제사(忌祭祀)를 지냈다. 차례나 기제사를 지낼 때는 제상(祭床)에 제수(祭羞)를 진설(陳設)한 후에 부모님의 영정사진을 놓고 현관문을 열어 영혼이 영정사진에 깃들게 한 후 제사를 지낸다. 그러나 제수를 차려놓고 조상에게 절을 하는 의식을 기독교에서는 우상숭배라고 여기고 있기 때문에 지금은 기도만 하는 것으로 바꿨다.

집을 창신동에서 보문동으로 이사한 후에는 보문동에 위치한 보문사(普門寺, 탑골승방)에 적을 두고 음력 사월초파일이 다가오면 가족의 안녕을 위해 보문사에다 연등을 달았다. 그리고 부적을 받아 몸에 지니고 다니기도 했다.

일본 유학 시절 일본 교토(京都)에 사원 또는 신사가 많음을 알았다. 신사는 제단을 설치하기 시작하여 발전한 곳이란다. 일제 강점기 일본 신화에 등장하는 아마테라스오미카미(天照大神)와 명치천황(明治天皇)을 제신(祭神)으로 모신 조선신궁(朝鮮神宮)에 신사참배(神社參拜)를 강요당했던 일이 생각났다.

일본의 많은 가정에 신사에서 받은 부적(神符)과 조상신(祖上神=氏神)을 모신 가미다나(神棚)라는 제단이 있다. 그리고 수시로 공물을 차려 놓고 가족의 안녕을 빌며 배례(拜禮)한다. 일본의 민족신앙에 의해 이루어지는 의식이다.

일본의 민족신앙은 일본의 민간신앙과 불교, 유교 등의 종교사상이 복합되어 있다. 그리고 일본의 민족종교로서의 신도(神道; しんとう=かんながらのみち)는 산(山), 초목(草木), 거석(巨石) 같은 삼라만상 속에 신이 깃들어 있다고 여기는 종교이다. 그리고 사람이 죽으면 나쁜 사람이라도 누구나 신이 된다고 생각한다. 일본이 패망 전에는 심지어 일본 천황을 살아있는

신(現人神; あらひとがみ)이라고까지 했었다.

　일본은 지역마다 수호신을 모신 신사(産土神社; うぶすなじんじゃ)가 있다. 많은 사람들이 매월 1일, 또는 15일에 신사참배를 하며, 물론 이름 있는 큰 신사에도 1년에 한 번 또는 몇 달에 한 번씩 참배한다. 그리고 여자아이 3살 또는 7살 되는 해, 남자아이 3살 또는 5살이 되는 해 11월15일에 때때옷을 입혀서 신사참배를 하게 한다, 이것을 일본에서는 7·5·3의 축복(お祝い)이라고 한다.

　돌이켜 보면 어릴 때 나도 자연숭배라고 할까 서낭나무에 돌을 얹고 서낭신에 절을 했었다. 또한 어머니께서 세 살 아래인 누이동생이 취학 전에 몹시 앓고 있었는데 약을 써도 낫지 않으므로 무자(巫子)에게 무꾸리를 하여 치성을 드렸지만 끝내는 세상을 떴다. 미신을 믿었기 때문이다. 소아 사망률이 많았던 때의 일이다.

　세례를 받고 채 일 년이 안 된 2017년 6월 말에 남산에서 용산고등학교로 내려가는 내리막길에서 나도 모르게 넘어졌다. 다행히 행인이 119에 신고하여 병원에 실려가 석 달 가까이 병원에 입원했다. 입원 중에 우리 목근회 회원 여러분이 문병을 와 주셔서 얼마나 위로가 되었는지 모른다. 그리고 지금까지도 거동이 불편한 나를 도와주시고 있어서 고마운 마음 이를 데 없다.

　머리를 네 군데나 수술하였는데도 살아난 것을 보면 하나님께서 일시적으로 시련을 내리시었는지 아니면 파킨슨병을 앓고 있는 아내를 보살피라고 살려 주시었는지 덤으로 하루하루를 살아가고 있다.

　이문동에 살 때, 출신, 학력, 경력, 종교를 초월해 사귀던 경로당 노인들과 헤어져서 가락동으로 이사 온지 3년이 되어 가지만 거동도 불편해 여러 모임에 참석 못하고 오로지 목근회원 또는 한국외대 정년교수 모임인 백송회(白松會) 회원들 그리고 죽마고우 한두 사람만 만나고 있다.

그리스도인으로서의 삶을 위해서 주일에는 교회에 나가 주일예배를 드리고 있는데 요즘에는 코로나 사태로 인터넷 온라인으로 예배하며 성경을 동하여 하나님을 알아가려는 노력을 하고 있다.

마지막으로, 이 세상을 뜬 후, 이미 고인이 된 천상병 시인의 시 「귀천(歸天)」처럼 '아름다운 이 세상 소풍 끝내는 날, 가서, 아름다웠더라고 말하리라……' (2020. 8. 23)

나는 사적(史蹟) 속에 산다

황윤주

종로구 역내에 있는 600년 인물 중심 왕조 사적(史跡)에 대해 필자가 살고 있는 '황생가(黃生家)'를 중심으로 이야기를 풀어 가보기로 하겠습니다.

위치 소개부터 한다면, 황생가는 현재 경복궁 민속박물관 정문 바로 길 건너에 있습니다. 광화문 교보문고 마을버스 정류장 11번 삼청동행 승차 후 민속박물관 앞 하차. 3호선을 이용할 경우에는 안국역 1번 출구로 나와서 옛 풍문여고 별궁길(장희빈 때. 비운의 중전 민비의 사가/私家. 또한 훗날. 명성황후가 일시 머물던 곳)로 약 10분간 걸으면 됩니다. 별궁길 입구 왼편 빈터(한진소유 땅)에서 500여 년 전 정도전이 방원(태종)에게 맞아 죽은 곳입니다. 별궁길 끝나고 정독도서관(옛 경기중고) 입구가 사육신 성삼문의 생가터입니다. '황생가 칼국수' 바로 뒷골목 첫째 집이 저 괴걸 천재화가 장승업의 생가라고 합니다. 황생가의 소재지는 소격동(昭格洞), 옛 조선조 도교의 총본산인 소격서(昭格署)가 있던 곳으로, 정암(靜岩) 조광조가 집권하면서 가까스로 철폐했지요. 혹, 헌법재판소를 지나시는 분은 헌재 뒤뜰의 백송을 보게 될 것입니다.

수령 3백년. 박연암의 손자 박규수의 집 마당 백송인데, 이곳에서 김옥균, 박영효 등 개화 혁명아들이 기인 유대치(劉大痴)의 가르침을 받던 곳입니다. 현재는 그 이웃에 현당(玄堂) 황소치(黃小痴)가 살고 있다 합니다. ㅋㅋㅋ

그 옛날, 황생가 20분 거리에 있는 화신백화점 뒷골목엔 오밀조밀한 빠-도 많았습니다. 피아노 연주자에게 눈짓을 하면 금방 알아듣고,

이름도 몰라요 성도 몰라~~
낯선 남자의 품에 안겨~~

하는 곡이 흐르고 좁은 무대 위로 나가 부르스를 추노라면, 어느새 옆에서 씽긋 눈웃음 인사하는 단골 노신사와 어울려 돌아갔지요. 대학의 스승이고 그때는 모 대학 총장이던 분이셨지요. 이제 그 골목은 간 데 없고 초고층 빌딩의 유리만 번쩍입니다.

그럼, 이제부터 본론에 들어가 보기로 하자.

용두동, 답십리 등 서울 도성 외각으로만 돌다가 마누라 덕으로 겨우 내 집이라고 할 만한 것이……자하문 밖 부암동 작은 집이었다. 워낙 성벽과 인접해 있어서 호시탐탐 성내(城內) 진입을 도모하기에는 안성맞춤이었다. 단지 식수가 불편하고 북향이라 한겨울 나기가 좀 힘들었다.

그러다가 1970년 중순 무렵 성안 입성이 가능했고 그것도 도심 왕궁터 북촌에 자리 잡으니 그 아니 감무량(感無量)이리오! 나의 서울 사적 속의 생활은 이렇게 시작되었고 지금까지 어언 반세기를 접어들고 있다.

정동(貞洞)

덕수궁 쪽 일대가 정동인데 지금의 성공회, 영국대사관 터는 옛날엔 작은 언덕이어서 광화문에 오르면 여기가 잘 보였다. 사랑하는 계비 강씨(康氏)가 죽자 태조 이성계는 강비를 이곳에 묻고 정릉(貞陵)이라 명명하고 자주 광화문에 올라 그쪽을 애절하게 바라보았다고 한다.

태조의 조강지처 한씨(韓氏)소생인 이방원(李芳遠: 太宗)은 왕자의 난을 일으켜서 이복동생 방석(芳碩: 태조가 세자로 지목)을 쳐 죽였다. 그리고 부왕이 죽자 이내 정릉을 해체, 도성밖 북쪽(지금의 정릉)으로 내치고 묘석들을 모조리 뜯어다가 청계천 광통교(廣通橋)밑에 깔아서 많은 사람들이 밟고 가게 하였다. 자기 권력욕을 꺾으려 했던 것에 대한 무서운 복수였다.(지금 그 묘석들은 광통교 다리 아래 돌 벽으로 박혀 있음)

화동(花洞)

사육신 성삼문(成三門)의 집터. 옛 경기중고교 자리였고 지금은 정독도서관이다. 이곳은 본래 화개동(花開洞)으로 꽃과 나무, 그리고 왕궁의 정원을 관장하는 장원서(掌苑署) 자리였다. 지금의 도서관 뒷편에 장원서가 있었는데, 그곳은 원래는 성삼문의 집터였다. 성삼문이 심었다는 독야청청(独也靑靑) 소나무는 오래토록 푸르렀다가 썩어 없어졌다고 전한다.

인왕산 밑 기린교(麒麟橋)

조선 후기 영조의 사랑을 받은 인왕산 화가 겸재(謙齋) 정선을 모르는 사람은 없다. 조선 팔도를 돌며 풍경을 그리되 특히 인왕산을 즐겨 그렸다. 그런데 신기한 사실이 하나 있다. 바로 그가 그린 그림의 피사체(対像物体)가 현존하고 있다. 필자가 직접 답사한 사실이다. 그것이 정선 그림 속의 기린교이다. 필자가 서송(瑞松), 우촌(祐村) 두 분과 함께 세종로 교보 앞에서 옥인동(玉仁洞)행 마을버스 7번을 타고 종점에 내리자 바로 기린교가 눈에 들어왔다. 가서 직접 살펴보니 1.5m 정도의 큰 돌기둥 두 개를 좁은 급류 위에 걸쳐놓은 것이었다.

월산대군(月山大君)이 다리 건너 안쪽에 있는 별장에서 살았다고 한다. 기린교의 기린은 동물원에 있는 그 기린이 아니고 전설 속의 영물(靈物)이라고 한다.

재동(齋洞) 백송(柏松)

지금의 헌법재판소(옛 창덕여고) 뒷켠에 허연 소나무가 한 그루 여러 받침목에 기대어 힘겹게 서있는 것을 볼 수 있을 것이다. 이것이 우리나라에 8그루밖에 없다는 백송 중 하나다.

본시 이 터는 조대비(순조의 며느리. 남편이 세자 때 죽음)의 친정인 풍양 조씨 저택터였는데 어떤 연유인지 알 수 없으나 수십 년 후에는 연암 박지원의 손자인 박규수가 살게 되었다. 박규수는 실학파로 노론(老論)정권이 주자학의 명분론(名分論 : 주로 충효를 기저에 깔고 사농공상노비[士農工商奴婢]의 신분지키기)에 빠져 백성을 도탄에 빠뜨리고 있음을 개탄하고 눈을 밖으로 돌려 살펴보자는 일종의 개화론 사상가였다. 훗날 재동 백송대 사랑방은 김옥균, 박영효, 서광범, 김윤식, 어윤중 등 개화파 지사(志士)들이 모여들어 박규수의 개화사상을 듣고 깨우쳐 역사에 실천하는 단초가 된다.

혜화동 송동(宋洞)

우암 송시열(尤菴 宋時烈; 1607~1687)은 송자(宋子)로 불리기도 하는데, 도통한 성인에게만 사용하는 자자(子字. 일본이 황족이나 귀족의 아녀자 이름으로 쓰고 명치유신 이후 이름이 없던 하층민에 이름을 허락하자 아녀자들 모두가 자[子]자를 선호하게 되었고, 식민지 해방 공간을 거치는 과정에서 우리도 마을의 순자, 재넘어 영자, 한때는 동두천에도 춘자, 추자가 넘쳐났었음) 칭호를 우암만이 유일하게 호칭된 것을 보면 보통 위인이 아니다. 노론의 대어소(大御所)로 숭명천청(崇明賤淸 : 임진왜란 때 조선국을 도운 명나라 은혜를 잊지 않고, 반대로 조선국을 짓밟은 만주족 청나라를 혐오함)의 사상이 뿌리깊고 주자학의 명분론, 장자(長子) 위주의 가례(家禮)일변도 사상이 지나쳤다. 우암의 노론을 김상헌(병자호란 때의 대표적 주전파)이 이어받고, 그의 먼 후손인 김조순이 이어받자 안동 김씨 세도정치의 유일 정파가 된다. 이리하여 우암을 헐뜯는 자는 모조리 사문난적(邪文乱賊)으로 몰아붙여서 입도 뻥끗 못하게 막았다.

일본 작가 시바 료타로(司馬遼太郎)는 그의 탐라국 기행에서 송시열을 두고 조선을 공리공론 모화일변도(空理空論 慕華一辺途)로 이끌어 후진국으로 추락시킨 원흉이라 질타하였다. 우암이 이곳 성균관 문묘 가까운 명륜동과 혜화동 끝자락 송동에 살면서 돌에 글을 새겨둔 곳이 두 곳 있는데 지금도 남아 있다. 하나는 옛 보성학교 터인 과학고등학교 마당의 넓직한 암반에 '금고일반(今古一般)' 네 글자와 명륜동 일가 옛 송동 자리 길가 담벼락 돌에 새겨놓은 '증주벽립(曾朱璧立 : 증자[曾子]와 주자[朱子]는 쌍벽)'의 네 글자가 그것이다. 이는 서울시의 지정 문화재로 되어 있다. 옛 송동에서 혜화로터리까지 명륜동·혜화동 두 동을 끼고 내려온 길을 우암로로 일컫는데, 나도 내 청춘의 일부분을 불태웠던 곳이어서 감회가 새롭다.

우암로의 추억

잠시 가던 걸음을 멈추고, 여기서 앞 절의 우암로에 얽힌 나의 잿빛 청춘 한 편을 회고하면서 한숨 쉬었다 가기로 하자. 혜화로터리에서 송동 옛 보성학교 방향으로 가다가 보면 왼편에 장면(張勉) 총리의 고택이 나온다. 그곳을 지나 약 50m 가면 또 좌로 성균관 방향으로 가는 작은 길이 있고 꺾어진 초입에서 30m 정도를 가면 높은 축대에 방이 9개나 되는 대형 한옥이 있다. 정확히 종로구 명륜동 1가 33-97이다. 내가 지방 고등학교를 나와 서울에서 가정교사로 처음 입주하게 된 집이다.

때는 1953년 무렵이다. 내가 가정교사로 입주하여 지도해야 할 학생은 3명으로 이화여고 2년생, 경기중학교 1년생, 그리고 혜화국민학교 3년생 이렇게 셋이었다. 그 대신 나의 대학 등록금, 숙식 제공, 내외 의류비 일체, 그리고 약간의 용돈을 받기로 하였다. 서울대 법대생이라고 하여 파격적 대우를 하는 대신 자녀교육, 학교 성적에 대한 기대도 컸을 것이다.

이 집 주인 아저씨는 내력이 확실치는 않으나 충청도 사투리가 있는 호인 타입이었다. 충청도 대지주 출신이 아닌가 싶은데, 가만히 보면 회사에 나가 돈이나 벌어오고 주권은 완전히 안주인 아주머니가 장악하고 있는 것 같았다. 안주인 아주머니는 키가 호리호리하여 약해 보였고 흰 피부색에 갸름한 얼굴로 눈이 안으로 들어앉아 영리하게 반짝이는 귀족형 부인이었는데, 약간 매부리코로 콧등에 아이들 때문에 시달렸던지 주름이 돋보였다. 일제강점기에는 극히 드물었던 경기여중(당시는 5학년제)을 나왔고 완전한 서울 말씨였다.

그럭저럭 반 년을 넘게 지내다보니 친구들이 자주 찾아왔다. 시골서 온 친구는 여관비를 아낀다고 자고 가기도 하였다. 훗날 대법원 판사를 지내게 되는 S군은 아예 짐을 싸들고 와서 남아돌아가는 행랑채 하나를 공짜로 뭉개기도 하였고, 통행금지 시간에 쫓겨서 한밤중에 대문을 두드리는 친구도 있었다.

어느 날인가 서울대 문리대를 다니던 K라는 친구가 아직 아침도 전인데 헐레벌떡 찾아와 대뜸 한다는 소리가 지금 급한 일이 생겼으니 어서 바깥 골목으로 가야 한다는 것이다. 영문도 모른 채 따라 나섰다. 아랫집 앞길을 K군을 따라 나란히 걷고 있는데 뒤에서 인적없는 이른 아침길을 똑똑 하이힐 소리가 들려왔다. 그러자 K군은 잔뜩 굳어서 갑자기 쉰 목소리로 아무말 말고 뒤로 돌아가자고 한다. 나는 그와 어깨를 나란히 걷는데, 웬 하얀 상의에 무슨 색인가 잊었지만 짧은 치마 차림으로 한 아가씨가 똑똑 걸어오고 있지 않은가! 청초한 인상이었다.

그 아가씨가 우리 곁을 막 지나쳐가자 갑자기 옆에서 헉! 하고 참았던 숨소리가 터져 나왔다. K군의 신음소리였다. 그는 내 방으로 다시 가자 하더니 사뭇 심각한 얼굴로 또 다시 아까 그 구둣소리 아가씨에게 줄 연서(戀書) 전달에 실패했다는 것이다. 혼자서는 도저히 용기가 날 것 같지 않아 그 아가씨의 집 근처에서 어슬렁대다가 그 아가씨가 나오는 것을 보자 단숨에 달려와 나를 끌어냈던 것이다. 나는 배꼽을 잡고 웃었다. 그 아가씨는 그날 아침 동숭동 문리대로 강의 들으러 가던 화학과 여학생이었다.

후일담이 더 재미있다. K는 훗날 모교 교수가 되고 유신정부에 스카웃되어 국회의원, 대통령 근대화 자문역 등으로 연일 TV에 출연하며 일세를 풍미하였다. 나는 새도 추락시키는 K에게 어느 날 한 중년 부인이 전화를 걸어왔다. 그 똑똑 구둣소리의 아가씨 J였다. 은행 간부였던 남편은 요절하고 아들이 둘인데, 아들 문제로 협조를 받았으면 하고 전화했단다.

그리고 또 더 한참 훗날, K와 J와 나. 이렇게 세 노인이 북촌 칼국수집에서 만났다. 똑똑똑 구둣소리 이후 실로 60여 년 만이었다. 나는 그들을 데리고 혜화로터리의 카페 베네로 갔다. 그리고 가는 도중에 명륜동 일가가 있던 그 골목으로 갔다.

가서 거기서 그때 그 길을 그때 방향으로 걸어 오라고 J에게 시키고 나는 K의 팔을 잡고 그때와 똑같이 연출했다. 그들은 어리둥절하며 내 말대로 움직였다. 그런데 참 이상하다. J는 그렇다치고, K도 아무 반응이 없었던 것이다.

혜화동로터리에는 이병도 박사의 큰 따님이 경영하던 동양서점이 있었다. 주인은 바뀌었으나 지금도 그 자리에 있는데, 서점 옆 2층에는 아담한 분위기의 카페 베네가 있다. 위당 정인보 선생의 사위인 강신항 전 성균관대 국어과 교수, 심악 이숭녕 전 서울대 언어학과 교수의 사위인 김완진 전 서울대 국어과 교수들이 자주 찾는 다방이다. 나와 K도 이곳을 자주 찾는다.

우리는 카페베네로 갔다. 커피를 마시며 아까 명륜동 골목에서 내가 연출한 일에 대하여 설명하였다. 물론 60여 년이 지난 아득한 세월 속의 이야기였다. 대학 등굣길 아침에 그런 일이 있었던가 하고 J는 크게 웃었다. 그런데 K의 반응이 좀 의아했다. K는 그 일을 까맣게 잊은 듯이 보였다. 제3자인 내가 기억이 생생한데, 머리 좋은 그가 그토록 새벽길을 황망히 달려왔던 일을 잊고 있다니! (아니, 어쩌면 작금의 사회적 무게를 감안하여 시치미를 떼는 구렁이 작전일지도 모른다) 회의가 들었다.

경기여고를 나오고 서울대 문리대 화학과를 나온 J는 재원……일시 분명하다. 둘째 아들이 캐나다로 이민 갔다던데, 어쩌면 지금쯤 캐나다의 어느 하늘 아래에 있을지 모른다. 한때 우리의 젊음을 아련하게 채색해준 잊지 못할 여인이기도 하다.

이야기는 다시 나의 가정교사 시절로 돌아간다. 훗날 대법관이 된 S가 하루는 나를 데리고 우암로에서 성북동으로 넘어가는 소나무 우거진 언덕의 대포집으로 갔다.(현재 이곳에는 경신중고교가 들어서 있음)

S의 아버지는 경성제국대학 의학부를 나온 지방의 산부인과 의사였다. 삼촌도 같은 대학 법문학과를 나와 훗날 대한민국 국회도서관장을 지낸 명가로 일제시대의 대지주 계급이었다. 집 한 칸 없는 가난한 철도원의 아들인 나와는 하늘과 땅의 차이다. S는 나더러 당장 가정교사 자리를 그만두고 자기와 함께 성북동 산속 청용암으로 들어가서 고시공부를 하자

고 하였다. 2년간 비용을 자기의 아버지가 내 몫까지 대주기로 허락을 받았다는 것이었다.

나는 순간 머릿속에 뽀얀 안개가 가득 차면서 무슨 전설 속을 헤매는 심정이었다. 나는 감읍(感泣)했다. 내 앞길이 별안간 탁 트이는 전율 같은 감격에 몸을 떨었다. 나는 그날로 장문의 편지를 시골 아버지에게 띄웠다. 한 달 후 돌아온 부서(父書)의 내용은 자괴(自愧)와 감사와 신중이 범벅이 된 내용이었다. 한없이 고마워 눈물이 앞을 가리고 따라서 애비 가슴은 너에게 미안해 찢어진다 하면서 결론은 그러나 세상 이치는 그렇게 동화같이 쉽게 가는 것이 아닐진대 네가 심사숙고하여 결정토록 하라는 것이었다. 현실적으로 오래갈 일이 아니니 공짜 꿈은 결국 공꿈(空夢)되기 쉽다는 것이 아버지의 속뜻이었다. 얼마 후 이번에는 내가 S를 데리고 송림으로 갔다. 막걸리 잔을 앞에 놓고 나는 눈시울을 적셨다. 그리고 S에게 감사하다고 작별을 고하였다. 너는 청용암으로 들어가라. 나는 고시의 길을 접고 학부를 마치는 것이 급선무다. 그 다음은 대학원으로 가서 내가 하고 싶은 법철학 공부를 목표로 진로를 잡겠노라 하였다.

우리는 헤어졌다. 2년 후 S는……양과에 합격, 후일의 대법관으로 등극하고 나는 그 후 내 운명의 여신과 실로 처연한 싸움을 하게 된다.

나는 그날 밤 내 방으로 돌아와 고시의 문턱도 가보지 못한 채 고시와 영원히 작별하자고 결심하며 뜬눈으로 밤을 보냈다.

내가 가정교사로 들어와서 거의 1년이 다 되어가던 어느 날, 그 집의 큰딸인 M이 이화여고생 친구인 G를 데리고 왔다. 놀러온 김에 G는 나에게 영어책을 들고 와서 몇 가지 배우고 갔다. G는 살이 좀 있는 편으로 폭실폭실한 인상을 주었고 살결이 유달리 희었으나 눈을 뜰 때 눈이 약간

사시가 아닌가 싶게도 보였다.

그 무렵 나는 매일 일기를 적어서 서랍에 넣어두었다. 하루는 밤 늦게 초등학생부터 M까지 차례로 수업을 마쳤다. 그런데 수업이 끝났는데도 M은 제 방으로 건너가지 않고 미적대고 있다. 뭔가 할 말이 있어 보였다.

사실 나는 초·중·고 세 아이의 뒷바라지를 다 끝내고 나서야 나의 대학 공부를 들여다보게 되는데 대개 밤 11시쯤이 된다. 세 아이의 중간고사나 기말고사가 나의 대학 시험과 겹치는 일이 태반이어서 나는 번번이 준비도 없이 시험을 치르기 일쑤였다. 자연 성적이 좋을 리 없었다. 그날 밤도 나는 다음 날 시험이 있어서 책을 좀 들여다봐야 할 처지였다. 그런데도 M은 가지 않고 미적대고 있다.

"너, 나에게 할 말이 있구나?"
"응, 있어."
"뭔데?"
"오빠 말이야, 엊그제 다녀간 내 친구 G 좋아해?"
"뭐? 내가 G를 좋아한다고?"
"나... 오빠 일기장 봤어. 좋아하던데?"

그 집은 전술한 것처럼 방이 아홉이나 되는지라 공부방이 따로 있었고 내 방은 나만이 드나들었다. 그런데 내 방 책상 서랍 속에 있는 일기장을 M이 보다니? 그렇다면 M은 나 몰래 내 방에 들어와서 이것저것 살펴본다는 이야기다. 왜?

나는 슬며시 위기의식이 들기 시작했다. M이 어느새 이성에 대한 궁금증을 느끼게 되었구나 싶어서였다. 아니나 다를까, 그 일이 있고난 며칠

후, 일요일에 삼선교와 돈암동 사이에 있던 동도극장에 함께 가자고 졸라 댔다. 입장료는 자기가 댄다는 것이다. M의 강권에 나는 아무도 몰래 둘이서만 비밀로 하고 알라딘의 무엇인가 하는 만화같은 영화를 보았다. 저녁에 주인 아주머니 보기가 좀 그랬다.

M은 그 뒤부터 가끔 내 방으로 와서 이런저런 잡담을 하다 돌아가곤 하였는데 어느 때는 내 이불에 기대 깜박 잠이 들기도 하였다. 어느 비오는 주말이었다. M은 중앙극장에서 인기영화를 상영 중인데 꼭 보고 싶으니 이따 몇 시에 혜화로터리 대학로 쪽으로 나오라고 하고는 먼저 나가는 것이었다. 시간에 맞추어 나가보니 아까부터 거기서 기다리고 있었던 모양이었다. 부리나케 번개 택시(그 무렵엔 닷토[脫兎; 대단히 빠른] 택시라고 부름)를 집어타고 저녁 상영 영화를 둘이서 관람하였다. 그리고 각기 제 볼 일 보고 오는 듯 시차를 두고 집으로 들어왔다. 자꾸 양심이 중얼거리는 것 같았다. 그러니까 그날 아이들 공부는 모두 쉬었던 것이다. 주인아주머니보다 그 집 식모인 복실이 눈치가 보였다. 왜냐하면 어느 때부터인가 복실이는 밤늦게 M과 내가 함께 공부하는 시간에 창밖에서 새어나오는 소리를 엿듣고 있는 걸 알기 때문이었다.

꼬리가 길면 밟힌다는 속담이 영락없는 말이다. 드디어 다음 날 저녁에 사단이 나고야 말았다. 안쪽 대청마루에서 주인아주머니의 노기 찬 목소리가 내 방까지 들려왔다.

"이 년아! 말해라. 어젯밤 극장 갔었다며? 바람났냐? 머리에 쇠똥도 안 마른 것이 하라는 공부는 안 하고 남학생 데리고 극장이나 다니며 바람부터 피워? 대라, 누구하고 갔냐?"

학교에서 갓 돌아온 M을 댓자로 꿇어앉혀놓고 다그치는 것이다. M은 굳게 입을 다물고 있었다. 주인아주머니의 고함 소리는 나 들으라고 하는 소리 같았다. 나는 머릿속이 하얗게 되었다.

그 다음 날 저녁, 식구가 다 모여 저녁을 먹은 뒤에 나는 주인 내외 앞에 조용히 무릎을 꿇었다. 사려 깊지 못하였음을 사과하고 이제 집을 나가겠다고 말씀드렸다. 아이들은 눈이 휘둥그레졌다. 주인아저씨도 뜻밖이라는 표정이었다. 나 들으라고 소리를 높였던 주인아주머니는 별 말씀이 없을 것으로 알았다. 그런데 이게 어찌된 것인가?! 아주머니가 제일 놀라 펄쩍 뛰는 것이 아닌가.

중앙극장에 함께 간 학생이 나였느냐고 되물으면서, 그렇다면 무슨 걱정이냐고, 가긴 어딜 가느냐고 공연한 소리 입도 뻥끗하지 말라고, 우리는 한 가족이 아니냐며, 얼굴이 허옇게 되셨다.

그 동안 군대에 가 있는 큰 아들이 휴가를 나오자 친구들과 중앙극장에 관람을 갔는데, 마침 누이동생이 낯선 남자와 함께 들어오는 것을 보고 곧장 집으로 전화를 걸어 단단히 단속하라고 하더라는 것이다. 내가 나가는 것을 아이들도 매달리다시피 만류하였다.

첫 해프닝은 이렇게 잘 마무리가 되었지만, 문제는 그 후부터였다. M과 나는 늦은 밤까지 공부보다 이성교감(異性交感)하는 시간으로 빠져들기 시작하였다. 참으로 위험한 고비고비의 연속이었다. 복실이는 추운 창밖에서 일하면서 엿듣기도 여전하였다.(창밖에 수도가 있었음)

그해 나는 학부 3년이 끝나가고 있었고, M은 고2가 끝나가고 있었다. 나는 청용암에 들어간 S를 생각하고, 부모 재력으로 쉽게 미국 유학을 떠난 친구들 생각도 하였다. 이게 무엇인가. 졸업 학년이 코앞이 아닌가? 나에게 하프 스칼라쉽을 허락해준 미국 피츠버그대학의 캐서린 테일러 학장한테 문의해보았지만, 귀하의 재정 보증을 해줄 교수를 찾을 수 없으니 유감이라는 회신이 온 것도 며칠 전이다.

한국에서 얼마나 그것을 얻기 위하여 고생하였던가. 결국 그래서 염치 불구하고 스칼라쉽을 주신 테일러 학장에까지 손을 내민 재정 보증 아니던가. 결국 나에게는 다 허공의 신기루를 잡는 코미디였다.

가난도 임계선을 넘은 나의 가난에 진저리를 치면서 이 무슨 비겁한 자기 도피이며 자기 위안이며 자기 기만행위인가! 나는 밤마다 자신을 패대기쳤다. 나는 며칠을 번민하였다. 이제부터는 나 자신을 위하여 시간을 써야겠다고 이를 악물었다. 여기를 벗어나자. 그래야 죽이건 밥이건 내 미래가 자리잡힐 것 아닌가?

정로(正路)로는 여기를 나가게 해주지 않을 것이다. 그렇다. 독하게 마음을 먹자. 야반도주하자. 나중에 편지를 올려 백배 사죄하자. 일단 지방에 있는 집으로 가서 앞으로 남은 1년치 등록금을 벌자. 벌어서 대학원에 일단 발을 들여놓고 차차 미래를 설계하도록 하자.

한 달 후 나는 집에서 가져온 침구와 옷가지 일체를 놔두고 꼭 필요한 책만 몇 권을 손가방에 담은 채 마치 외출하듯 내 청춘의 잿빛 으스름을 뚫고 새벽 서울역을 향하여 줄달음을 쳤다. 더 큰 짓궂은 운명의 여신이 나를 기다리고 있는 줄도 모르고.

교동(校洞) 학교 터

　운현궁에서 낙원상가 쪽으로 가다 보면 우리나라 최초로 설립된 초등학교인 교동소학교가 나온다. 나의 서울대 법대 10회 동문회가 월마다 열리던 배 스시(寿司)집도 그 옆에 있었고 장안의 한량들이 모여와 논밭 털리던 명월관, 오진암 등 요정도 그 뒤안길에 있었을 뿐 아니라, 마누라 단골 미용소 또한 그 옆에 있다. 교동학교 터인 이곳 경운동이 정암 조광조가 살던 곳이다. 김옥균과 더불어 조선 개혁의 두 기둥이었다. 퇴계가 일찍이 언급하기를 정암은 그 풍모가 뛰어나서 마음의 수양이 깊고 풍채가 준수하니 밖으로 빛나……라고 썼다.
　그가 대사헌으로 있을 때 한번은 중종이 성균관 문묘를 찾았을 때 동행하니 임금님보다도 정암 얼굴 보려고 사람들이 구름처럼 모여들었다고 한다. 사림의 종주(士林宗主)로 추앙받으며 급진적 도학(道學) 정치 개혁을 하다가 간교한 무리들의 모함과 특히 반정으로 임금이 된 중종의 열등의식이 학과 같은 성현을 사약으로 목숨을 끊게 하였으니 통분할 일이다.
　내가 살고 있는 북촌 소격동의 옛 도교 본산이었던 소격서를 대비들의 반대에도 무릅쓰고 인습은 철폐되어야 한다고 하여 단호히 없앤 강골 개혁가이기도 하였다.

종로구청 터

나의 생활권을 관장하여 내가 자주 들려야 되는 종로구청 터는 삼봉(三峰) 정도전이 살던 수송동으로, 전에 수송국민학교가 있었던 자리이다. 삼봉이 누구인가. 태조 이성계가 늘 그를 보고 말하기를, "그대가 없었던들 내가 어찌 이 자리에 있었겠는가?" 하고 감사해하던 인물로 한양 천도, 경복궁 건립, 그 명칭 작명, 나라의 기본법인 『경국대전』 제정 등 헤아릴 수 없이 많이 조선조 건국의 터를 닦은 사람이 아닌가.

태조가 계비 강씨의 소생인 방석을 세자로 삼고, 삼봉이 후견역을 맡으니 마침내 첫부인 소생인 방원한테 주살당한 그 장소가 송현동 옛 풍문여고 옆 한진 공터다.

고려의 정몽주와 더불어 이정(二鄭)으로 추앙받았으나 태종은 분이 안 풀리어 그의 호 삼봉을 역적 호라 하여 아무도 따라 못쓰게 하였다.

경운동의 나합댁(羅閤宅)

정조의 사돈이자 순조의 장인인 김조순의 아들인 김좌근은 영의정을 세 번이나 할 정도로 그 세력이 하늘을 찔렀다. 그는 일찍이 나주 기생을 첩으로 두고 사랑하였는데, 뒤에서 정승 노릇할 정도라고 하여 사람들은 그녀에게 영상급 귀인에게만 부르는 합(閤)자를 붙여 불렀다. 벼슬을 얻으려고 그 집 말이나 나귀의 보약으로 비싼 약재를 진상하니 '호판댁 말들은 보약과가 맛이 없어 물린다'는 정도였다. 또 한편으로는 합을 합(蛤)으로 고쳐 나조개라고 놀리기도 하였다. 그들이 살던 경운동 유치원에 지금 내 귀여운 증손녀가 매일 깔깔대며 논다.(이규태, 『600년 서울』, 조선일보사 1994) (2020. 11. 23)

잊히지 않는 일들

유상희

　내가 전남대 사범대학 일어교육전공에 전임 같은 시간강사로 부임한 것은 1982년 봄이었으니 5.18 광주민주화운동이 일어난 지 2년이 채 못 되는 시점이었다. 매주 월요일 새벽에 서울에서 내려가 9시 전에 도착해서 금요일까지 체류하며 20시간가량 전공과 교양과목을 강의하니 연구실도 배정받았다. 금요일 오후에는 순천대학에 가서 3시간 강의하고 고속버스로 4시간 반을 달려 강남고속버스터미널에 도착, 다시 시내버스로 1시간 달려 화곡동 집에 도착하면 한밤중이 되었다. 토요일에는 한남동 단국대학에 나가 교양과목 3시간을 강의했다.

　전남대학 정문 부근에서 인문사회대학 사학과 3학년 여학생과 3개월쯤 하숙을 하게 되었는데 그녀는 식사 때마다 사학과 김동수 교수에 관한 이야기를 자랑삼아 해 주었다. 무척 경외하는 것 같아서 본받고 싶었다. 유치원생 하나와 사는 30대 하숙집 아주머니는 거의 매일 밥상머리에 앉아 5.18 때 자신이 당했거나 전해들은 이야기를 해주어 그 때의 상처가 광주 시민에게 얼마나 깊었는지 피부로 느낄 수 있었다.

당시 전남대에는 전임교수가 500명 정도였는데 캠퍼스에 상주하고 있는 전경 수도 비슷했다. 각 단과대학 학생과에는 사복 경찰이 상근하였고 간간이 강의실에도 드나든다고 했다. 12시만 되면 전경들이 교직원 식당을 점령하는 바람에 차례를 기다리다 5교시 강의에 늦을 때도 있었다.

그 해 3월 '부산미문화원방화사건'이 일어났다. 미국이 5.18 광주학살을 용인했다는 이유에서였다. 미국을 상대로 한 테러는 처음이어서 온 국민이 큰 충격을 받았으나 광주는 의외로 조용했다. 그런데 5월이 되자 분위기는 싹 바뀌어 학생들이 시도 때도 없이 확성기를 틀어놓고 5.18 진상을 규명하라고 외쳐댔다. '을사오적'과 김지하의 시 「오적」을 떠올리게 하는 '5.18 오적'을 규탄하였다. 바로 전두환, 노태우, 정호용, 박준병, 미국을 겨냥한 것이다.

중앙도서관 앞 잔디 광장에 망월동 5.18 희생자 묘지를 상징하는 수백 개의 검은 깃발을 꽂아놓고 규탄대회를 하여 학생들을 모이게 한 다음 시위에 돌입하는 것이 정해진 순서였다. 붙잡히지 않으려고 강의 동 건물 기와 지붕 위로 올라가 흉기를 휘두르며 구호를 외치면 전경들은 건물 주변에 두터운 매트리스를 깔아놓고 검거하는 광경도 보았다. 대학 당국이 밤에 깃발을 뽑아내면 이튿날 학생들이 다시 꽂는 일이 반복되었다. 학생들의 총장실 난입을 막으려고 직원들이 계단과 복도를 빈틈없이 메우고 대치하기도 했다. 주로 부른 운동 가요는 「임을 위한 행진곡」과 「아침이슬」이었다.

그 해 10월에는 5.18 당시 전남대 총학생회장이었던 박관현 군이 광주 교도소에서 복역 중 단식을 하며 옥중 투쟁하다가 숨진 사건이 발생했다. 그날 밤 광주 시내는 마치 폭풍 전야 같이 고요했지만 어쩐지 으스스한 느낌이 들며 소름이 돋은 기억이 난다. 5.18 비극은 전남대 정문 앞에서 시작되었고 전남대생들이 맹활약했음에도 불행 중 다행으로 사망자는 소수였는데 안타깝게 박 군이 또 다시 그날의 비극을 상기시킨 것이다.

일어교육전공에는 일본인 객원교수가 있었다. 그는 막 유행하기 시작하던 에어로빅 강사로 광주에 와 있다가 채용된 것이다. 그는 몸매가 좋은 30대 남자로 회화만을 담당했는데 학생들에게 인기가 많아 질투심이 날 지경이었다. 그가 임기를 마치고 출국할 때는 학생들이 공항까지 배웅했다는 소문도 있었다. 일본인 특유의 성실함이 학생들의 마음을 사로잡았을 것이다. 나도 그런 교수가 되고 싶었다.

전남대는 78학년도에 개설한 사범대학 일어교육전공을 폐하는 대신 81학년도부터 인문사회대학 일어일문학과 신입생을 모집하기 시작하여 1, 2학년이 재학 중이었다. 5공 정부는 면학분위기를 조성할 목적으로 이른바 '졸업정원제'를 도입하였다. 즉 신입생을 정원보다 30% 더 선발하여 4학년에 진급할 때는 졸업정원의 10%를 넘지 못하게 규제하는 제도였다. 당시 전남대 일문과 정원은 60명이라서 매년 78명이 선발되었고 그 중 18명은 탈락하여 졸업할 수 없게 되는 것이다.

지금은 개정되었는지 모르지만 당시에는 대학 전임교원이 되기 위해서는 4년제 대학을 마치고 3년 이상의 연구경력이 필수였다. 나 같이 석사학위 소지자는 대학원 2년을 연구경력으로 인정받으므로 대학에서 조교 경력을 1년 이상 쌓거나 주당 9시간 이상의 강의 경력이 1년 이상 있어야 했다. 두 학기 동안 강사 경력을 충분히 쌓았기 때문에 다음 해 1월 전남대 교수공채에 응시하여 2편의 논문심사를 받고 외국어시험과 전공시험 그리고 면접시험까지 치러 합격 통보를 받았다. 이제 신원조회만 통과하면 문교부 장관의 승인을 거쳐 총장으로부터 전임강사 임명장을 받게 될 것으로 기대하고 있었다.

그런데 3월이 되어 연구실도 다시 배정받고 강의를 시작했는데도 인사 발령이 나지 않아 애를 태웠다. 문교부에서 제동을 건 것이다. 그 이유는 작년 3월 1일부터 강사를 시작했으니 금년 2월 말이 되어야 1년이 되는데, 1월 중에 공채가 이루어졌음으로 법령 위반이라는 것이었다. 정말 황당한 궤변이었다. 그런 논리대로 한다면 대학 입학 전형도 교교 졸업 전에 시행했으니 원천무효 아닌가. 5공 군사정권하의 관료주의는 이렇게 위세가 대단해서 서기관 이상은 물론이고 그 이하마저도 대학총장에게 고압적이라고 들었다. 전국 대학 중에 입김이 가장 센 것으로 알려진 전남대조차도 굴복하여 3월에 다시 교수초빙 공고부터 시작하는 절차를 밟다보니 5월 12일에야 임명되었다. 그런 우여곡절이 있었지만 꿈에 그리던 대학 전임이 되어 기뻤다.

나는 첫 강의 시작 전에 학생들에게 "우리는 지역적으로 아주 불리한 만큼 오로지 실력으로 승부할 수밖에 없다. 학업을 소홀히 하고 시위만 하다가는 시위하지 않고 공부하는 다른 지역 학생들에게 실력마저 뒤지게 되어 미래가 더욱 어려워질 것이다. 내가 있는 힘을 다해서 지도할 테니 여러분들은 내가 하라는 대로만 하면 반드시 좋은 결과가 나올 것이다."라고 비장한 어조로 말했다.

그리고는 초지일관하여 강의는 첫날 첫 시간부터 진도를 나가고 절대 결강하지 않으며, 강의 중에는 잡담을 일체 삼가고 학습량은 다른 대학의 두 배 이상 많았다. 그리하여 예습, 복습을 철저히 하지 않고서는 도저히 따라갈 수 없게 했다. 그뿐 아니다. 내 담당 과목 수강을 기피하는 것을 방지하기 위해 각 학년 매 학기마다 전공필수 과목을 맡았다. 리포트는 꼭 필요할 때만 부과하고, 일단 제출 받은 리포트는 세심하게 읽고 평가한 후 반드시 반환했다.

커닝을 원천적으로 방지하기 위해 시험문제는 B4용지 양면에 빽빽하게 출제하여 두리번거리거나 메모를 들여다 볼 틈을 주지 않았다. 그리고 주관식과 객관식을 반씩 내어 요행을 바라지 못하게 했다. 채점한 시험지는 언제고 열람할 수 있게 했다. 결시하면 0점 처리하고, 반드시 출석을 불러 한번 결강하면 총점에서 1점씩 감점하며, 1학점 당 48시간을 이수해야 하는데 출석 4분의 3에 미달하는 13시간 결강은 0점 처리했다. 가장 가혹한 것은 하위 30%까지 F학점을 부여한 것이다.

장학금 지급도 철저하게 성적 위주로 하였다. 이렇게 학생들을 옥죄는 만큼 나도 논문 쓰는 시간은 최소로 하고 강의 준비에 심혈을 기울였다. 외출이나 회식도 거의 하지 않고, 제일 먼저 출근하고 가장 늦게 퇴근하며 최대한 연구실을 지켰다.

그런 식으로 이끌고 갔더니 학생들이 정말 열심히 공부하게 되고 실력이 눈에 띄게 늘었다. 도서관에는 일문과 학생들만 가득하다는 소문이 들렸다. 밤 10시까지 도서관에서 공부하다가 귀가하다 내 연구실 불이 켜져 있는 것을 보고 되돌아가 공부했다는 학생도 있었다. 운동권 학생이 내가 그런 방법으로 학생들에게 과중한 학습 부담을 주어 시위를 못하게 하는 '어용교수'라고 비난한다는 소문이 들렸지만 흔들리지 않았다. 학생들은 내 과목 시험을 마치면 시험이 다 끝났다고 생각하고, 내 과목 학점만이 진짜 실력을 가늠하는 기준이 된다고도 했다.

그러다가 마침내 암초에 부딪치고 말았다. 어느 날 2학년 강의실에 들어갔더니 평소와 달리 여학생들만 있어서 사유를 물었으나 아무도 대답해 주지 않아 이상한 생각이 들기는 했지만, 휴강하지 않기로 선언한 만큼 출석을 부르고 강의를 진행했다. 이렇게 되면 남학생들이 불리해지기 마련이었다. 그렇지 않아도 시위에 소극적이고 지시를 잘 따르는 여학생들의 성적이 좋아 장학금을 많이 차지하는 실정이어서 더욱 안타까운 생각이 들었다. 다음 날 2학년 강의실에 들어가니 텅 비어 있어서 강의 시간을 착각했나 싶다가 퍼뜩 수업 거부라는 생각이 들었다.

내 충심을 모르고 경거망동하는 학생들과 일전을 벌일 각오를 하고 일단 학장에게 보고했더니 몹시 불안한 표정이었다. 수습할 자신이 있으니 안심해도 된다고 말했다. 조교를 불러 매 시간 출석 체크를 하여 출석이 미달되면 전원 F학점을 주겠다고 단호하게 말했다. 그 이튿날 학년 대표와 부대표가 찾아와 사과하며 용서를 구했다. 예비역과 재수생들이 모의한 후 병역미필 남학생들과 여학생들을 동참시킨 것을 알았다.

학생들의 동조를 이끌어낸 가장 큰 이슈는 지나친 학습 부담과 엄정한 학사운영이었다. 젊은 녀석들이 그 정도 어려움을 못 견디고, 또 건의 한 번 해 보지도 않고 그런 식으로 반발한 것이 괘씸했지만, 꾹 참고 태연히 강의를 하면서 둘러보니 최고령 A군이 고개를 처박고 있는 모습이 눈에 띄었다. 연구실에 돌아와 있으니 그가 찾아와 모든 책임을 지고 자퇴하겠다고 말했다. 나는 "잘못했다고 사과하면 그만이지 그까짓 일로 자퇴하다니!"하고 호통을 쳤더니 떨리는 목소리로 사과하고 물러갔다.

수업 거부 사태는 일단락되었지만 A군은 여전히 풀이 죽어 있는 모습이 마음에 걸렸다. 방학 중 일본에서 그의 집으로 편지를 보냈지만 회답이 없었다. 집안 형편이 어려워 객지에 나가 벌이를 하고 있지 않나 싶었다. 장학금은 성적순이란 방침을 견지해 왔지만 고심 끝에 예외로 명단에 그의 이름도 올렸다. 개강하자 그가 밝은 얼굴로 찾아와 "교수님, 정말 고맙습니다! 저는 교수님이 여전히 저를 미워하시는 줄 알았어요. 이제부터 열심히 공부해서 보답하겠습니다. 지켜봐 주십시오."라고 말했다.

A군이 나에게 반감을 품고 수업 거부를 선동한 것은 그 나름의 이유가

있었다. 나도 그와 같은 나이에 야간대학에 편입하여 공부한 경력이 있기 때문에 관심을 가지고 지켜보고 있었는데, 기대에 어긋나 호되게 야단친 일이 있었기 때문이다. A군이 대여섯 살 아래인 동급생 J양에게 연정을 품었던 것 같았다. 상대는 꽤 미모인데다가 가정형편도 최상위 클래스였던 만큼 가난한 늦깎이 동급생을 오빠라고 부르며 살갑게 대하기는 했어도 사귈 생각은 없었던 것이다. A군이 예사롭지 않게 접근해오자 J양이 분명히 거부하였음에도 집에까지 전화하는 무례를 범한 것이다. 아버지에게 호되게 야단맞은 그녀가 분노하여 상담해 옴으로써 사실을 알게 되었다. 어떻게 해야 할지 몰라 고심하고 있던 차에 번역시화전이 열렸다. 둘러보니 J양의 작품이 가장 훌륭했기 때문에 강의 시간에 다소 과장하여 칭찬했다. A군은 내가 자신의 비행을 모두 알고 J양을 비호하는 것으로 판단한 것 같았다.

　A군이 내 하숙집을 어떻게 알아냈는지 예고도 없이 선물을 들고 찾아와 머리를 조아렸다. 그렇게까지 저자세로 찾아왔으면 따뜻한 말로 위로하고 선물도 고맙게 받아 주었으면 좋았을 것이다. 그런데 공연히 울화가 치밀어 "뒤늦게 대학에 들어왔으면 공부나 열심히 할 것이지 무슨 연애질이야! 게다가 돼먹지 못한 행동으로 분란을 일으키다니. 그렇게 요령이 없어서 어떻게 연애를 해!"라고 엄하게 꾸짖었을 뿐 아니라 선물마저 거절하고 돌려보냈으니 그가 얼마나 비참했을까.

　지금 생각해 봐도 왜 그리 매정했는지 도무지 이해가 되지 않는다. 어쩌면 삼각관계의 감정이 작용했는지도 모르겠다. 지난 해 초겨울 첫눈이 엄청나게 많이 내려 온 천지가 눈부시게 빛나던 날이었다. 첫 발자국을 남기며 천천히 걸어와 연구실에 앉아 책을 보고 있는데 갑자기 문이 열리는가 싶더니 커다란 눈덩이가 날아들었다. 황급히 뛰쳐나가 보니 J양이 깔깔대며 달아나고 있었다. 그녀의 뒷모습을 바라보면서 야릇한 기분에 취해 본 기억이 난다. 그녀는 광주 시내 여고에 재직하며 몇 년 전 동료와 함께 나를 찾아와 그 시절의 추억담을 나누고 갔다.

천성이 착한 A군은 다짐한대로 열심히 공부하더니 30% 이내에 들어 교사 자격을 받을 수 있었다. 졸업과 동시에 가톨릭 재단의 여고에 지원했는데 미혼인 것이 결격사유가 되자 교생 실습 때 점찍어 둔 서무과 여성과 재빨리 결혼하여 무사히 채용되었다는 소식을 전해 듣고 얼마나 기뻤는지 모른다. 그도 이제 정년퇴직했을 나이다.

모두 열심히 공부한다 해도 졸업정원제로 인하여 탈락자는 나오기 마련이었다. 탈락이 우려되는 남학생들은 휴학하고 입대하는 도피처가 있었다. 하지만 여학생들은 그것마저 없어서 소수이기는 해도 제적당하게 되자 연구실에 찾아와 애걸복걸하며 매달리는 바람에 몹시 괴로웠던 기억이 생생하다. 그 제도는 85학년도부터 대학의 자율에 맡겨지자 유명무실해졌다.

대학에는 시험 때 부정행위에 대해 학생이나 교수나 대수롭지 않게 생각하는 악습이 있다. 시험은 엄연한 경쟁이므로 학생은 마땅히 페어플레이를 해야 하고 교수는 공정한 심판 역할을 해야 함에도 그렇지 못한 경우가 적지 않다. 그것은 정말 심각한 문제라고 생각한다. 특히 졸업정원제 하에서는 정직해서 커닝하지 않은 학생은 탈락하고, 학력이 부족하면서도 요령껏 커닝해서 좋은 성적을 얻은 학생은 장학금도 받고, 탈락도 면한다면 어찌되겠는가? 또 양심이 바른 학생은 교원이 되는 길이 막히고 그렇지 않은 학생이 교원이 된다면 교육이 과연 어찌 되겠는가를 생각하면 예삿일이 아니다. 오늘날 우리 사회 도처에서 거짓이 진실을 덮어버리고 도리어 판치는 것을 보고도 분개하기는커녕 동조하는 자들이 많은 기이한 현상과 무관하다고 할 수 없다.

전남대에는 이런 폐해를 깊이 인식하고 분투하는 교수들을 볼 수 있었다. 예의 사학과 김동수 교수가 그 중 하나이다. 그는 시험기간 때마다 부정행위자를 많게는 20명까지 적발하여 학칙에 따라 처벌함으로써 학생들 사이에 악명이 높았다. 그도 악역이 괴로웠는지 교수회의 때마다 현행 학칙의 상벌조항이 현실에 맞지 않으므로 시급히 개정할 필요가 있다고 발의했다. 즉 "시험부정행위를 한 자는 무기정학에 처한다."는 조항이 있는데, 그것은 지나쳐서 대부분의 교수들이 자의적으로 적당히 처리해버려 유명무실해졌다. 그러므로 차라리 처벌 수위를 낮추고 그 대신 철저히 준수하는 편이 오히려 효과적일 것이라는 주장이다. 묘책이지만 대부분의 교수들은 시험부정행위에 대하여 그다지 심각하게 생각하지 않는 듯 호응하지 않았다. 그는 오리지널 전남대 출신으로 가장 젊으면서도 공평무사하고 강의를 잘하여 대다수 학생들에게 인기가 높았기 때문에 매년 수십 명의 학생을 무기정학 처분하고도 무사할 수 있었을 것이다.

독문과 차봉희 교수도 그 중의 하나다. 전남여고 시절부터 유명했다는 그녀는 독일에서 박사학위를 한 인물인데 개성이 매우 강하여 학생들에게 인기가 많은 것 같지는 않았는데 시험부정행위에 대해서는 매우 엄격했다. 어느 날 책상 위에 빽빽하게 커닝 자료를 적어놓은 것을 발견한 그녀는 증거를 확보하기 위해 책걸상이 붙어 있어 상당히 무거운 것을 손수 들다 끌다 하면서 기어이 학생과까지 운반하느라 진땀 흘리는 모습을 목격하고 경탄하지 않을 수 없었다. 그런데 어찌된 영문인지 금세 한신대로 자리를 옮겼다.

기다치(木立)라는 일본인 객원교수도 대단했다. 그는 60대로 일본에서 고교 교장을 지내고 전공인 민속학 연구를 위해 한국에 온 것이다. 그는 수업이 없는 날이면 전국 각지를 돌면서 일제강점기 신사 터를 찾아다니며 자료 수집을 했다. 그가 첫 학기 중간시험 감독을 하다가 크게 놀라 내게 찾아와서 난데없이 이 대학이 국립대학 맞느냐고 물었다. 왜 그러냐고 했더니 일본의 국립대학은 아무리 지방대학이라도 커닝하는 일이 없다는 것이다. 왜냐면 사립대학보다 등록금이 훨씬 적은 것은 국민의 세금으로 보전받기 때문이라고 생각하여 프라이드가 높아 부정행위를 하지 않는다는 것이다. 그리하여 일본의 400여 개의 대학 중에서 서열 100위 안에 44개 국립대학이 모두 들어 있다는 충격적인 이야기였다. 그가 시험시간마다 물걸레를 가지고 들어가 책상과 벽을 닦는다는 말을 듣고 심히 부끄러웠다. 위 세 교수의 행동은 30년간의 내 교수 인생에 큰 영향을 미쳤다.

1984년 5월 어느 날 우리 학과 여학생이 2층에서 추락했다고 해서 황급히 달려가 보니 노은자 양이 허리가 뒤로 30도쯤 꺾어져서 쓰러져 있는 것이 아닌가! 너무 놀라 어찌할 줄 몰라 허둥대다가 구급차를 불러 여학생 둘을 데리고 광주시 중심가에 있는 전남대 부속병원으로 달려갔다. 차 안에서 사정을 들어보니 그녀가 2층 빈 강의실에서 혼자 공부하고 있던 중 전경들에게 쫓긴 시위대가 순식간에 강의실로 몰려 들어와 책상으로 출입문을 막고 구호를 외쳐대자 놀라서 창밖으로 뛰어내린 것 같다고 했다. 그런데 불운하게도 아래가 시멘트 바닥이었던 것이다.

분초를 다투며 대학병원에 달려가니 황당하게도 변두리 송정리에 있는 병원으로 가라고 했다. 이유를 물으니 기자들이 알게 되면 곤란하다는 것이었다. 지정해 준 병원에 달려갔더니 시급히 수술해야 하니 보증인을 데려오라고 했다. 농촌에 사는 보호자가 언제 올 수 있을지 몰라 대학 본부에 내가 보증을 서 주면 안 되겠느냐고 문의했더니 나중에 대학이 책임을 떠맡게 될 수 있으니 절대 안 된다고 했다. 어쩔 수 없이 따라온 학생의 어머니를 오게 했는데 대학 측에서 다시 대학병원으로 데려가라는 연락이 왔다.

극심한 통증으로 신음하는 환자를 달래면서 반나절이나 돌아다니자니 정말 진땀이 났다. 대학병원 의사 선생이 심각한 표정으로 "수술을 해도 평생 고생을 하게 될 것입니다. 하지만 자연 치유가 되면 괜찮을 수도 있습니다. 이 학생은 이제 갓 스무 살로 한창 때니까 자연 치유를 기대해 보겠습니다."라고 말하고, 입원시켜 허리를 바로잡고 부목을 대어 고정하는 시술을 했다. 그 후 1년 만에 기적같이 완치되어 복학한 그녀의 모습을 보고 얼마나 기뻤는지 모른다.

같은 해 가을 학생들과 무등산으로 MT를 갔다. 여느 때와 같이 그날도 학생들은 나를 에워싸고 5.18 당시의 목격담이나 전해들은 이야기를 번갈아 가면서 끊임없이 들려주었다. 그날따라 기온이 떨어져 한기를 느낀 학생들이 땔감을 모아 모닥불을 피워놓고 둘러서서 이야기를 나누고 있던 중에 난데없이 폭음과 동시에 모닥불이 하늘로 솟구쳤다. 잠시 후 정신을 차리고 보니 모두 재를 뒤집어써 얼굴이 새까매져 있었다. 누군가 쓰다 남은 가스통을 구멍 내지 않고 그냥 버린 것이 불속에 딸려 들어간 것이다. 모두 무사한 것 같아 깔깔대며 웃고 있는데 설단숙 양이 까만 얼굴을 두 손으로 쓸어내리자 마치 귀신 얼굴같이 하얗게 변하지 않는가! 얼굴 피부가 온통 다 익어 벗겨진 것이다. 소스라치게 놀라 어찌할 바를 모르는 학생들을 서둘러 해산시키고 부랴부랴 그녀를 데리고 병원으로 가는데 정말 눈앞이 캄캄했다. 그런데 의사 선생이 "어쩌다가 이런 일을! 하마터면 신세 망칠 뻔했지 않았습니까! 얼굴이라 천만다행입니다만"하고 말해서 의아했다. 얼굴이라 더 걱정했는데 얼굴이라 다행이라니 이게 무슨 소린가 했더니 인체에서 얼굴이 열에 강한 편이란다. 얼마 후 등교한 그녀의 얼굴은 마치 박피 시술을 받은 것처럼 예뻐져 얼마나 기뻤는지 모른다. 지금도 전남지방 어느 곳에서 공무원으로 일하고 있을 것이다.

1984학년도 일문과 학생회장은 심재민 군이었다. 명랑 쾌활한 성격에 기타 연주와 대중가요에 능해 가요제에 나갈 정도여서 학생들에게 인기가 높았다. 그가 학생회장에 입후보하자 대학 당국은 그가 당선되면 시위가 더 심해질 것을 우려하여 온건한 예비역 학생이 당선되기를 바라면서 나에게 학생들의 선거에 신경 써주기를 바라는 눈치였다. 전남대에서도 가장 시위가 극렬한 인문사회대학이니 만큼 우려하는 것이 당연했다. 두 학생에 대한 학생들의 지지도가 비슷했기 때문에 내가 마음만 먹으면 원하는 결과를 가져올 수도 있겠다 싶었지만 옳은 일이 아니라 생각해서 응하지 않았다. 다만 누가 회장이 되든 간에 시위로 희생당하는 학생이 나오지 않도록 열성을 다해 지도하겠다는 의지를 내비쳤다.

아니나 다를까 시위 때마다 심 군이 몽둥이를 들고 선두에 서서 맹활약하는 모습을 여러 번 목격했다. 나는 그를 불러다가 "폭력정권을 비난하면서 너희들도 폭력을 행사하고 있는 것은 자가당착 아니냐? 비폭력이 오히려 효과적일 것이다. 무식한 군바리들이라고 욕하면서 너희들도 공부는 뒷전으로 하고 매일같이 시위만 하다가는 마찬가지가 된다. 공부도 하면서 비폭력으로 시위했으면 좋겠다."고 설득했지만 갖가지 논리를 펴면서 반발하였다. 그런데 어느 날 대대적인 시위주동자 검거작전이 있을 것이라는 소문이 돌아 다시 그를 불러다가 정세가 심상치 않으니 1주일만 먼 곳으로 가서 쉬다 오라고 간곡히 회유했다. 내 진심이 통했는지 그는 1주일간 잠적했고 그 사이 대규모 시위가 일어나 주동자들이 대거 검거되어 엄한 처벌을 받았다.

그렇게 위태위태하게 졸업한 그는 대학원 세 곳에 지원하여 모두 합격

해 놓고 나에게 어느 대학원으로 가면 좋겠느냐고 문의해 와 동국대에 가서 김사엽 교수의 지도를 받으라고 권했더니 그대로 따랐다. 마침 내가 전북대로 자리를 옮긴 후라서 그가 석사학위를 받자마자 조교로 채용할 수 있었다. 그가 조교로 들어오자 학과 분위기가 크게 바뀌어 학생들은 물론 교수들도 모두 좋아했다. 그는 맥가이버 같다고 해서 '심가이버'라는 별명을 얻을 만큼 손재주가 뛰어나 컴퓨터는 물론 모든 교육용 장비를 잘 다루었다. 방과 후에는 학생들과 잔디밭에 둘러앉아 기타 치며 노래하는 모습이 정말 그림같이 평화롭고 아름다웠다. 내가 노래를 못하는 것을 익히 알고 있던 그는 틈틈이 내 연구실에 기타를 들고 와서 이선희의 「J에게」와 양희은의 「이루어질 수 없는 사랑」 등을 가르쳐 주었다. 그 덕에 사은회 때 「J에게」를 열창하자 모두 크게 놀라 기립박수를 하며 장내가 떠나갈 듯 '앵콜!'을 외쳐댄 일도 있다. 방과 후 연구실에서 그의 기타 반주에 맞춰 단 둘이 노래 부른 그날들이 가슴 시리도록 그립다.

그가 2년간의 조교 임기를 마칠 즈음 광주 서강정보대학에서 교수요원을 추천해 달라는 특별한 요청을 받고 그를 추천했더니 나이가 너무 적다고 보류하더니 1년 후에 전임으로 채용했다. 그는 전임이 되자마자 주요 직책을 맡아 몹시 분주한 것 같았지만 박사학위에 도전해 보라고 권유했다. 그러자 고대 대학원에 들어가 10년만인 2007년 마침내 학위를 받게 되었는데, 나도 심사위원으로 참가했었다. 그는 20여 년간 양대 명절과 스승의 날이 되면 내게 선물을 거른 적이 없었다. 오히려 내가 그의 도움을 많이 받았다는 생각을 하고 있었기 때문에 늘 미안해하며 이제 그만 했으면 좋겠다고 여러 번 만류해도 그럴 수는 없다면서 계속하다가 어느 해인가 이제 제발 그만 하라고 강하게 말했더니 이후 소식마저 끊겼다.

그러다가 2011년 9월에 내가 모친상을 당하자 파주에서 전주까지 조문하러 왔다. 그런데 그것이 마지막 만남일 줄이야! 그 후 10년이 다 되도록 소식이 없어 궁금한 나머지 올 가을 서영대학(교명 변경) 파주 캠퍼스로 전화했더니 작년에 병사했다는 것이 아닌가! 너무 놀라 말문이 막혀 무슨 병이냐고 묻지도 못했다. 82학번이니 아직 50대 아닌가! 순간 하느님이 원망스러웠다. 가는 곳마다 주변 사람들을 즐겁게 해주던 유능하고 매력적인 인물이었는데 어찌 그리도 일찍 데려가셨는지 정말 야속한 생각이 들었다.

그는 신입생 때 강의실에 들어가다가 나오는 한 여학생을 보고 첫눈에 반했는데 말 한마디 못하고 애만 태우다가 상사병으로 쓰러져 죽을 뻔 했다고 했다. 눈길 한번 안 주는 그녀를 6년간이나 짝사랑하고 있다가 우연히 서울에서 단 한 번의 만남으로 마음을 돌리게 하여 결혼에 성공했다고 그렇게 득의양양했는데 어찌 홀로 남겨두고 갔단 말인가!

며칠을 두고 그의 사인을 곰곰이 추측해 보았다. 마음에 짚이는 것 중의 하나는 어느 날인가 통화하면서 자녀에 대해서 묻자 아들 건강에 문제가 있는 것처럼 말한 것이 생각난다. 어쩌면 그 스트레스가 원인이 되었을지도 모른다. 또 하나는 유능하고 성실하기 때문에 대학에서 과중한 업무를 장기간 부과한 것이 원인일 수도 있겠다는 생각도 든다. 마지막으로 그런 분주한 가운데 박사학위 공부하느라 과로해서 병을 얻지 않았나 하는 생각이 들었다. 내가 그의 형편을 잘 모르면서 간곡히 권유하니 무리하게 따르다가 그리되지 않았나 싶어 죄책감이 들었다. 하지만 내게 전화로라도 한마디 작별 인사도 없이 그렇게 먼저 가버리다니 정말 야속하다는 생각이 들었다. 요전에 낙엽 쌓인 산길을 걸으며 속으로 「J에게」를 부르다가 문득 그의 이니셜이 바로 J임을 깨닫고 흠칫 놀랐다. 그가 이 노래를 내게 가르쳐 준 것은 자기를 잊지 말라는 뜻이 아니었나 싶은 생각이 들었기 때문이다.

　1984년 가을에는 처음으로 광주 시내 학생회관에서 원어 연극 공연을 했다. 내가 지도한 연제는 아키타 우쟈쿠(秋田雨雀)의「국경의 밤」이었다. 사회주의자의 작품이었기 때문에 천박한 자본주의를 비판하는 내용이어서 많은 학생들이 관람했다. 그래서인지 정보과 형사 두 명이 함께 관람했다고 들었다.

　극중에서 아이누족으로 분한 김용갑 군이 콧수염과 턱수염을 붙이고 출연하게 되었는데 말할 때마다 수염이 자꾸만 떨어지자 강력 접착제로 단단히 붙였던 모양이다. 연기 시작부터 통증을 느꼈지만 꾹 참고 있다가 기념사진 촬영을 마치자마자 잽싸게 수염을 잡아떼어 내니 피부까지 떨어져 나간 것이다. 그런 줄도 모르고 회식을 하려고 내 앞자리에 앉는 그의 얼굴을 보니 인중과 턱 전체의 피부가 벗겨져 새빨개져 있었다. 너무 놀라 허둥대며 그를 데리고 병원으로 달려가면서 세심하지 못했다는 자책감에 괴로웠다. 다행히 흔적이 깊게 남지는 않았지만 오랜 세월이 흐른 후 그의 박사학위 논문을 심사하러 전남대에 가서 자세히 보니 흔적이 거의 없어진 것 같아 다행으로 생각했다. 그렇게 쓰디쓴 경험을 했지만 그 연극의 연출, 주연, 조연 모두 훗날 일문학 교수가 되어 내 가슴을 뿌듯하게 했다.

　1985년에도 제5공의 전두환 정권은 대통령 직선제 개헌을 염원하는 대다수 국민의 여망을 무시하고 현행 간선제를 고수하고 있었다. 5.18의 근원지 전남대는 직선제 개헌을 요구하는 시위로 바람 잘 날이 없었다. 교문을 사이에 두고 투석과 최루탄의 격전이 벌어질 때마다 교수들도 현장에 나가 지켜보아야 했다. 나는 거의 매일같이 학교에서 최루가스를 마시는데다가 학교 근처에 있는 숙소에도 밤새도록 매캐한 냄새가 가시지 않아 괴로웠다. 대학 주변의 주민들의 고통은 이루 말할 수 없었다. 주인 할머니는 나를 볼 때마다 헐떡거리면서 "선상님! 웨 꼬춧까리를 뿌렸싼당가요?"라고 원망했다. 어린 아기가 있는 집은 친척집으로 피난 다닌다고 들었다.

  시험 때만 되면 으레 시험을 거부하며 시위가 벌어졌다. 어느 날 5,18 때 시민대표로 활약했던 영문과 명노근 교수와 짝을 이루어 시험 감독을 하게 되었다. 명교수가 시험지를 들고 가는 도중 학생들이 에워싸고 시험지를 건네 달라고 요구하자 이러지도 저러지도 못하고 말없이 서 있던 모습이 눈에 선하다. 결국 그날 시험은 무산되었다. 명교수는 5.18 때 고초를 많이 겪은 탓인지 일찍 타계했다.

  또 한 번은 영문과 이경순 교수와 시험 감독을 하고 있던 중에 한 학생이 비닐봉지에 담은 최루탄 가스를 이 교수의 머리에 쏟아 붓고 창문을 뛰어넘어 달아났다. 비명을 지르며 허둥대고 있는 그녀를 강의실 뒤편에서 목격한 나는 재빨리 달려가 부축하여 밖으로 나가려 했지만 꼼짝할 수가 없었다. 시험을 보고 있던 학생들도 최루가스가 퍼지자 일제히 기침을 하면서 얼굴을 감싸고 출입구로 몰려들었기 때문이다. 숨을 제대로 쉬지 못해 버르적거리는 그녀의 모습에 놀라서 비키라고 목청껏 고함을 질렀더니 길을 터주었다. 곧장 음수대로 이끌고 가서 한참 동안 물로 씻겼더니 정신을 차리는 모습을 보고나서야 나도 눈물과 콧물로 범벅이 되어 화끈거리는 얼굴을 정신없이 씻어냈다 한참 후 그녀를 돌아보자 겨우 살아났다는 듯이 싱긋 웃으며 "그 놈! 장가가기는 글렀다!"라고 하지 않는가! 신사답지 못하게 약한 여성에게 행패를 부렸다는 뜻이었다. 30대 미혼 여성의 그 호방한 모습이 지금도 생생하게 어른거린다. 내 친구 부인의 친구인 그녀는 아직도 미혼인 것 같다.

그 다음 날에도 시험을 방해하고 달아나는 학생의 발을 걸어 넘어뜨리는 순간 따끔하더니 어느새 내 손에서 피가 흘러 와이셔츠가 빨갛게 물들었다. 붙잡을 수 있었지만 징계할 수 있는 분위기가 아니었기 때문에 내버려 두었다. 그 일이 있은 후 이러다가 부상당하여 입원할 수도 있겠다 싶어 출근할 때 깨끗한 내의로 갈아입는 습관이 생겼다. 그러는 동안에 어느새 기관지가 나빠져서 병원 치료를 받기 시작했지만 낫지 않아 지금도 불편하다.

학생들이 시위하다 구속되면 해당 학과 교수들은 유치장으로 면회를 가는 것이 상례였다. 교수가 면회하니 수갑은 잠시 풀어주었지만 검은 고무신에 허리띠를 매지 않은 초췌한 모습이었다. 꼭 20년 전 신입생 때 한일회담 반대 시위에 참가했다가 뭇매를 맞고 실신해서 마장동 경찰병원에 입원했다가 성북경찰서에서 조사를 받은 후 덕수궁 뒤편 서울형사지방법원에 가서 구류처분을 받고 유치장에 갇혀 있던 내 모습을 보는 것 같았다.

1985년 3월 초 이기주 군이 연구실에 찾아와 첫 만남이 이루어졌다. 4학년으로 진급했어야 하는데 시험을 거부하여 학사경고를 두 번이나 받아 유급되는 바람에 내 지도를 받게 되었다는 것이다. 이야기를 시켜 보니 사회주의에 물든 것 같지는 않았지만 여느 학생들처럼 5공 정권에 대한 반감은 강하게 품고 있었다. 그는 소아마비 후유증으로 몸이 상당히 불편해 보였지만 성격은 아주 온순한 것 같았는데 얼마 후 구속되었다. 시위대를 이끌고 교문 밖으로 나갔다가 저지하는 경찰을 향해 화염병을 투척한 혐의였다. 그 동안 시위를 주동하던 쟁쟁한 인물들이 수백 명이나 구속되어 있었기 때문에 뒤따라 다니던 그가 불편한 몸임에도 깃발을 들고 선두에 서게 된 것 같았다.

대학 본부에서 그의 보호자를 소환하자 누나와 형이 찾아왔다. 누나는 고등학교 교사이고 형은 법원 사무관이었던 것으로 기억하고 있다. 그들은 이구동성으로 동생이 시위대를 이끌었다는 사실이 도무지 믿기지 않는다고 했다. 몸이 불편해서인지 워낙 수줍음을 많이 타서 가게에 가는 것조차 꺼린다는 말을 듣고 더욱 안타까운 심정이었다. 당시 신문과 방송은 이 사건을 수없이 반복해서 다루며 화염병 하나를 투척하면 반경 15m 이내의 인마를 살상할 수 있다고 과장해서 보도했다. 그에게는 1심에서 징역 5년이 선고되었다. 유례없는 중형이었다. 개헌 주장을 못하게 하려고 국민을 겁박하는 정치적 판결이 분명했다. 나는 그때부터 판검사를 불신하게 되었다. 삼권분립을 떠나서라도 자기 동생이나 아들이라도 그런 중벌을 내릴 수 있겠는가? 권력의 시녀들이란 생각이 들었기 때문이다.

이 군에게 중형이 선고되자마자 관계 당국으로부터 가장 무거운 징계를 요구받은 김영인 총장은 즉시 그를 제적시키기로 작정한 것 같았다. 학칙에 따라 인문사회대학 교수회의 의결을 거쳐야 한다. 총장에게 겁박당한 지춘상 학장이 회의 전에 나를 불러 반드시 제적되도록 지도교수로서 발언을 잘해 달라고 당부하면서 발언 내용은 외부에도 알려지게 되니 토씨 하나에도 유의해야 한다고 말했다. 미리 결론을 내놓고 요식 절차로 교수회의를 한다는 것을 알 수 있었다. '전체교수회의'는 전임강사도 참석하지만, 법정 '교수회의'에는 조교수 이상만 참석할 수 있었다. 나는 조교수로 승진한 지 얼마 되지 않아 교수회의에 처음으로 참석하여 좋지 않은 일로 발언해야 할 처지여서 몹시 긴장했다.

본부 회의실에서 열린 교수회의에는 85명의 교수가 참석하였다. 학생과장의 사회로 학장이 사태의 심각성을 설명한 후 이기주 학생의 징계 안건을 상정하자 5.18 당시 연행되어 고초를 겪었던 교수들은 물론 대부분의 교수들이 거세게 반발하였다. 3심까지 지켜본 후에 징계 여부를 결정하는 것이 마땅하다는 주장이었다. 징계가 어려울 것으로 판단한 학장이 "그러면 지도교수의 의견을 들어보고 나서 표결에 붙이는 것이 어떻겠습니까?"라고 제안하자 이의가 없어 나는 발언하기 위해 앞으로 나갔다. 교수들의 얼굴을 둘러보니 모두 분기탱천해 있었다. 그런 모습을 보자 더욱 긴장되었다. 만약 징계가 무산되면 대학이 어떤 곤경에 처할지 잘 알고 있었고, 그렇다고 징계를 하자고 하면 대다수 교수들에게 정권의 하수인 취급을 당하고 부결될 것이 뻔했기 때문이다.

 그 짧은 시간에도 내 안위보다는 학생에게 어느 편이 유리할 지 생각해 보니 좋은 아이디어가 떠올랐다. 떨리는 가슴을 간신히 진정시키고 "저는 학년 초에 이기주 군과 단 한번 만나 대화한 적이 있습니다. 그의 생각은 아주 건전했고 성격도 매우 온순해 보였습니다. 고등학교 교사인 누나와 법원 사무관인 형을 만나 이야기를 들어 보니 그는 소아마비를 앓아 다리가 불편한 탓으로 가게에 가는 것조차 꺼리는 성격이라서 시위를 주동했다는 사실이 도저히 믿기지 않는다고 했습니다. 그런 학생마저도 시위대 앞장에 서지 않을 수 없게 된 이 시국이 참으로 유감스럽습니다. 하지만 저는 이 학생이 제적되는 것이 좋겠다고 생각합니다. 이 학생은 이미 학사 경고를 두 번 받았기 때문에 한 번만 더 받으면 자동으로 제적당할 수밖에 없습니다. 그런데 현재 구속 중이라 응시할 수도 없어 또다시 학사경고를 받게 되었습니다. 그렇게 3회 학사경고를 받고 제적당하는 것보다는 시국사건으로 제적되는 것이 오히려 나을 것으로 생각하기 때문입니다. 학사경고 제적은 복학이 불가하지만 시국사건으로 제적되면 후일 시국이 호전되었을 때 복학이 가능할 것입니다. 아무쪼록 존경하는 교수님들께서 현명한 판단을 해 주시기 바랍니다."라고 솔직한 심정을 토로했다.

내 발언이 끝나자 바로 표결에 들어갔다. 누가 찬성하고 반대했는지 알 수 없도록 전남대 역사상 최초로 무기명 비밀투표를 택했다. 그 결과는 놀랍게도 42대 42였다. 가부 동수일 때는 의장에게 결정권이 있어서 학장이 제적에 찬성함으로써 극적으로 가결되었다. 학장은 안도하는 표정으로 유 교수가 우리 대학을 구원한 셈이라며 진심으로 고마워하는 표정이었다. 회의를 마치고 나오는데 뒤따라오던 5.18 당시 학장으로 고초를 많이 겪은 영문과 김태진 교수가 내 어깨를 다독이며 "유 교수, 그게 바로 솔로몬의 지혜라는 거요"라고 말해 주어서 더욱 기분이 흐뭇했다. 총장도 매우 흡족해 했다고 들었다.

5공 정권은 대통령 간선제를 고수한다고 천명했으나, 1986년 2월 중순 선거에서 순식간에 민한당을 제치고 제1야당이 된 신민당은 직선제 개헌 투쟁의 일환으로 서명운동을 전개함으로써 정국이 요동치기 시작했다. 그 영향이었던지 2월 방학 중임에도 우리 학과 3대 학생회장으로 선출된 83학번 노오진 군이 예비 신입생 한 명을 데리고 밤 12시에 광주 시내 계림파출소에 화염병을 던져 전소시킨 사건이 발생했다. 하필 그곳을 공격한 이유는 잘 알지 못했다.

방학 중임에도 긴급교수회의가 소집되었고, 지도교수인 나는 해명할 틈도 없이 사직을 강요당했다. 궁지에 몰린 정부가 가장 시위가 심한 전남대 교수를 시범적으로 징벌하여 경종을 울리려는 의도로 보였다. 전년에 교수회의에서 내개 발언한 것이 기관에 들어가 블랙리스트에 올라 있었기 때문에 기다렸다는 듯이 응징하려는 의도가 보였다. 학장은 나를 불러 지금 바로 사직하지 않으면 파면당할 수 있고, 그렇게 되면 퇴직금도 못 받으니 일단 사직서를 제출하고 나서 선처를 바라는 것이 나을 것이라고 충고했다.

나는 이 자리에 오기까지 얼마나 고생했는데 여기서 그만 둘 수는 없다는 생각에 순순히 응하지 않았다. 방학 중에 그것도 심야에 그런 일을 저지르리라는 것을 지도교수가 어떻게 알고 막는단 말인가? 그리고 이기주 군 제적 건도 당국이 원하는 대로 처리해 주어 칭찬까지 받았거늘 이제 와서 왜 죄가 된단 말인가? 이런 생각이 들어 사표를 내지 않고 버티자니 밥도 먹히지 않고 잠도 오지 않았다. 매일 학장실에 불려가 사표 제출을 강요받고 있던 중 안기부 광주 분소의 학원담당 과장으로 있던 중학교 동기 장세혁이 전화를 걸어와 "며칠 출장 갔다 왔더니 내 책상 위에 네 이력서가 놓여 있어 무슨 일이 있나 싶어 전화했다. 지금 학교에서 뭐라고 하니?"라고 물어서 "응, 사표 쓰라고 졸라댄다."라고 말했더니, "성질 난다고 함부로 사표 내지 마. 공무원은 신분보장이라는 게 있으니까 버틸 수 있는 데까지 버텨 봐."라고 말해 주어서 큰 위안이 되었다.

일주일 동안 먹지도 자지도 못하니 정말 가슴이 아프기 시작했다. 하숙집 아주머니가 손도 대지 않은 밥상을 내가면서 울먹이는 목소리로 "교수가 제일 좋은 것인 줄만 알았는데 무슨 일로 이렇게 이레씩이나 식사를 못하시는지 정말 속상해 죽겠네요."라고 말했다. 이러다가 죽을 수도 있겠다 싶어 장세혁에게 전화를 걸어 더 이상 견딜 수 없어 사표를 내야겠다고 했더니 이번에는 말리지 않고 마음대로 하라는 말투였다. 바로 학장실에 가서 사표를 쓰겠다고 했더니 반색을 했다. "소직은 학생지도를 잘못한 것에 대하여 책임을 지고 사직하고자 합니다."라고 썼더니 학장이 "일신상의 이유로"라고 고쳐 쓰라고 해서 다시 써 내밀었더니 받으면서 총장에게 가지고 가서 용서를 빌어 보겠다고 했다. 그렇게 두렵고

억울하더니 막상 사표를 내고 나니 마음이 홀가분해지면서 밥도 먹히고 잠도 쏟아졌다.

사표가 수리 되는대로 나가려고 연구실 정리를 하고 있는데 학생들이 찾아와 라면을 먹으러 가자고 해서 상과대학 뒤로 따라갔다. 한 학생이 "오늘 우리 대학 교수님 60여 분이 직선제 개헌 서명을 했다고 해서 명단을 살펴보았더니 우리 과 교수님은 한 분도 없대요. 다른 분은 몰라도 교수님은 서명하실 줄 알았는데……" 하면서 못내 섭섭한 모습이었다. 이미 몇몇 대학에서 일어난 일이라 우리 대학에도 그런 날이 곧 올 것이라고 예상하고 있었기 때문에 놀라지는 않았다. 학생들이 갑자기 나를 불러낸 목적을 알고 나니 기분이 언짢았지만 묵묵히 라면을 먹고 돌아오면서 속으로 '이 놈들아! 나는 그까짓 서명이 아니라 사표를 냈어. 신문에 내 사진이 대문짝만하게 나올지도 몰라.'라고 중얼거렸다.

그런데 이게 웬일인가! 2월 하순부터 시국이 급변하는 것을 감지했다. 필리핀에서 아키노 상원의원 암살사건에다 대통령 선거부정사건이 기폭제가 되어 '피플 파워'라 불리는 시민혁명이 일어나 독재자 마르코스가 마침내 미국으로 망명했기 때문이다. 그토록 완강하던 전두환 대통령도 위기감을 느꼈는지 돌연 태도를 바꾸어 야당 총재 이민우와 대화하려는 자세를 취했다. 그 영향이 순식간에 전남대에까지 미쳤는지 학장이 나를 부르더니 자신이 총장에게 잘 얘기해서 없었던 일로 했다며 그 동안 얼마나 고생이 많았느냐고 위로해 주었다. 나는 이게 꿈인지 생시인지 분간하기 어려울 지경이었다.

아무튼 총을 맞고도 살아난 기분으로 연구실로 돌아와 싸 두었던 물건들을 다시 제 자리에 놓으면서 곰곰이 생각해 보았다. 저 먼 나라 필리핀 국민이 날 살렸구나 하는 생각이 가장 먼저 들었다. 내가 장세혁에게 사표를 내겠다고 했을 때 그는 이미 이렇게 되리라 예상하고 있었구나 하는 생각도 들었다. 이제 악몽에서 깨어났으니 더욱 열심히 소임을 다하리라고 다짐했다.

그런데 뜻밖에도 서명 교수들이 총장을 찾아가 내 사건에 대하여 해명을 요구하자 총장은 "내가 평소에 입버릇처럼 '사표 내!'라는 말을 잘 하는데 그 교수가 진담으로 알고 사표를 보내왔지만 없애버렸습니다. 일전에도 소독약통 관리를 잘못한 후생과장에게 '사표 내!'라고 소리친 적이 있었어요."라고 변명하더라는 소문이 들려왔다. 이렇게 총장은 궁지에 몰린 반면 나는 교수들 사이에서 어느새 영웅이 되어 있었다. 만약 학생들이 이 사실을 알게 되면 어찌될지 잘 알기 때문에 가급적 홀로 지내며 자중하고 있었다.

바로 그 때 전북대에서 국문과 박 교수를 통해 고향 대학으로 와 달라고 요청해 왔다. 나는 이미 전남대에 정나미가 떨어진 상태였기 때문에 곧바로 수락했다. 당시 전북대는 신설된 일문학과 교수초빙 공고를 유력 일간지에 무려 다섯 번이나 했지만 지원자가 전혀 없었다고 했다. 이미 2학년까지 재학하고 있는데도 전임교수 한 명 없이 타 대학에서 시간강사를 지원받고 있는 실정이었으니 학생들이 좌시할 리 없었다. 실정을 모르는 전북대 당국이 전국에도 없는 일문학 박사학위 소지자만을 찾고 있다가 다급해지자 타 대학 교수를 초빙하기로 한 것이다.

즉시 서류를 갖추어 보냈더니 의외로 불합격 통지가 왔다. 주선해 준 인문대학 최승범 학장이 내 국민학교 교사 경력이 내규에 맞지 않아 그렇게 되었다며 이력서에서 그 부분을 삭제하고 다시 지원해 달라고 했다. 전북대보다 못할 리 없는 전남대에서도 통과되었는데 무엇 때문에 그러는지 납득할 수 없다고 말하고, 그런 굴욕을 당하면서까지 가고 싶지 않아 가만히 있었더니 이번에는 내규를 개정했으니 응시하라는 연락이 왔다.

　면접시험장 좌석에 앉자 조영빈 총장이 지긋이 보더니 "전남대학에서 학생지도 문제로 문책당한 적이 있나요?"라고 물었다. 그 말을 듣는 순간 '아! 불합격이다' 하는 직감이 왔다. 당시 총장들이 가장 골머리 않는 일이 학생 시위를 막는 것인데, 그 일을 잘못해서 사표까지 낸 적이 있는 사람을 받아들일 리 없다는 생각이 들었기 때문이다. 어차피 이렇게 된 이상 그 동안 애써 참고 있었던 말이나 시원하게 토해버리자는 생각에 폭포수 같이 말을 쏟아냈다. "예, 있습니다. 제가 지도하고 있던 학생이 지난 2월 어느 날 밤 12시에 광주시내 파출소에 화염병을 던져 전소시킨 사건이 있었습니다. 겨울방학 중에 그것도 심야에 저지른 일을 지도교수가 어떻게 막을 수 있겠습니까? 순박한 학생이 그런 끔찍한 일을 저지르게 한 근본적인 책임은 위정자들에게 있는데도 애꿎은 총장을 겁박했고, 겁먹은 총장은 지도교수인 저에게 책임을 떠넘겨 사표까지 쓰게 했습니다. 그 사건은 마땅히 총장이 바람막이가 되어야 했습니다. 서울대 이현재 총장은 시위학생에게 경징계 처분을 한 교수회의 결정에 불만을 품은 당국이 다시 중징계를 요구하자 일사부재리원칙에 따라 번복할 수 없다며 스스로 책임을 지고 사직하지 않았습니까? 자기 자리를 보전하기 위해 아랫사람을 희생양 삼으려고 한 것은 총장답지 않은 처사라고 생각합니다. 죄송합니다." 이렇게 열변을 토했더니 더 이상 묻지 않았고 그것으로 면접을 끝냈다. 면접장을 같이 나오던 학장이 "잘 되어가다가 마지막에 안 좋게 됐네요. 일문과 학생들이 또 다시 실망하겠네요. 아무튼 일이 이렇게 되었으니 돌아가셔서 심기일전하시지요."라고 말하며 못내 아쉬워하는 모습이었다.

외과의사 출신인 전남대 김영인 총장과 전북대 조영빈 총장은 순천 중학교 동기동창이라는 사실을 나중에야 알고 이상야릇한 기분이 들었다. 전출을 단념하고 심기일전하여 전남대에서 정년을 맞이할 각오를 하고 있는데 뜻밖에 합격통지서가 날아들었다. 정치학자 총장이라서 역시 스케일이 다르구나 하는 생각이 들었다. 20년 만에 다시 고향집으로 돌아가 부모와 함께 살게 되어 정말 기뻤다.

　그런데 내가 전북대로 옮겨온 후 얼마 되지 않아 시국사건으로 수감된 200여명의 전남대 학생들이 한꺼번에 사면되어 대학으로 복귀했다. 그들은 돌아오자마자 총장실에 난입하여 벽에 걸려있던 허백련 화백의 명작을 내동이치는 등 난동을 부리니 총장은 충격을 받아 졸도하여 병원으로 이송되었다는 뉴스를 접했다.

　전남대 사범대 일어교육전공에서 가장 성적이 뛰어났던 김원미 양이 편지를 보내왔다. 나주여고 교사로 재직 중인데 전남대 공대 전임강사와 데이트하던 중에 내 소식을 듣고 깜짝 놀라 편지를 썼다는 것이다, 약혼자인 그가 "우리대학에서 가장 교수다운 교수가 떠났다"고 말해서 "그 분이 누구냐"고 물었더니 놀랍게도 내 이름을 대더라는 것이다. 그래서 꼬치꼬치 물었더니 내가 작년 교수회의에서 발언을 잘하여 대학도 무사하게 하고 중형을 받고 복역하고 있는 제자에게도 유리하게 난제를 잘 해결했는데, 운 나쁘게도 파출소 습격사건이 또 터지자 새삼스럽게 그 때의 발언이 문제가 되어 5.18 이후 최초로 사표를 냈는데 다행히 '피플 파워' 덕분에 반려되기는 했다는데 갑자기 전북대로 떠나버렸다고 설명해 주더라고 적었다. 그리고 이해인 수녀의 시 한 수를 써넣은 다음 "교수님, 존경해요! 제가 교수님 제자라는 것이 정말 자랑스러워요! 부디 건강하세요!"라고 끝맺었다.

그보다 더 큰 위로는 없었다. 내게는 죽고 싶을 만큼 중대한 사건이었건만 그 어디에도 흔적 하나 남기지 않고 묻혀 버렸는데 오로지 그 편지 한 장만이 그 사건을 입증해 주는 것 같았다. 내가 보관하고 있는 수백 통의 편지 속에 그 편지도 남아 있으리라. 그녀는 지금 선문대학 교수로 재직하고 있다.

나의 가족사 단편

김태정

할아버지에 대한 기억

나는 할아버지에 대한 기억이 하나도 없다. 같은 나이로 나보다 넉 달쯤 생일이 빠른 사촌 형은 기억이 있다고 한다. 4살쯤 되었을 때의 일이라고 한다. 사촌은 할아버지와 같은 집에 살았기 때문에 어렴풋이나마 기억이 나는지도 모르겠다. 사촌이 자랑하는 할아버지에 대한 기억이라는 것도 특별한 내용이 있는 것은 아니다. 그저 귀여움을 많이 받았다는 이야기일 뿐이다. 그런데도 그런 이야기를 들으면 왠지 질투가 나고 쓸쓸해지기도 한다.

나는 할아버지에 대해서는 어머니로부터 들은 이야기가 전부이다. 할아버지는 마을의 글방(한문) 선생이었다. 돌아가실 때는 외양간 선반에 있는 물건을 가지러 올라가셨다가 아래로 떨어지신 것이 원인이었다고 한다. 족보에는 생년월일만 적혀있고 사망연도가 기록되어 있지 않기 때문에 몇 세에 돌아가셨는지는 정확하지 않다. 나보다 3살이 많은 막내 숙부가 7살 때쯤이라고 하니까 63세 정도였을 것 같다. 어쩌면 혈압이 높으셨는지도 모른다.

어머니로부터 들은 할아버지에 대한 이야기 중엔 지금도 화가 나는 것이 있다. 어머니는 같은 마을에 분가해서 살면서 늘 할아버지 집안일을 도우러 갔다고 한다. 하루는 나를 등에 업고 일을 하고 있는데, 이 아이는 누구냐고 할아버지가 물으셨다는 것이다. 내가 태어난 지 얼마나 되었을 때인지는 명확하지 않으나, 할아버지는 손자인 나에 대해서 아무것도 모르고 있었던 것이다. 어쩌면 계모로 들어온 할머니가 나의 출생을 할아버지에게 알리지 조차 않았을지도 모른다는 생각이 든다. 어머니는 그때 자기도 모르게 눈물이 나고 슬펐다고 한다.

지금 생각해 보면 할아버지는 시골의 한학자로, 세상 물정에 어둡고 관심도 없었던 분이었던 것 같다. 그저 한문을 가르치고 그 대가로 학생들이 가져오는 월사금(곡식)으로 근근이 생활을 꾸려갔을 것이다. 할아버지의 그 같은 모습은 내가 중고등학교에 다닐 때, 같은 마을에서 글방 선생을 하던 할아버지의 제자를 보면 상상이 가능하다. 할아버지의 제자가 바로 그런 생활을 했다. 그 당시엔 그것이 선비의 정상적인 모습이기도 했다.

할아버지의 이미지는 할아버지의 호에서도 그려진다. 할아버지의 호는 해운(海雲)이었다. 그러나 할아버지의 호가 해운이라는 것은 집안에서도 아는 사람이 없다. 바로 아래 아우가 알고 있을 뿐이다. 나도 사실은 아우에게서 처음 들었다. 아우는 할아버지의 제자로부터 들었는데, 아우가 글방에서 《맹자》를 공부하고 있을 때였다고 한다.

해운, 바다에 떠 있는 구름. 할아버지는 바다와 구름을 좋아하셨나 보다. 신라시대의 유학자로 대문장가이며 사상가였던 최치원(崔致遠)의 호가 고운(孤雲)이었던 것이 생각난다. 최치원 선생도 구름을 좋아했나 보다.

　나도 대학을 다닐 때 구름을 좋아하여 호를 운산(雲山)이라고 한 일이 있었다. 구름이 걸린 산, 높은 산에 떠 있는 구름. 지금은 일본의 하이쿠(俳句) 시를 짓기 시작한 1992년 5월부터 벽운(碧雲)이라 바꾸어 부르고 있지만, 아무튼 구름을 좋아하는 데는 변함이 없다. 할아버지도 한시를 취미로 지으셨다는데 작품이 하나도 남아 있지 않아 아쉽기만 하다.

　할아버지에 대한 좋은 추억거리가 없는 것이 지금도 쓸쓸하게 느껴진다. 할아버지에 대한 좋은 추억이 있었더라면 나의 정서가 더욱 풍요로워졌을 텐데 하는 아쉬움이다. 나는 그동안 할아버지에 대한 기억이 전혀 없는 가운데, 일종의 원망, 작은 분노 같은 것이 있었다. 그런데 내가 70대 후반에 접어들면서 그 같은 감정은 어느 사이에 그리움으로 바뀌었다.

　할아버지가 시골에 살면서 어떤 계기로 학문을 익혀 글방의 선생이 되었는지도 궁금해진다. 내가 시골 출신으로 우리 마을에서 처음으로 대학 교수가 된 것도, 생각해 보면 할아버지의 피를 이어받은 것이라는 생각이 들 때가 있다. 나 혼자만이 아니다. 큰아버지의 장남인 사촌형과 넷째 아버지의 차남인 사촌동생을 포함하면 세 명이나 대학교수가 되어 할아버지의 학맥을 이은 것이다. 특히 넷째 아버지의 차남은 중국문학을 전공했다. 할아버지의 유훈에 의한 것은 아니지만, 이만하면 할아버지도 저 세상에서 만족해하실 법하다.

아버지의 학구열

아버지는 1914년에 2남 1녀 중 둘째 아들로 태어났다. 아버지는 3살 때 생모를 잃고 계모 밑에서 갖은 고생을 하시며 자랐다. 제일 위로 누님이 있었고, 계모 슬하에 아들 4명과 딸이 1명 있었으니까, 이복동생을 포함하면 6남 2녀 중 둘째 아들이 된다.

아버지는 여러 형제 중에 유독 아무런 교육을 받지 못하고 차별을 받았다. 나머지 형제들은 큰고모(아버지의 누님)는 모르지만 모두 소학교는 나왔다. 아버지는 공부를 시키지 않고 7살 때부터 산에 나무를 하러 보내는 등 일만 시켰다고 한다. 남에게는 글방 선생으로 한문을 가르치면서 자기 아들에게는 천자문도 가르치지 않은 할아버지를 도저히 이해할 수가 없다.

아버지는 내가 국민학교(소학교)에 입학할 때 처음으로 내 손을 잡고 학교 문을 들어가 보았다고 한다. 그때 아버지는 무척이나 기뻤던 모양이다. 자기 자신이 다니고 싶었던 학교에 아들을 입학시키는 기쁨이 남달랐을 것이다.

아버지는 자식의 교육만이 아니라, 자기 자신도 지식에 대한 욕구가 강했다. 지식에 대한 욕구라기보다는 무지(無知) 무학(無學)의 상태에서 벗어나고 싶었을 것이다. 내가 시골에서 중학교에 다닐 때의 일로 기억이 나는데, 아버지는 40대 중반쯤이 되어서 한문을 공부하기 시작했다.

아버지는 40이 넘은 나이에 10대, 20대의 아이들과 함께 글방에를 다닌 것이다. 글방에 다닌 기간은 1년인가 2년에 불과하지만, 그동안엔 농사일도 완전히 남에게 맡겼다. 일이라곤 소를 기르고 있었기 때문에, 거의 매일 소가 먹을 풀을 베는 일 정도였다.

아버지는 『천자문』을 마치고 『명심보감(明心寶鑑)』을 공부한 것이 전부이지만, 그 기간 동안 농사를 남에게 맡기고 오로지 공부에만 전념한 것은 대단한 일이다. 아버지는 새벽에 일어나 『명심보감』을 소리 내어 읽고, 소풀을 하러 지게를 지고 들에 나갈 때도 책을 늘 들고 다니셨다.

아버지는 글방 선생이었던 자기 아버지로부터 배우지 못한 한문 공부를 뒤늦게 자기 아버지의 제자에게서 배운 것이다. 나는 대학에 다닐 때 겨울방학을 이용하여 친구와 함께 『명심보감』을 공부한 일이 있다. 아버지를 조금이라도 이해하기 위해서였다. 바로 아래 아우는 중학교를 마치고 3년간이나 『명심보감』부터 시작하여 『맹자』까지 공부했는데, 이것도 아버지의 권유에 의한 것이었다.

아버지는 학교 문턱에도 가본 일이 없는데, 한문을 배우기 전에 이미 한글과 셈법을 익히셨다. 지금 생각해 보아도 놀랍고 그 학습 과정이 궁금해진다.

탄광부로 일본에 간 아버지

아버지가 일제 말기에 젊은 나이로 일본에서 탄광부 일을 했다는 사실을 나는 국민학교 4, 5학년 때쯤 알게 되었다. 이 사실도 처음에는 어머니로부터 들어서 알게 되었다. 아버지가 탄광부로 일본에서 일한 기간은 정확히 알 수 없으나 2, 3년 정도는 되었을 것 같다. 어머니로부터 들은 이야기는 아버지가 일본에서 돌아왔을 때 내가 아버지 가까이 가려 하지 않았다는 것이다. 내가 3살이나 4살 때이니까 오랫동안 떨어져 있다가 갑자기 나타난 아버지를 낯설어하고 경계하는 것은 너무나 당연하다. 아버지와의 이 같은 서먹서먹한 관계는 그 후 내가 성장한 이후에도 오랫동안 지속되었다.

아버지는 일본에서 있었던 일에 대해 거의 아무 말도 하지 않았다. 탄광에서 일할 때, 저녁에 배가 고파 잠이 오지 않으면 물로 배를 채웠다는 이야기는 들었다. 같은 탄광에 함께 갔던 한국인 친구가 저녁에 자주 외출하여 음식을 먹고, 늘 무엇인가 먹을 것을 사다 주었다고도 했다. 아버지는 귀국 후에도 그 친구에 대해서는 항상 고마움을 잊지 않고, 오랫동안 1년에 한두 번 만나고 지냈다. 그가 찾아오면 아버지는 늘 기뻐했다.

그는 일본에서 귀국한 후에도 일정한 직업이나 주거가 없이 전국을 떠돌아다니며 살았다. 당시 시골에서는 5일장이 열렸는데, 그는 장이 서는 곳이면 어디라도 찾아다니면서 물건을 팔았다. 일종의 행상인인 셈이다.

우리 집에는 모내기 때나 추수기에 맞춰서 왔다. 농번기에 일손이 부족할 때 일도 도와주고 친구도 만나기 위해서였던 것 같다. 아버지는 그가 오면 늘 기뻐하고 극진히 대접했다. 헤어질 땐 또 만날 것을 약속하고 노자도 두둑하게 주어 보냈다.

그랬던 그가 어느 해부터인가 갑자기 발길을 끊고 오지 않게 되었다. 아버지는 몇 년 동안 그의 안부를 걱정하며 기다렸다. 아버지는 그가 틀림없이 객사했을 거라며 쓸쓸해했다. 그가 살아있다면 이렇게 발길을 끊을 리가 없다는 것이다. 아버지는 일정한 주거도 없이 떠돌아다니는 이 친구가 죽으면, 장례까지 손수 책임져 줄 생각이었다고 한다.

아버지가 어떤 경로로 일본에 가게 되었는지 그 탄광이 일본의 어디에 있었는지 등은 알 수 없다. 남의 집에 머슴살이도 하고 타지에서 품삯 일을 하기도 했던 아버지로서는, 새로운 가능성을 일본에서 찾고 스스로 지원해서 갔을 것으로 생각된다. 당시엔 가난에 쪼들려 국내에서 살길이 없던 사람 중에는 중국의 옛 만주 땅이나 일본으로 건너가 일자리를 찾는 경우가 많았다. 그러나 80호 정도가 사는 우리 마을에서는 오로지 아버지만이 탄광부로 일본행을 선택했다. 만주로 간 사람도 없었다. 어쩔 수 없는 선택이었겠지만 대단한 용기와 결단이었다고 생각된다.

아버지가 이런 결단과 용기를 가질 수 있었던 배경에는 아마도 자기 형(나에게는 큰아버지)이 일본에 먼저 가 있었기 때문이었을지도 모른다. 큰아버지는 고향에서 소학교를 좋은 성적으로 졸업한 후, 일본인 교장선생의 추천으로 동경에 있는 목재상에 취직해 있었다. 아버지가 일본에 있는 형과 상의를 해서 일본행을 결정한 것은 아닐지라도 심리적으로는 큰 힘이 되었을 것이다.

아버지는 귀국하여 처음으로 다섯 마지기 상당의 논을 살 수 있었다. 완전히 빈손으로 분가하여 가난하게 삶을 꾸려가던 아버지로서는 조금이라도 농토를 마련하게 된 것을 더없는 기쁨으로 생각했을 것이다. 아버지는 양복차림에 가방을 들고 귀국했다.

아버지는 귀국할 때 입었던 양복과 만년필이 든 여행 가방을 오랫동안 소중히 간직했다. 가죽으로 만든 손가방도 늘 선반 위에 놓여 있었다. 귀국해서 평생 농사를 지었던 아버지는 다시 양복을 입을 기회가 없었고, 가방도 손에 들 기회가 없었다. 가죽으로 만든 손가방은 마을 청년들이 결혼할 때 무료로 빌려 가곤 했다. 만년필만은 내가 중학교 때 소중히 사용했다.

만년필은 아마도 아버지가 하고 싶었던 공부에 대한 한 때문에 샀을 것이다. 탄광에서 갖은 고생은 했지만, 작은 농토라도 마련할 수 있는 돈을 가지고 귀국한 것은 금의환향이나 다름이 없었다.

불쌍한 사람들이 모여 사는 곳

일본에서 귀국한 아버지는 우선 논부터 사고 집도 대문이 있는 깨끗하고 널찍한 새집으로 이사를 했다. 아버지는 우리나라에서의 새로운 삶에 희망을 가지고 의욕에 차 있었다. 지금 돌이켜 보아도 우리 가정이 가장 밝고 행복했던 때가 그 무렵이었던 것 같다. 내가 국민학교에 들어가기 전으로, 불과 2, 3년 정도밖에 되지 않는다.

어머니가 29살 무렵부터 눈이 나빠졌기 때문에 그 이후 우리 가정은 늘 어두울 수밖에 없었다. 아버지는 어머니의 눈을 고치기 위해 농사도 남에게 맡긴 채 서울의 친척 집에 신세를 지면서 1년 동안 어머니의 치료에 진력했다. 소의 생간(生肝)이 눈에 좋다는 말을 듣고 아버지가 이를 구해 어머니에게 억지로 먹이던 일이 생각난다. 이런 보람도 없이 어머니는 그 후 완전히 실명하여 68세에 돌아가실 때까지 암흑의 세상을 사셨다. 지금 생각해 보면 안압이 높은 것을 방치하여 녹내장이 되었던 것 같다.

아버지는 그 후 일본의 탄광에서 함께 일했던 친구의 주선으로 수양딸을 맞아 가정을 꾸려가다가, 내가 초등학교 5학년 무렵에 새로운 어머니를 맞아들이게 되었다. 농사일을 위해 어쩔 수 없는 일이었다.

어느 날 아침 식사 때, 아버지는 가족이 모두 모인 자리에서 "우리 집은 불쌍한 사람들이 모여 사는 곳이다."라고 말씀하셨다. 서로 위로하면서 화목하게 지내자는 취지였던 것 같다. 수양딸로 들어온 누나는 어린 나이에 부모가 이혼하여 서모 밑에서 살다가, 6·25 동란으로 서울에서 피난하여 친척 집에 맡겨져 있었다. 새로 들어온 서모도 서울에서 살면서 우여곡절이 많았던 모양이다. 모두가 불우한 사람들이다.

아버지는 이렇게 복잡한 가정을 화목하게 이끌어가기 위해 마음고생이 많았을 것이다. 나중에 두 아우에게서 들은 이야기지만, 아버지는 두 아우들과 농사를 함께 지으면서 자주 아우들을 위로하는 말을 들려주기도 하고, 자신의 고충을 털어놓기도 했다고 한다. 생각해보면 아버지야말로 불행한 분이었다. 아버지는 어렸을 때부터의 이러한 자신의 불우한 환경 때문인지 굶주리고 불쌍한 사람에게는 늘 너그럽고 따뜻하게 대했다.

녹두장군으로 불린 아버지

아버지는 젊을 때 녹두장군으로 불렸다. 마을에서는 물론 이웃 마을에서도 아버지를 아는 사람들 사이에서는 그렇게 불렀다.

이런 별명이 누구에 의해서 붙여졌는지는 알 수 없다. 아마도 키가 작으면서도 힘이 세고 당차다는 의미에서 붙여진 듯하다.

나중에 안 사실이지만 녹두장군은 조선조 말기에 전라북도와 충청남도의 일부를 무대로 활동한 동학농민운동의 지도자, 전봉준(全琫準)의 별명이다. 그야말로 전봉준은 키가 작아 녹두라고 불렸고, 그 후에 동학농민군의 대장이 되었기 때문에 그렇게 불렸던 것이다.

아버지는 아마도 전봉준에 대해서는 아무것도 아는 바가 없었을 것이다. 아버지뿐만 아니라 아버지를 녹두장군이라고 불렀던 대부분의 사람도 모두 마찬가지였을 것이다. 그러나 누구인지는 몰라도 아버지에게 제일 먼저 녹두장군이라고 별명을 붙인 사람은 전봉준이나 동학농민운동에 대해서 어느 정도의 지식은 가지고 있었을지도 모른다.

전봉준은 전라도 고창군 출신이지만 본관은 천안이다. 동학농민운동은 주로 전라도를 중심으로 전개되었지만, 마지막 단계에는 동학농민전쟁으로까지 발전하였다. 이를 진압하기 위한 정부의 원병 요청으로 청국군이 충남 아산만에 상륙했고, 이에 대한 대응 조치로 일본군이 천진조약을 빙자하여 제물포(지금의 인천)로 들어왔다.

결국 사태는 한반도에서 청·일 전쟁으로까지 발전하고, 이런 상황에서 동학농민군은 항일구국을 기치로 봉기하게 되었다. 동학농민군은 전봉준이 이끄는 10만여 명의 남접농민군과 최시형을 받드는 손병희 휘하의 북접농민군 10만 명이 합세하여 논산에 집결하였다.

녹두장군 전봉준은 자신의 주력부대 1만여 명을 이끌고 충남 공주를 공격하는 등 수차례의 전투를 시도했으나 실패하고, 마침내 체포되어 일본군에게 넘겨지고 재판 후 교수형에 처해졌다.

이처럼 동학농민운동은 전라도에서 시작되었으나, 동학농민전쟁으로 발전한 1895년 단계에서는 충청남도가 주 무대가 되었다. 그 당시엔 시골인 우리 마을 사람들에게도 녹두장군 전봉준의 이름은 생소하지 않았을 것이다. 할아버지 세대나 또는 그 이전 세대 사람들에게는 친숙한 이름이었을 가능성도 있다. 할아버지가 1882년생이니까 꼭 15살 때의 일이다.

그 후 동학농민전쟁이나 전봉준의 이름은 마을 사람들의 기억에서 사라지고 녹두장군에 대한 이야기만 전설처럼 전해지게 되었을 것이다.

아버지는 전봉준에 대해서도 동학농민전쟁에 대해서도 아는 것이 없다. 마을 사람들도 마찬가지이다. 그저 키가 작은데 반해 힘도 있고, 무엇보다도 당차고 담대하기 때문에 그렇게 불렸던 것이다.

농촌 마을에서는 자주 젊은이들이 모여 힘자랑도 하고 씨름도 했다. 이렇다 할 오락거리가 없었기 때문이다. 무거운 쌀가마니를 어깨 위로 둘러 메거나 무거운 돌을 허리 위로 들어 올리는 시합이다.

아버지는 젊을 때 이런 시합에서 종종 주위 사람들을 놀라게 했다. 작은 체구로 무거운 것을 잘 올렸기 때문이다. 아버지는 강단도 있었지만, 무엇보다도 요령을 터득하고 있었다.

씨름에서도 마찬가지이다. 정식 씨름이라기보다 서로 맞잡고 힘을 겨루는 것이지만, 대개 자기보다 몸집이 큰 사람을 쓰러뜨리거나 내동댕이를 쳤다. 이것 역시 힘이 세서라기보다는 임기응변적인 순발력과 요령에 의한 것이었다.

한번은 이런 일이 있었다. 마을의 한 젊은이가 술에 취해 행패를 부려 아무도 제지를 하지 못하고 난처해 있었다. 이를 보다 못한 아버지가 나서 이를 제압하고 사태를 수습했다. 젊은이라고 해도 그는 40대이고 아버지는 50대였다.

이렇게 해서 아버지는 녹두장군의 면모를 유지하고, 마을의 하극상과 무질서를 막을 수 있었다. 대부분이 일가친척 관계인 동성마을에서는 어른 아이의 상하질서가 무엇보다도 중요했다.

뱀을 잡아먹은 아버지

녹두장군으로 불렸던 아버지는 본시 키가 작고 풍채가 왜소했다. 세 살 때 어머니를 잃고 계모 밑에서 자란 아버지는 영양 상태가 좋지 않았을 것이다. 그 당시엔 모두가 가난하여 누구나 배불리 먹을 수는 없었다.

우리 집에서는 아버지가 키가 가장 작고 그다음이 나였다. 바로 밑에 아우가 나보다는 좀 크고 막내가 170cm 정도로 가장 컸다. 키가 시대를 반영하기라도 하는 것 같았다. 아버지가 가정환경으로나 역사적 환경으로 볼 때 가장 안 좋은 시대에 살았다.

우리 형제들도 집안 형편이나 시대 상황을 반영하듯 바로 밑에 아우는 나보다, 막내는 밑에 아우보다도 키가 크다. 아버지는 나보다도 작으니까 160cm나 또는 그보다도 작았을 것이다.

아버지는 자신이 어렸을 때의 열악한 영양 상태 등을 의식해서인지 언제부터인가 뱀을 즐겨 드시게 되었다. 독한 소주에 담가 땅에 묻었다가 드시기도 하고 푹 고아 드시거나 구워 드시기도 했다.

아버지는 밭일을 하시다가도 독사를 발견하면 이를 반드시 잡았다. 독사는 대개 구워 먹었다. 나는 우연히도 어릴 때 독사 고기를 맛볼 기회가 있었다. 중학생 때였던 것 같은데 부엌 뒤뜰에서 적새에 구운 것을 발견했다.

아버지가 먹다 남긴 것으로 당시엔 무엇인지도 모르고 먹었다. 생선 맛은 아니고 새고기 맛 같았던 기억이 난다. 호기심에 먹었다기보다는 성장기에 시골에서 절대적으로 부족했던 동물성 단백질을 취한 것이었다.

당시 시골에선 성장기에 결핵에 걸리는 사람이 꽤 있었다. 나는 기억이 잘 나지 않지만 내 위로 세 살이 많은 형이 어린 나이에 죽었다는데 아마도 결핵이었을 것이다. 죽은 형과 동갑인 막내 삼촌도 고등학교 때 폐결핵에 걸렸다. 특별한 치료를 받기보다는 닭을 고아서 장기간 섭취를 하고 나았다. 같은 마을에 나보다 두세 살 어린 후배는 개구리 뒷다리, 뱀 등을 먹고 폐결핵을 고쳤다. 대부분은 영양실조 상태, 특히 동물성 단백질의 부족이 원인이었던 것 같다.

아버지는 뱀을 많이 드셔서 그랬는지 체구는 작지만 몸은 튼튼하셨다. 겨울에도 추위를 모르고 잠잘 때 이불을 덮는 일이 없었다.

아버지의 종교

아버지는 특정 종교를 가지고 있지 않았다. 아버지뿐만 아니라 시골 농촌 사람들이 대부분 다 그랬다. 굳이 믿는 것이 있다면 하늘뿐이다. 천지·우주·만물을 주재하는 하늘이다.

이 하늘은 중국 고대부터 전래되는 천(天)의 사상, 천제(天帝)의 사상에 연유하는 것이지만, 아버지는 그런 깊은 사상은 모른다. 그저 인간의 힘으로는 어찌할 수 없는 영역, 초자연적인 힘을 하늘이라 생각했다.

그래서 아버지는 하늘만을 믿고 열심히 사셨다. 열심히 최선을 다 했는데도 심한 가뭄이나 홍수에 의해, 또 어떤 해에는 냉해나 심한 병충해로 흉작이 되어도 아무런 불평불만을 하지 않았다. 모두가 하늘이 하는 일이기 때문이다.

아버지는 "모든 것이 다 조화(造化) 속"이라는 말씀을 자주 하셨다. 내가 이 말을 처음 들은 것은 고등학생 때였던 것 같은데, 그 당시엔 무슨 뜻인지 명확히 알지 못했다.

한자로는 왠지 조화(調和)라는 단어가 먼저 떠올랐다. '모든 것이 전체적으로 아무런 모순 없이 잘 어울린다'는 뜻으로 이해했다. 그러나 지금 와서 생각해보면, 아버지 말씀의 전후 문맥으로 보아, 조화(調和)가 아니고 조화(造化)였던 것 같다. 당시엔 조화(造化)라는 어려운 한자어가 있는

지도 몰랐다.

조화(造化)란 조물주가 천지의 만물을 창조하고 길러내는 것을 말한다. 그 조물주가 곧 하늘이요 천제(天帝)이다. 농사를 짓는 아버지로서는 풍작도 흉작도 결국은 하늘의 뜻이다. 그 어느 하나 조화라고 하는 대 자연의 법칙·섭리를 벗어나는 것이 없다. 아버지는 '진인사대천명(盡人事待天命)'이라는 말도 자주 쓰셨는데, 결국 이 말도 조화에 순응해서 살아야 하는 것처럼 하늘의 뜻에 따라야 한다는 뜻이다.

평생을 농부로 사신 아버지는 곡물을 소중하게 생각하셨다. 벼알 한 톨 콩알 하나라도 함부로 하지 않고 줍던 아버지의 모습을 지금도 생생하게 기억한다. 이 모든 것이 하늘을 믿고 사신 아버지의 모습이다.

아버지로부터 받은 교육

나는 중학교 때까지는 시골에서 모두 함께 지냈지만, 고등학교는 청주에서 다니고 대학 이후에는 서울에서 보냈기 때문에 아버지와 함께 한 시간은 그리 많지 않았다. 아버지는 학교 교육을 제대로 받지는 못했지만 자식의 교육에는 관심이 많았고, 스스로가 교육자가 되기도 했다.

아버지는 일찍이 나의 장래에 대해서도 어느 정도 점치고 있었던 것 같다. 내가 고등학생 때쯤 아버지는 나에게 "너는 학교 선생이나 하면 딱 맞겠다"라고 말씀하셨다. 아버지는 나에게 크게 기대를 걸지 않으셨다. 아버지로서는 학교 선생보다는 회사의 과장이나 부장이 더 부러웠기 때문이다. 아버지가 생각하는 선생은 초등학교 정도의 교사를 말하는 것이었을 것이다.

　아버지는 내가 친구들과도 어울리지 않고 집에 틀어박혀 책만 보는 것이 불만이었다. 남자는 보다 사교적이고 사회성이 있어야 한다는 것이다. 아버지는 또 내가 활동적이지 않고 민첩하지 못한 것도 마음에 들지 않았다.

　한번은 아버지가 "너는 바로 옆에 벼락이 떨어져도 꿈쩍도 하지 않을 놈"이라며 큰소리로 야단을 치신 일이 있었다. 농촌에서 한창 바쁠 때도 나는 서두르는 일이 없었고, 여름에 소낙비가 쏟아져도 소를 몰아치며 뛰는 일이 없었기 때문이다.

　아버지는 늘 답답해하시고 나의 장래를 걱정하셨다. 아버지는 기회 있을 때마다 사람은 모름지기 인사를 제대로 할 줄 알아야 한다고 강조하셨다. 비교적 사교적이셨던 아버지는 자기 친구들에게 자식들을 소개하고 인사시키기를 좋아하셨다.

　아버지는 또 매사를 공정하게 처리하고 공과 사를 명확하게 구별하는 생활을 하셨다. 이 같은 아버지의 냉철한 생활 태도가 때로는 친척들과의 관계를 소원하게 하는 원인이 되기도 했지만, 자식들에게는 좋은 생활지침이 되었다.

　아버지는 또 자식들에게 자신의 근본을 망각하지 않도록 교육하셨다. 아버지는 내가 고향을 떠나 타지에서 공부하게 된 고등학교 때부터 이런 교육을 의도적으로 하셨다. 내가 고등학교 다닐 때 잠시 집에 오면 우선 아버지에게 인사를 하기 위해 아버지의 일터인 논이나 밭으로 달려갔는데, 아버지는 그때마다 지게를 내가 지도록 하셨다. 또 내가 대학에 다닐 때 어쩌다가 집에 오면 이런 일도 있었다. 시골에서는 5일장에 한 번 가려면 2km쯤 걸어가야 곡식을 팔 수 있는데, 그 짐을 항상 내게 지게 하셨다. 모두 교육을 위해서였다고 생각한다.

나는 아버지의 이 같은 교육 덕분에, 나의 근본이라고 할까 원점이 시골 출신이고 농부의 아들이라고 하는 것을 잠시도 잊어 본 적이 없다.

아버지에 대한 그리움

내 나이가 이제 아버지가 돌아가신 70대 후반이 되고 보니, 아버지 생각이 많이 난다.

지금 생각해보면 아버지와 많은 이야기를 나눈 것 같지는 않다. 고등학교 때 이후부터는 부모님을 떠나 생활을 했기 때문이기도 하지만, 본래 아버지란 대등하게 이야기를 나눌 수 있는 대상이 아니었다.

당시의 부모 자식 관계는 일방적인 관계로, 그저 부모님의 말씀을 듣거나 부모님의 물음에 답하는 관계였다. 내가 대학교수가 된 이후에도 아버지가 우리 집에 오시면 식사 때 반주를 따라 드린 기억은 있지만, 이야기를 함께 나누었다는 느낌은 별로 없다. 아버지는 언제나 멀고 어려운 상대였다.

지금 돌이켜보면 아버지는 고독하셨을 것 같다. 3살 때 어머니가 돌아가시고 계모가 들어왔기 때문에 부모의 따뜻한 사랑을 받아본 일이 없다. 아버지는 어릴 때 계모가 무서워 도망치고 숨었던 일이 어른이 된 이후에도 자주 생각나고 악몽으로도 나타난다고 했다.

아버지는 일본에 탄광부로 가서 갖은 고생 끝에 얼마간의 땅도 사고 잘살아 보자고 생각했는데, 어머니가 실명하시는 바람에 꿈은 산산조각이 나고 말았다. 어머니의 눈 치료를 위해 1년간 농사를 남에게 맡기는 바람에 농지개혁으로 농토까지 빼앗겼다. 일본에까지 가서 고생 끝에 겨우 마련한 땅을 부재지주라는 명목으로 빼앗긴 것이다. 얼마 되지 않는 땅을 가지고 있던 아버지가 갑자기 악덕 지주가 된 셈이다. 사회의 모순이며 역사의 아이러니이다.

아버지는 농사를 위해 본처를 둔 채 새로운 부인을 맞이해야만 했다. 두 부인 사이에서, 자식들과 새 부인 사이에서 아버지는 마음고생이 컸을 것이다. 많은 역경과 악조건 속에서도 아버지는 좌절하지 않고 한평생 묵묵히 농사를 지으셨다. 한때 자기 형이 도시에서 장사로 성공하는 것을 보고 도회지로 나가볼까 하는 생각을 잠시 가졌던 일도 있었다고 한다. 아버지의 활달한 성격과 근면함이면 충분히 장사를 했어도 잘하셨을 것이다.

그러나 아버지는 모험을 하지 않고 신중했다. 눈을 보지 못하는 어머니와 복잡한 집안 사정을 생각하면 용기가 나지 않았을 것이다. 아버지는 그후 허튼 생각을 버리고 오로지 근면함과 성실함으로 농사에만 전념했다.

그 결과 80호 정도 되는 마을에서 고 진사 댁으로 불렸던 집 다음으로 부자가 될 수 있었다. 고 진사 댁은 아버지의 누님이 시집을 간 집안이다.

그 당시 마을에서 자식을 대학에 보낸 집은 고 진사 댁을 비롯하여 몇 집 되지 않았다. 그런 가운데 대학원까지 진학하고 해외 유학까지 하여 대학교수가 된 것은 내가 유일하다. 일본 유학은 일본 정부의 장학금을 받아서 간 것이지만, 대학원 석사과정은 전적으로 아버지의 지원에 의한 것이었다. 지금 생각해 보아도 그 당시에 농촌에서 대학원까지 보낸다는 것은 상상하기 어렵다. 아버지는 자기가 하지 못했던 공부에 대한 한을 자식을 통해 풀어보려 했는지도 모르겠다. 아버지는 세 자식 중에 누구라도 본인이 배우고자 하는 의욕만 있으면 끝까지 뒷바라지하기로 마음먹으셨다고 했다.

아버지 생전에 좀 더 내 쪽에서 아버지를 가까이하고 아버지의 살아온 이야기를 적극적으로 듣지 못한 것이 아쉽고 후회스럽다. 아버지가 그리워진다.

아버지에 대한 궁금증

지금도 아버지에 대해서 늘 궁금하게 생각하는 것이 있다. 아버지는 3살 때 어머니를 잃고 계모 밑에서 고생을 하면서 자랐는데, 자기 부모에 대해서 어떤 생각을 했을까 하는 궁금증이다.

자기 생모에 대해서는 전혀 기억이 없었겠지만, 글방 선생이었으면서도 자기에게만 전혀 교육의 기회를 주지 않았던 자기 아버지에 대해서 어떤 생각을 가졌을까? 보통이라면 자기 아버지를 원망하고 증오까지도 했을 법하다. 그러나 아버지는 평생을 통해서 계모에 대한 미움은 이야기했지만, 자신의 생모나 아버지에 대해서는 한마디도 하지 않았다.

아버지는 일터인 밭 옆에 모신 자신의 생모와 아버지의 묘를 늘 깨끗하게 관리했다. 언제 보아도 잡풀 하나 자라지 않게 정성껏 풀을 깎으면서 아버지는 어떤 생각을 했을까? 지금도 궁금하다.

또 한 가지 궁금한 것은 아버지의 일본에 대한 생각이다. 아버지는 밖에서는 몰라도 집에서는 단 한 번도 일본에 대해서 이야기하는 것을 들어본 일이 없다. 아버지의 평생을 통해서 보면 아버지의 일본에서의 탄광부

생활은 극히 짧은 기간이었다. 그러나 짧은 기간에 비해 그 체험이 갖는 의미는 결코 작지 않았으리라 생각한다.

아버지는 자주 〈단도리(段取り)〉라는 일본어를 쓰셨다. 아버지가 쓰시는 유일한 일본어이다. 사전을 찾아보면 '일을 진행하는 순서·방도'라고 되어 있다. 탄광에서 일을 시작하기 전에 자주 강조되었던 말이 아니었을까 하는 생각이 든다.

아버지는 한평생 농사를 지으시면서도 항상 이 〈단도리〉라는 것을 중시하셨다. 일의 순서에 따라 늘 사전에 점검하고 준비를 철저히 하셨다. 그러자니 겨울 같은 농한기에도 한가하게 노실 시간은 없었다.

아버지는 『명심보감』 입교편(立敎篇)의 '일 년의 계획은 봄에 있고 하루의 계획은 새벽에 있다(一年之計在於春 一日之計在於寅)'는 말을 나에게 자주 들려주셨다. 아버지 자신도 〈단도리〉라는 말과 함께 『명심보감』의 명언을 항상 중요한 생활철학으로 삼으시며 살았다.

아버지로부터 받은 선물

아버지가 60대 중반쯤인지 후반쯤인지는 명확하지 않으나, 나는 아버지로부터 귀한 선물을 하나 받았다. 아버지가 제주도 관광을 다녀오시면서 사주신 선물이다. 제주도 해녀의 목각과 돌하르방, 그리고 〈주자십회훈(朱子十悔訓)〉이 새겨진 족자이다. 해녀의 목각과 돌하르방은 손자를 위해 산 선물이고, 〈주자십회훈〉은 나를 위한 선물이었다.

아버지는 『명심보감』 밖에는 공부를 하지 않으셨지만, 내가 어릴 때부터 교훈적인 말씀을 많이 해 주셨다. 〈주자십회훈〉은 지금 읽어 보아도 모두 도움이 되는 명언들이다. 모든 일에는 때가 있게 마련이니 그때를 놓치지 말라는 내용이다.

돌이켜 보면 뉘우쳐지는 것들이 너무 많지만, 그중에도 〈주자십회훈〉 중 첫 번째인 '부모에게 효도하지 않으면 돌아가신 뒤에 후회한다(不孝父母死後悔)'라는 말이 가장 절실하게 다가온다. 부모님 생전에 제대로 선물을 사드린 적도 없고 기쁘게 해 드린 것도 없는 나로서는 후회가 많을 뿐이다.

아버지의 임종

아버지는 1914년에 태어나 78세에 돌아가셨다. 3살 때 생모를 잃고 계모 밑에서 갖은 학대와 고생을 하신 것을 생각하면 그런대로 장수를 하신 셈이다. 시골에서 태어나 젊을 때 잠시 탄광부로 일본에 갔던 것을 제외하면 한평생을 같은 곳에서 농사를 지으며 사셨다. 극히 평범한 일생이었다.

아버지는 비교적 건강하시어 병원에 가시는 일이 거의 없었다. 내가 일본 유학을 마치고 대학교수가 된 지 2, 3년 정도 지났을 때 탈장 수술을 받기 위해 입원하신 것이 전부인 것 같다.

아버지는 잔병치레는 하지 않으셨으나 환갑이 지난 이후에는 혈압이 높았고, 마침내는 가벼운 중풍으로 고생을 하시다가 돌아가셨다. 큰 아버지도 중풍으로 고생하시다가 돌아가신 것을 생각하면 아버지 형제가 체질적으로 비슷했던 것 같다.

　아버지는 뻐꾹새 우는 계절 6월에 돌아가셨다. 아버지가 위독하시다는 연락을 받고 서둘러 갔을 때는 아우 둘이 이미 와 있었고, 고모(아버지의 누님)와 새어머니가 임종을 지켜보고 있었다.

　아버지가 숨을 마지막 거두신 시간은 정확히 기억하지 못하나 자정은 훨씬 넘은 시간이었다. 모두가 지켜보는 가운데 숨을 몰아쉬는 아버지는 정말 괴로워 보였다. 이 세상에서의 마지막 순간이었다.

　숨을 거두신 것같이 조용해지셨다가 다시 깨어나시기를 거듭하셨다. 곁에서 보고만 있기에는 너무 안타까웠다. 지금 생각하면 물로 입술이라도 적셔드렸으면 좋았겠다는 생각이 든다.

　안타깝게 남동생을 지켜만 보고 있던 고모가 입을 열었다. 쉽게 죽을 사람 같지 않으니 모두 눈을 붙이고 교대로 지켜보자고 했다. 장남인 내가 먼저 지켜보겠다고 했더니, 막내 아우가 자기는 한번 잠들면 다시 일어나기 힘드니 자기가 먼저 불침번을 서겠다고 나섰다.

　불침번을 막내에게 맡기고 나머지 사람은 모두 같은 방에 쓰러져 잠시 눈을 붙였다. 모두가 잠시 눈을 붙이고 얼마 지나지 않아 아버지는 운명하셨다. 같은 방에 있으면서도 아버지의 임종은 막내 혼자서 지켜보았다. 예로부터 자식이 많아도 임종하는 자식은 정해져 있다고 했다.

　아버지가 숨을 거두시자마자 갑자기 천둥번개가 요란했다. 낮에는 맑은 하늘로 구름도 그리 많지 않았다. 갑작스러운 천둥번개였으나 비는 쏟아지지 않았다. 마른번개였나 보다. 단순한 기상현상이었겠지만 왠지 아버지 죽음과 관계가 있는 것같이 느껴졌다. 지금도 아버지 제사로 아우들과 만나면 그때의 기억을 되새기곤 한다. 역시 녹두장군의 죽음은 달랐다고.

나의 롤 모델 서송 선생님을 기리며

유상희

내가 서송 이영구 선생님을 처음 뵌 것은 1976년 봄 국제대 일본고전문학 강의실에서였다. 당시 선생님은 40대 중반으로 작은 키에 안색은 붉은 편이고 눈매가 상당히 매서운 무인 같은 인상이었다. 숭전대에 재직 중이셨고, 국제대에는 단 한번 출강하셨다는데 정말 운 좋게 수강을 하게 된 것이다. 한 학기 내내 바쇼(芭蕉)의 「오쿠노 호소미치(奧の細道)」를 열강하시던 모습이 지금도 눈에 선하다.

나는 하이쿠(俳句) 해석에 어려움을 느끼고 현대어 해설판을 곁들여 보다가 호되게 야단맞은 기억이 난다. 외부 강사는 물론 전임교수 중에도 그렇게 호통하는 분위기가 아니었기 때문에 적이 놀랐고, 그로부터 지금까지 선생님이 무섭다는 생각을 떨치지 못하고 있다.

선생님은 1973년엔가 한국일본학회를 주도적으로 창립하셨다. 일본과의 국교가 정상화되고 일본어가 제2외국어로 채택된 이상 본격적인 일본연구의 필요성을 통감하신 것이리라. 하지만 당시는 일본에 대한 국민정서가 매우 좋지 않은 시기였다는 것을 감안하면 남다른 용기와 소신을 지니셨음이 분명하다. 이후 십수 년 간 회장으로 재임하시면서 빈틈없이 학회를 이끄셨기 때문에 학회는 단시간 내에 눈부시게 발전하였다.

내가 선생님과 가까워진 것은 1993년 중앙대 박사과정에 입학하면서 부터이다. 서너 개 대학 중에 중앙대를 택한 것도 순전히 선생님 때문이었다. 내 전공은 일본근대문학이라서 선생님 전공과는 다소 거리가 있지만 학문하는 자세나 방법이 중요하다고 생각했고, 당시는 교수다운 교수를 찾기 힘들었기 때문이었다.

나보다 2년 먼저 재적한 상명여대 황석숭 교수도 같은 생각이었던 것 같다. 그는 애초 대학 2년 후배였으나 병역 관계로 뒤바뀐 처지였는데, 가끔 "우리는 이영구 교수님 같은 교수가 됩시다."라고 선배다운 말을 말하기도 하였다. 그가 「서송선생화갑기념논문집」 발간에 놀라울 만큼 심혈을 기울였던 것도 선생님을 진심으로 존경했기 때문이었을 것이다. 학구열이 대단했던 그는 안타깝게도 박사과정 중에 위암으로 별세하였다. 선생님은 몹시 애석해 하셨고, 오래도록 내게 유가족의 안부를 물으셨다.

나와 동갑인 인천대 유용규 교수도 선생님을 진심으로 존경하며 따랐다. 그와 함께 국제교류기금의 지원을 받아 기타우라와(北浦和)에서 연수 중일 때 와세다(早稻田)대학 유학 중인 차남 면회를 오신 선생님이 우리를 우에노(上野)로 불러내시어 함박눈 내리는 날 밤늦게까지 대화한 일도 잊히지 않는 추억이다. 유 교수는 검도 8단답게 매우 건강한 체질이었는데 어이없게도 60대 초에 별세하자 선생님은 혈육을 잃은 것처럼 몹시 애석해 하셨다.

내가 선생님께 가장 고마움을 느낀 것은 1996년의 일이다. 일본 시모노세키(下關)에서 경일대 하태후 교수와 박사논문에 몰두하고 있을 때 선생님이 찾아오셔서 격려하시며 넥타이를 선물하시고 식사까지 대접해 주셔서 감동하였다. 선생님이 잠시 머리를 식히자며 일본 근대의 진원지 하기(萩)지방을 안내, 쇼카손주쿠(松下村塾), 노기(乃木) 대장 기념관 등 여러 곳을 둘러보며 해박한 지식으로 일본 근대사를 많이 깨우쳐 주셨다.

그때까지도 요시다 쇼인(吉田松陰)의 존재마저 알지 못했던 나는 박사논문 작성에 참으로 많은 도움을 받았다. 그때 내친김에 유람선으로 아오시마(靑島)를 관광한 것도 잊지 못할 추억이 되었다.

박사학위 논문은 선생님께서 정말 빈틈없이 잘 지도해 주셨다. 전공분야가 다른데도 정곡을 찌르는 지적에 감탄을 금할 수 없었다. 논거가 미약하거나 논점이 흐려진 부분을 정확히 지적하시고, 순차나 분량을 조절하는 문제 등, 참으로 많은 도움을 받았다.

10여 년 전에 전북대 동료 이한창 교수와 선생님을 모시고 며칠간 호남지방을 여행한 적이 있다. 우리는 가급적 좋은 숙소로 모시려고 했으나 그때마다 선생님은 마다하시고 학생들이 이용하는 값싼 숙소를 즐겨 찾으셨다. 허리가 편찮으셔서 택시를 이용하게 될 때는 조금이라도 요금을 가장 적게 부르는 택시를 고르느라 애쓰시는 모습을 보고 놀라움을 금치 못했다.

선생님의 생질(큰 누님의 차남)인 최낙필 전북대 상대 교수가 내 절친한 친구인 만큼 자연히 가정사를 알게 되었는데, 선생님은 위로 누님 두 분과 이복동생이 두 분 계신다. 이런 복잡한 가족 구성원에다가 가정형편이 어려워서 고교 때부터 고학을 하셨고, 대학 졸업 후에도 취업이 쉬이 되지 않아 많은 고초를 겪으셨다고 한다. 그런 가운데에서도 출가하신 누님들과 이복 남동생들에게 베푸신 따뜻한 우애는 가히 놀랄만하다.

그 친구는 어느 날 내게 이렇게 말했다.

"부끄러운 얘기지만 우리 아버지는 전북도청 과장에 군수까지 지냈는데, 내가 12살 때부터 13년간이나 첩살림을 하느라고 우리 어머니와 5남매를 돌보지 않았네. 그런 딱한 형편을 아신 큰 삼촌이 우리 형을 서울로 데려다가 고등학교부터 대학 졸업 때까지 보살펴 주셨네. 형이 선량하거나 공부를 잘하기라도 했으면 모르겠는데, 분수도 모르고 연애질이나 하는 불량한 위인이었는데도 그 꼴을 어떻게 그리 오랫동안 보셨는지? 삼촌은 여간 엄격한 분이 아닌데 말이야. 삼촌은 그렇다 치고 숙모님이야말로 천사 아닌가 싶어."

그 친구의 말대로 선생님은 지나칠 만큼 엄격하면서도 따뜻한 인간애의 소유자이셨고, 사모님은 정말 자애로운 분이시라는 것을 나는 익히 알고 있다. 사모님이 풍문여중에 근무하셨기 때문에 댁에는 살림을 돌보는 장애인 아가씨가 있었는데 댁에 갈 때마다 친딸처럼 대하시는 모습을 볼 수 있었다.

재작년 초에 나는 전 일본 대사 무토 마사토시(武藤正敏) 씨의 저서 「한국인으로 태어나지 않아 다행이다」(2017)를 읽고, 목근회에서 발표한 적이 있다. 나는 무토 씨가 공사로 재임할 때 몇 번인가 이야기를 나눈 적이 있어 친밀감이 있다. 그래서인지 저서 내용도 우정의 비판으로 느껴져 긍정적으로 발표하고 나니 선생님은 대로하시며, "어떻게 외교관이 주재국을 그토록 비판할 수 있는가."라고 말씀하셨다.

선생님은 무토 대사에게 직접 전화로 책망하셨고, 그는 한국을 폄하할 의도는 전혀 없었다. 애정을 가지고 우려한 것뿐이다. 다만 표제가 반한으로 비칠 만한 것은 출판사 때문이다. 비난하는 사람도 많고 격려해 주는 사람도 많은데, 후자가 더 많더라고 해명했다고 하셨다.

이와 같이 선생님은 옳지 않은 일을 보면 금세 비분강개하시는 분이다. 나는 선생님께 칭찬받은 기억이 단 한 번도 없으나, 항상 이 시대의 마지막 선비의 모습을 뵙는 것 같아 외경심을 품고 있었다. 그런 대쪽 기질 때문에 어렵게 얻은 한양대 교수 자리를 하루아침에 잃고 초급대학이었던 군산교대로 자리를 옮기신 이력도 있다.

언젠가 선생님은 이런 말씀을 하셨다.

"나는 새해가 되면 올해가 내 생애 마지막 해라고 생각하고 유서를 쓰네. 그리고 그 해를 무사히 넘겨 연말을 맞으면 그 유서를 불태우고, 새해를 맞아 다시 유서를 쓰네."

나는 이 말씀에 큰 충격을 받았다. 자신의 수명이 한 해 밖에 남지 않았다는 생각을 하면서 산다는 것은 참으로 치열한 삶이 될 수밖에 없겠구나 하는 생각이 들었기 때문이다. 대부분의 사람들은 100년 살기도 어려운데 마치 천년만년 살 수 있을 것처럼 느슨한 태도로 사는 것이 보통이다 그런데 선생님은 역시 철학자답게 범상치 않은 인생관이구나 하는 생각이 들어 더욱 외경심을 품게 되었다.

작년 여름인가 목근회에서 선생님이 마지막으로 하이쿠에 관한 발표를 하셨다. 그날 오찬 자리에서 나는 우연히 선생님에 관한 나의 소감을 가감 없이 이야기하게 된다. 그런 이야기를 하는 자리가 마련된 것도 아닌데 어느 결에 그렇게 된 것이다. 하지만 이렇게 선생님이 훌쩍 떠나시고 나니 그런 숨은 이야기를 하지 않고 묻어 두었더라면 후회할 뻔했다.

수십 년간 알고 지내고 모임을 같이 했어도 선생님에 관하여 모르는 부분이 있었기 때문이다. 지금 생각해 보니 선생님을 40여 년간 가까이서 지켜본 제자의 최후 평가이자 송별사였던 셈이다. 내 이야기에 모두들 감동하는 모습이었지만 선생님은 그저 담담한 표정이셨다.

선생님은 바둑을 상당히 즐기셨다. 기력은 나와 비슷하신데 너무 속기라서 정신을 차릴 수 없을 지경이었다. 심사숙고해서 한 수씩 두어야 좋은 판이 되는 법인데 속전속결이었다. 주로 외대 김태정·한양대 곽영철 교수님과 종로 한일기원에서 대국을 많이 하셨는데 나도 가끔 참가했다.

또 작년 봄엔가 목근회 회식을 마친 후 대여섯 분이 남아 선생님을 모시고 코인 노래방에 간 적이 있다. 나는 엔카(演歌)를 전혀 몰라서 듣기만 했지만, 선생님은 지치는 기색도 없이 수십 곡을 열창하시는 것을 보고 놀랐다. 그런데 그것이 선생님의 최후 송별곡일 줄 누가 알았으랴!

선생님은 사재로 기금을 마련하여 한일 간 학술교류와 문화교류에 이바지한 개인이나 단체를 시상하는 '서송한일학술상'을 2004년 제정하여 이듬해부터 거의 매년 시상해 오다가 2017년부터 중단되었다고 한다. 액수는 그리 많지 않지만 매우 의미 있는 상이다. 한국에서 일본인이나 일본의 단체에 시상하는 경우는 찾아보기 어렵기 때문이다.

처음에는 선생님이 주관하시다가 한국일본학회에 일임하고 관여하지 않으셨는데, 그 기금이 일본학회 활동비로 전용되는 바람에 거의 고갈상태가 된 것이다. 후배들이 그 기금의 참뜻을 잘 알고 유지, 발전시켰어야 했는데 매우 아쉬운 일이다.

작년 9월 목근회를 마치고 선생님이 차 한잔하자고 하셔서 동국대 신근재 교수님, 동덕여대 이덕봉 교수님과 함께 찻집에서 회동하였다. 그때 선생님은 그 기금 문제를 담담하게 말씀하셨지만, 우리는 몹시 당혹스러웠다. 어떻게든 복원시켜 보자고 했지만, 구체적인 방안까지는 논의하지 못한 채 헤어졌다. 그런데 그것이 선생님과의 마지막 대면이었을 줄이야! 그 후 두 차례 목근회가 열렸지만 선생님은 편찮으셔서 불참하셨기 때문이다.

선생님은 연말에 제자들에게 전화로 새해 인사를 하시는 분이셨다. 나는 작년 12월 31일 이번에는 선생님보다 먼저 새해 인사를 드리려고 전화를 했더니 입원 중이라고 하셨다. 어디가 편찮으신지 여쭈었더니 허리가 아프다고 하셔서 요통을 잘 다루는 사람을 데리고 가겠다고 말씀드렸더니, "예전에 내가 허리 아팠을 때도 유 교수가 애써 주었는데……"라고 하시면서 다음으로 미루시고, 충남대 장남호 교수와 통화가 안 된다고 말씀하셨다.

나에게 연락받은 장 교수가 새해 2일 선생님을 찾아뵌 것을 미처 모르고, 선생님께 장 교수와 통화하셨느냐고 여쭈었더니 다녀갔다고 하셨다. 나도 찾아뵙겠다고 했더니 지금은 면회가 어려우니 다음에 보자고 하셔서 미루고 말았다.

그런데 그것이 선생님과의 마지막 통화일 줄이야! 조문은 했지만 코로나에 민감해지기 시작한 때인데 감기에 걸려 있어서 장지까지 가지 못한 것이 마음에 걸렸다.

지난 여름 전북대 이한창 교수가 신병치료차 서울성모병원에 오시는데 대중교통은 코로나가 위험하다며 시간강사로 있는 임성택 군이 자신의 승용차로 모시고 왔다. 그는 이한창 교수의 지도를 받아 재일동포문학으로 박사가 된 인물이다. 그리고 이 교수는 선생님의 군산교대, 숭전대 석사과정, 중앙대 박사과정 제자이다. 또 선생님이 숭전대 조교로 채용해 주셨을 뿐 아니라 결혼식 주례이기도 하다.

나는 성모병원으로 찾아가 치료가 끝나기를 기다렸다가 함께 김포공원묘지로 선생님을 찾아갔다. 가는 도중에 소나기가 억수로 쏟아지다가 산소에 도착할 즈음 뚝 그쳐 선생님이 우리를 반겨하시는 것 같은 느낌이 들었다.

가족납골묘지로 조성되어 있었다. 알맞은 크기의 검은 대리석 비에 앞에 '全州李氏家族墓'라고 쓰여 있고 뒷면에는 맨 위에 가로로 이영구 생몰 연월일만 쓰여 있었다. 그 분의 성품처럼 검소하고 깔끔했다. 꽃 한 다발을 바치고 셋이서 엄숙하게 묵념을 했다.

나는 마음속으로 '선생님! 저는 선생님의 제자된 것을 천행으로 생각합니다. 40여 년간 여러모로 많은 은혜를 입었습니다. 저 세상에서도 부디 제자로 받아주시옵소서.' 하고 빌었다.

증정 받은 책과 일본 저자와의 만남
- 작고한 세 분의 기억과 오에 켄자부로를 중심으로 -

최재철

언젠가 『일본을 생각하다―목근춘추 3』 에세이의 두 번째 소재로서는 '받은 저서와 일본 저자들'에 대해 써보자는 생각이 떠올랐다. 그래서 하나하나 받은 책을 찾아 연구소의 서가 읽기 편한 자리 바로 손에 닿을 만한 위치에 모아두고 연구소에 들를 때마다 작은 나무탁자 옆 의자에 앉거나 마루바닥에 앉아 서가에 기대어 한 편씩 꺼내 읽어보기로 했다. 서재의 책장과 연구소의 서가에 책이 이중 삼중으로 꽂혀 있거나 박스에 쌓여 있어서 다 찾아내지 못했는데, 일단 어림잡아도 30여 권 정도 되는 것 같다. 증정 받은 책의 간략한 내용 소개와 일본 저자들과의 만남의 인연에 대해 기억나는 대로 써보기로 하자.

먼저 일본 저자와의 만남을 인연별로 간략히 나누어보고 이미 작고한 세 분에게 받은 저서와 기억을 기록하고 나서, 그 다음에 1994년도 노벨문학상 수상작가 오에 켄자부로와의 만남과 받은 책에 대하여 회고해보기로 한다.

각양각색의 인연에 대해

도쿄(東京)대학 비교문학 비교문화과정 유학 시절(1978. 4~1983. 3), 은사님들과의 인연과 받은 저서들에 대한 기억이 난다. 먼저 얘기하지 않을 수 없는 분은 모리 오가이 전문가로서 대저『젊은 날의 모리 오가이(若き日の森鷗外)』와『모리 오가이 문업해제(文業解題)』(전 2권),『모리 오가이 평전』의 저자이자 필자의 석사·박사과정 지도를 맡은 고보리 케이이치로(小堀桂一郎) 교수님인데 이 분과 유학 시절 은사님들에 대한 기억이 많아 그 인연과 받은 책에 대해서는 요 다음 기회에 따로 쓸 예정이다.

유학 학과(연구실) 선배·동기들로부터 받은 저서들에 대해서도 쓸 기회가 있으면 좋겠다. 제자 유학생의 지도교수로서 만난 분들, 그리고 학회와 교류 세미나, 소개 등을 통해 만난 인연들도 소중하므로 언젠가 소개할 기회가 있을 것이다. 시인, 작가 교류로 만난 분 중에서는 오에 켄자부로에 대하여 이 글 마지막에 소개하기로 한다. 그전에 일본근대문학 교류를 활발히 한 분들 중 한 분을 먼저 소개하고 본론으로 들어가야겠다.

가나자와의 우에다(上田正行) 교수와의 교류

필자와 전공분야 동료, 후배, 제자들이 합심하여 1999년에 창립한 한국일본근대문학회와 상호 합동교류세미나를 4차(2001. 12~2006. 11)에 걸쳐 개최한, 당시 일본근대문학회 호쿠리쿠지부 회장 우에다 마사유키(上田正行) 교수[가나자와(金沢)대학, 현재 도쿠다 슈세이(德田秋声)기념관·무로 사이세이(室生犀星)기념관 관장]와의 인연은 계속 이어지고 있다. 그의 역작 저서

『오가이 · 소세키 · 교카―실증의 실(鷗外 · 漱石 · 鏡花―実証の糸)』(翰林書房, 2006.6.24)은 출간 직후인 7월 8일에 받았다. 이 책은 저자가 20여 년간 책 표제의 세 명의 작가 · 작품론을 쓴 논문을 모은 것인데, 내용은 모리 오가이의 일기(「항서일기(航西日記)」 「조정일기(徂征日記)」)와 일본근대문학사의 첫 문학논쟁인「몰(沒)이상 논쟁」, 초기 단편「무희」의 여주인공 등에 대해 논하고, 나쓰메 소세키의『풀 베개(草枕)』론 등, 이즈미 교카의「풍류선(風流線)」론과 가나자와 소재의 작품론 등으로 치밀한 논증을 추구한 책이라는 인상을 받았다. '후기'에서는 실증의 정신을 관철하는 어려움도 토로하면서 그 성과의 하나가 전집의 주해라며, 치쿠마판의 8권 전집본(오가이)이나『모리 오가이 역사문학전집』전13권(이와나미서점)이 있지만 보다 완전한 오가이전집 주해가 필요하고, 교카 등도 주석으로는 할 만한 작가라고 추천한다.

또 하나, 우에다 교수에게 받은 저서『중심에서 주변으로(中心から周縁へ)―작품, 작가에의 시각』(梧桐書院, 2008)은 후타바 테이, 소세키에서 시작하여 나카노 시게하루, 이노우에 야스시 등을 중심으로 가나자와의 문학공간에 대해 애착을 갖고 논하며, 전후문학의 출발을 러시아로부터 시작하여 잡지『대만 애국부인』에 게재된 일본근대 작가의 작품과, 러일전쟁 종군기도 다루는 식으로 동아시아로부터 일본 근대문학을 다시 읽는다는 관점에서 기술한다.

하이쿠(俳句) 시인이기도 한 우에다 교수와 주고 받은 하이쿠가 여럿 있다. 최근(2020. 12. 5, 토)에도 다른 용건의 e메일 말미에 구(句)를 첨부해주어 답구를 주고 받은 것을 아래에 적어본다.

우에다(上田): 어제(12/4, 금). 후시미가와(伏見川) 강가를 산책하다 떠오른

한 구

籠り居の　人に野太き　鴨の声　　　- 茅茨(ぼうし)
(칩거하는 사람에게 굵직한 물오리 소리)

이 구에 대해 필자가 답한 소감.

최(崔): '코로나19' 감염증 유행 시기를 잠잠히 넘기시고 계신 선생님의 모습이 보이는 듯한 하이쿠이군요. 후시미가와의 듬직한 오리 소리도 들리는 듯합니다.

그리고 고향집 거현에서 떠오른 10구 중에 6구를 e메일 본문에 첨부해 보냈더니 둘을 골라 선평을 하고 내 구에 촉발되어 지었다는 자작 구를 다시 보내주었다. 차례대로 인용해본다.

최: 12월 7일(월)
光差す　床に転がる　花梨の実
(햇살 비치는 마루에 나뒹구는 모과 열매)

花梨の香　匂う日和や　里の庭
(모과 향기 풍기는 맑은 날이여 고향의 뜰)
　　　　　　　　　　　　　　　- 거현

우에다: '日和に'보다 '日和や'가 나음. 촉발되어 다음과 같은 구로 해봤습니다.

二つ三つ　床に転がる　花梨かな
(두세 개 마루에 나뒹구는 모과런가)

くっきりと　影を作れる　花梨かな
(선명하게 그림자 드리는 모과런가)

花梨匂ふ　山家の里の　夕間暮れ
(모과 향기 나는 산중 마을의 저녁 어스름)
- 茅茨

아주 부러운 환경이군요. 그런 잠깐씩 쉴 장소를 갖고 싶은 요즘입니다.

위의 두 번째 '그림자 구'를 보고 필자가 지난번에 보내지 않은 네 구 중에서 다시 골라 보낸 '그림자 관련 구'와 e메일 내용,

최:
床の上　影の長引く　花梨の実
(마루 위에 길게 그림자 드리는 모과 열매)
- 거현

역시 '影を作れる' 또는 '花梨かな'가 좋겠지요.
참고로 고향에서 찍은 '모과와 마루' 사진 첨부합니다.

이후에도 우에다 교수와 하이쿠에 관한 담론을 e메일로 주고 받았다. 요약하면 아래와 같다.

우에다 교수가, 하이쿠에서 '설명 과다'는 피해야 하고, 야마모토 켄키

치(山本健吉)가 말한 바와 같이 '즉흥' '인사' '골계' 등이 하이쿠의 기본이며, 간결, 선명을 명심하면 틈(間)이 생겨 세계가 확장될 거라는 조언이다. 이 점과 관련하여 바쇼(芭蕉)의 "다 말해버리면 뭐가 남는가(言い果せて何かある)"라는 명언을 덧붙였다.

나도 공감하며, 마사오카 시키(正岡子規)의 '사생(写生)'은 염두에 두고 있으면서, 보고 느낀 감흥을 '즉시 읊어야' 하는데, 일껏 계제(季題;계절어)를 발견하고 떠올리긴 하고서도, 먼저 그 순간의 장면을 놓칠새라(그림자의 경우, 시시각각 변하므로) 여러가지 각도로 사진에 담으며 분주하게 지낸다. 그러다가 나중에 다시 사진을 보고 그 당시에 떠올렸던 느낌을 머리로 이리저리 '궁리하여 지어낸' 5 · 7 · 5가 현장감이나 간결함이 그대로일 리가 없고 욕구 과잉이라 담백, 선명한 맛이 떨어진다는 사실도 새삼스레 재확인하는 계기가 되었다.

한편, 나는 바쇼의 '계제'에 대한 생각 "불역유행(不易流行; 변함이 없는 것과 변하는 것)"에 대해 사족을 달았다.

우에다 교수 정년퇴임기념논문집에 게재된 필자의 「우에다 마사유키 선생님과 한일교류를 생각한다」(『金沢大学国語国文学』 제34호, 上田正行 교수 퇴임기념특집, 가나자와대학 국어국문학회, 2009.3)에 그간의 교류 내용을 기술한 바 있다. 여기에도 주고받은 5 · 7 · 5가 실려 있다.

작고한 세 분의 기억

지금부터 회고하고자 하는 '내가 만난 세 분의 일본인'의 공통점은 이미 별세한 일본근현대문학전공 교수로서 오랫동안 필자와 교류한 지한 파 지식인이라는 점이다. 바로 오사와 요시히로(大澤吉博), 하토리 테쓰야 (羽鳥徹哉), 기무라 카즈아키(木村一信) 이 세 분이다. 이 세 분은 각 분야(비교문학, 카와바타론, 나카지마론)의 전문가로서 유학생 교류로 인연이 점차 쌓여가 전공분야 학술 교류가 확대되어 상호 문화 이해의 촉매자 역할을 열심히 수행하였고, 인품이 온유하고 성실하여 친분이 지속 발전된 경우다. 작고한 순서에 따라 먼저 증정 받은 책에 대해 간단히 정리하고 기억을 소환해보기로 한다.

오사와 요시히로(大澤吉博)교수와 『텍스트의 발견』

이미 별세한 저자들에게 받은 책을 펼쳐 증정 표시와 받은 날짜 적어 놓은 것을 보면 가슴에 찡한 느낌이 온다. 먼저, 오사와 요시히로 교수(도쿄대학)의 편저 『텍스트의 발견(テクストの発見)』(총서 비교문학비교문화 6, 中央公論社, 1994)에 대해 보기로 한다. 이 책의 각 장 명칭과 내용은 '텍스트를 읽다'(서장: 비교문학 서설), '『열흘 밤의 꿈(夢十夜)』「첫째날밤(第一夜)」을 읽다'(텍스트 읽기의 일례), '현실을 지향하다'(문학 주변의 텍스트), '문자를 넘어서다'(시각·음성 텍스트 등 개념의 확대), '텍스트를 마주하다'(문학 텍스트 분석) 등 총 5장으로 구성되어 있다.

이 중에서 편저자 오사와(大澤) 교수는 첫 장의 도입의 글 「텍스트를 읽는다고 하는 것에 대하여」를 집필했다. 이 글은 먼저, '비교문학·비교문화란 무엇인가'부터 시작하여, 비교문학비교문화에 있어서의 텍스트, 텍스트를 보는 독자의 눈, 이문화의 눈, 읽기의 입장, 시각텍스트·청각텍스트 등에 대하여 전반적이며 구체적인 개설로서의 역할을 착실히 수행한다. 비교문학비교문화연구실의 선배들의 업적을 바탕에 두고 그 발판 위에서 돌을 하나씩 쌓아 올린 것을 뒤돌아보고 현재를 종합 정리하여 앞으로 나아간다는 마음가짐으로 이 책은 편찬되었다. 이전 초창기의 『비교문학독본(比較文学読本)』(島田謹二・富士川英郎・氷川英広 편, 1973년)과 『문장의 해석―본문 분석의 방법(文章の解釈―本文分析の方法)』(平川祐弘・亀井俊介・小堀桂一郎 편, 도쿄대학출판회, 1977년)이 있었다는 사실을 언급하고 그 핵심 개념을 인용하면서, 《총서 비교문학비교문화(叢書 比較文学比較文化)》(전6권)의 여섯 번째로 출판한 이 『텍스트의 발견』까지의 역사를 꼭 기술한다. 이와 같이 앞선 실적을 기록하는 것은 우리가 참고하고 실제 선인들의 족적을 살펴 전통을 이어가야 할 것이다. 이 전에, 『강좌 비교문학(講座 比較文学)』(전9권, 도쿄대학출판회, 1973)의 총결산이 있었다는 사실도 물론 이 책의 〈후기〉를 쓴 가와모토 코지(川本皓嗣) 교수가 밝히고 있다.

오사와 교수는 위의 글에서, 비교문학의 흐름 세 가지, 영향관계의 역사학적 연구방법에서 시작하여 대비연구의 구조론적 연구방법, 회화와 문학 등 장르 간 연구로 확대되어가는 현상을 언급한다. 그리고, 비교문학연구의 본문 분석 방법인 '엑스프리카시온 드 텍스트'를 다시 강조한다. 이는 프랑스 중고등학교 교육에서 유래되었는데, 다른 참고 자료 없이 무심히 평자의 지성과 감성으로 텍스트 자체를 해석하는 것으로 도쿄대학 비교문학연구실에서 주창하는 방법이다. 단지 이전의 『문장의 해석』에 비해 타 텍스트와의 관계나 이문화간 텍스트 대비연구, 독자의 시점 등을 이번 텍스트 해석에서는 보다 열어두었다고 말한다.

그리고, 텍스트 개념의 변화는 비교문학 연구동향의 변화뿐만 아니라 만화 등 대중문화와 정보전달매체로서 TV나 문자텍스트의 일부로서 컴퓨터 모니터 화면 등의 문화 상황의 변화를 반영하고 있고, 텍스트 읽기의 문제는 인문과학의 커다란 문제 중 하나라며 글을 맺고 있다.

이 책 본론에서는 여러 필자들이 비교문학연구실이 강조하는 텍스트 읽기 방법에 따라 각각 텍스트를 인용하고 구체적인 본문 분석을 전개하고 있다. 필자들도 대개 비교문학연구실 출신을 중심으로 구성되어 있다. 예를 들면, 이노우에 켄(井上健), 고미야 아키라(小宮彰), 마에카와 유타카(前川裕), 오시마 히토시(大嶋仁), 스가와라 가쓰야(菅原克也), 사토 모토코(佐藤宗子), 사에키 준코(佐伯順子), 고타지마 요스케(古田島洋介) 교수 등이다.

본론 도입부의 「『열흘 밤의 꿈(夢十夜)』「첫째날밤(第一夜)」을 읽다」의 필진과 테마는 유학시절 동기인 도오다 마사루(遠田勝)씨의 「흙 속에 묻힌 백년동안, 여자가 생각하는 것」과 고바야시 야스오(小林康夫) 씨의 「눈물과 이슬」, 고모리 요이치(小森陽一) 씨의 「목소리와 시선」 등이다. 소세키의 이 「첫째날밤」은 필자가 이미 번역한 작품[지식을만드는지식, 2차분 『일본 명단편선』 전5권에 수록 예정]으로 작품해설도 썼는데, 에세이를 쓰기 위해 이 글들을 보니 작품 해설을 다시 써야하거나 적어도 참고하여 수정해야 할 것 같다는 생각이 든다. 이밖에 오사와 교수의 저서는 『내셔널리즘의 명암―소세키 · 키플링 · 타고르(ナショナリズムの明暗―漱石 · キプリング · タゴール)』(1982), 『언어의 사이를 읽다―일 · 영 · 한의 비교문학(言語のあいだを読む―日 · 英 · 韓の比較文学)』(2010, 사후 출간) 등이 있다.

오사와 교수와의 만남은 1978년 이래 유학 시절, 3-4년 선배로서 연구실 모임이나 행사 때부터 시작되었다. 하치오지(八王子)대학세미나하우스 발표회에도 대개 동참하고 동기 서너 명(하세가와[長谷川] 씨, 고미야[小宮] 씨 등)이 가까운 사이라서 자주 함께 만나기도 했고 댁에 식사 초대해주기도 하여 서로 친근감이 생겼다. 필자가 대학에 취직이 되어 귀국 후에는 한국외대 일본어대학과 도쿄대학 교양학부(대학)와 학술교류협정을 체결하여, 상호 교류세미나와 심포지엄을 7-8차에 걸쳐 개최하고 일본문부성 국비 대학추천 유학생을 몇 년간 받아주는 등 교수 학생 교류를 활발하게 추진하였다.

오사와 교수 장녀 결혼식 때 도쿄 제국호텔에 1박 2일 초대받아 참석한 적이 있다. 널다란 홀에 많은 하객들이 지정된 테이블에서 코스요리를 들며 서너 시간에 걸쳐 여러 명이 돌아가며 축하 스피치를 하고 신랑 신부는 예복을 몇 차례씩 바꾸어 입고 나와 인사를 했다. 마칠 때는 하객 모두에게 선물도 주었다. 모처럼 일본의 결혼식 진풍경을 목격한 셈이다.

오사와 교수는 우리 대학에 초빙교수로 3개월간 대학원 강의차 체재하기도 하여 가족이 서울에 여행 왔을 때 일본 유학 시절의 답례 겸 우리 집에 초대해 소찬을 함께한 적이 있는데 김을 맛나게 먹던 자매들이 생각난다. 이런저런 기억이 어제 일 같다.

오사와 교수 장례식 발인 참석차, 도쿄의 절에 가서 고인을 추모하고 유가족을 위로한 기억이 아직 선명하다. 과로가 겹쳐 허혈성심부전으로 향년 57세(2005. 3)였다. 이런 생각을 하면 눈시울이 촉촉해지기 마련이다. 도쿄대학 학술지 추도 특집에 「오사와 씨의 추억」(추도 大澤吉博교수, 『比較文学研究』제86호, 도쿄대학비교문학회, 2005.11)을 기고하여 그를 기렸다.

그 후 2019년 3월, 오사와 교수 뒤를 이어 비교문학연구실 주임교수로서 학술교류도 착실하게 진행해 온 스가와라 카쓰야(菅原克也) 교수 퇴임식에 참석할 겸 도쿄에 갔을 때 하루 전에 고마바(駒場)의 비교문학연구실에 들렀는데, 마침 연구실 촉탁으로 근무하는 장녀 오사와 유우코(大澤佑宇子) 씨에게 작은 선물(홍삼차 종류)을 전했더니 다음날 퇴임식에 참석한 오사와 부인이 '토라야(とらや)'의 요캉(羊羹;양갱)을 답례로 주어 오히려 미안했다. 일본인의 답례 문화는 알아줄 만하다.

하토리 테쓰야(羽鳥徹哉) 교수와의 인연

『가와바타 야스나리 전작품 연구사전』(勉誠出版, 1998.6)의 공·편저자인 하토리 테쓰야 교수(세이케이[成蹊]대학)의 저서 『작가의 혼―일본의 근대문학(作家の魂―日本の近代文学)』(勉誠出版, 2006. 4. 1)를 항공우편으로 받은 것은 출간 직후(4월 11일)다. 지금 다시 책을 꺼내 보아도 서예가 사다마사 쇼토(貞政少登) 씨가 붓글씨로 쓴 책 제명 그대로 '작가의 혼'의 기상을 느끼는 것은 처음 책을 받았을 때와 다름이 없다. 역시 붓글씨로 쓴 힘찬 저자 이름을 보면 오히려 생의 무상함을 느끼게 된다. 그러나 한편으론 저자의 이름에서 온유함 속의 강인함이 전달되었고, 이 책을 읽다보면 그 문장의 유려한 흐름과 내용 전개의 명쾌함에서 저자의 기운이 전달되는 듯하다.

이 책의 내용은 책 제목과 같은 '서장' 「작가의 혼―일본의 근대문학」에서, 먼저 메이지 청년의 정신 형성에 가장 커다란 영향을 준 저작으로 사뮤엘 스마일즈 지음, 나카무라 마사나오(中村正直) 옮김 『서국 입지편(西国立志編)』(1871)과 후쿠자와 유키치(福沢諭吉)의 『학문의 권장(学問のすすめ)』(1872-1875)을 들고, 그 입지(立志)와 입신출세주의 사상을 갈파한다. 그리고 일본근현대 대표 작가들의 작품을 통해 반(反)입신출세주의와 반속(反俗)주의, 반권력주의의 계보를 착착 풀어간다. 이러한 경향은 현대의 오에 켄자부로와 무라카미 하루키에게까지 이어져 있다고 말한다. 한편으로 입지가 입신과 야합하고 반입신출세주의가 시기 근성으로 추락할 위험성을 지적하는 것을 잊지 않는다. 또한 '시라카바파(白樺派)'나 미야자와 켄지(宮沢賢治)에게서 자기 함양의 고귀한 정신 추구와 인간세상 구원의 바램(祈願)을 찾는다. 그 다음 장에서는 「소세키의 『마음(こころ)』에 대

하여」 '메이지의 정신'과 관련지어 많은 지면을 할애하여 논하고 있다. 이어서 치바 카메오(千葉龜雄), 미키 로후(三木露風)론을 약술하고 나서, 주 전공 작가 「가와바타 야스나리에 있어서의 신감각」에 대해 상세히 다루고 있다. '신감각'의 출발과 특징, 학습, 사상, 문제 해결, 서구 전위사상의 영향, 시와 현실, 귀착점, 가와바타 문학의 의의 등이다. 사이사이에 미야자와 켄지와 관련지어 언급하는 것도 눈길을 끈다.

가와바타의 죽음에 대해 "전위적인 감각의 하나의 귀착점이기도 했다"며, "가와바타 문학은 고독, 불안, 허무, 절망 등으로부터 출발하고, 그것을 넘어서려고 하여 만물일여(萬物一如)의 사상에 귀착했다. 동시에 그것은 전위적 비약의 정신과도 겹쳐졌다."라며, "예민하고 대담한 행동이나 비약이 때로 필요하다고 하는 것에 관해서 충분한 각오"도 갖고 있었고, "맹렬한 용기의 필요도 시사"하고 있다고 말한다. 가와바타 문학의 의의에 대해 〈허무를 넘어서려고 하는 전위적(신감각의) 비약의 정신〉이라는 하토리 교수의 견해는 공감이 간다.

마지막 장은 「사카구치 안고(坂口安吾)의 어머니」론인데, 안고는 문학의 고향을 '고독'이라고 한다면서, "어머니와 겹쳐지듯 니가타(新潟) 앞 바다가 고독과 허무의 구상화로서 소년 시절 안고의 눈앞에 펼쳐져 있었다"고 말한다. 필자가 함께 여행한 적이 있는 하토리 교수의 고향이기도 한 니가타의 풍토에 대해, "과거 버려진 땅의 혹독함과 허무 속에서 단련과 활력과 인정을 겸비한 가장 이상적인 땅으로 전환해가는 가능성"을 보는 이 책의 마지막 문장에서 저자의 논지 방향과 의지를 읽을 수 있다.

하토리 교수와의 첫 인연은 그가 1990년대 후반에 한국일본학회 초청으로 인천의 모 대학에서 개최된 학회 강연을 할 때로 거슬러 올라간다.

강연을 들으러 갈까도 생각했지만 멀기도 하고 아침 늦게 일어나 뭔가 할 일도 있다는 핑계로 그만 가지 않았다. 그런데 일본연구소 조교(정향재, 현재 한남대 교수)가 마침 전공이 강연자와 같은 가와바타 야스나리여서 강연을 들으러 갔는데, 강연 주제가 '가와바타 야스나리 문학 속의 한국'이었다는 것을 나중에 알았다. 더구나 강연 내용 속에서 내 글을 인용하고 언급했다는 것이었다. 나는 그런 사실을 듣고 놀라기도 하고 아쉽기도 했다. 강연 주제를 미리 알아두지 않은 것은 실책이었고 게으름 피고 학회 강연회에 가지 않은 것이 좀 후회되기도 했다.

강연자 하토리 교수는 일본에서 한국 유학생이 발표 중에 내 글(아마도, 『일본문학의 이해』제4장 3절 「일본근현대문학 속의 한국인상-가와바타 문학 외」)을 언급하여 도움을 받고 글의 소재와 내용을 알게 되어 한국에서의 강연 준비에 참고가 되었다는 취지의 발언을 했다는 것이다. 이 이야기를 듣고 언젠가는 연락을 취해보자고 생각했다.

그 후 조교가 강사가 되고 일본 유학을 희망하여 마침 그 강연자가 전공이 같으므로 1순위 지도교수로 타진해보자고 했다. 그래서 편지를 보내 추천했더니 수락하여 유학을 가게 되었던 것이다. 그때 하토리 교수가 학회에서 한 강연 내용은 「조선・한국과 가와바타 문학」이라는 제목으로 공저 『일본문학의 다양성』(翰林書房, 1998)에 게재(나의 글 언급)하였고, 내가 이를 다시 참고하여 수정한 「가와바타 야스나리와 한국」을 『世界の中の川端文学』(가와바타문학연구회 편, おうふう, 1999)에 게재하게 되었다. 상호 논문에 촉발되어 실질적인 학술교류의 심화가 발전적으로 이뤄진 실제 예라고 하겠다.

그 뒤 하토리 교수와는 한국일본근대문학회의 초청 강연과 학술 교류, 도쿄 갈 때 대학 방문 면담, 식사 초대 등이 이어지면서 인연을 쌓아갔다.

한번은 동부인하여 한국을 방문했을 때 함께 공주 유적 견학을 희망하여 차로 안내한 적이 있는데, 그 때 공산성에서 찍은 사진 작은 액자는 지금도 연구소 책꽂이 앞에 놓여 있다.

서가에 모아둔 책 중에서 아래 단 오른 쪽부터 비교적 일찍 읽기 시작한 하토리 테쓰야 외 감수 편저 『현대의 바이블―아쿠타가와 류노스케(芥川龍之介)의 「캇파(河童)」 주해』(勉誠出版, 2007. 6. 13)는 출간 한 달 뒤인 7월 13일에 하토리 교수 댁 근처 히노(日野)시 초밥집 '미사키마루(三崎丸)'에서 받았다고 속표지 아래에 작게 적혀 있다. 이 책의 〈머리글〉에서 하토리 교수는 「캇파(河童)」가 현대의 바이블인 이유와 내용 요지, 의미를 명쾌하게 설명하고 있다. '읽으면 구원받는다는 의미가 아니라 여기 쓰여진 정도는 충분히 이해하고 각오해 두는 것이 현대인의 조건이라는 뜻에서 바이블'이라고 말한다.

현실 문제를 극복하기 위한 두 가지 방식 중, 하나는 '정신적으로 강인함을 추구'한 작가로 호리 타쓰오와 가와바타 야스나리를 들고, 또 하나는 사회혁명을 추구한 사회주의 성향의 미야모토 켄지의 예를 든다. 문장이 좋고 명쾌하며 알기 쉽게 요점을 적절하게 써 잘 읽히는 글이다. 마치 이 책의 표지 안쪽 면지에 쓴 정갈한 증정 서명과 같다는 느낌이다. 하토리 테쓰야 공편저 『웃음과 창조(笑いと創造)』 제1-5집(勉誠出版, 1998-2008)도 받았다.

하토리 교수 초청으로 도쿄의 세이케이대학 아시아태평양연구센터에 3개월간 체재하고 귀국할 때 『센터 뉴스』지에, 「〈센터교류 초빙 소감〉 느티나무 가로수 길의 추억」(『CAPS Newsletter』 No.80, 2003.10)을 기고하여 인연의 일단을 포함, 방문 소회를 피력한 바 있다.

발인(2011년 12월, 폐렴, 향년 75세) 때는 직접 못간 대신에 제자 편에 부의를 전달했는데 유족의 답례품을 전달 받았다. 그 후 도쿄에 갔을 때(2019년 3월초) 댁을 방문하여 하토리 교수님 영전에 향을 피우고 늦게나마 명복을 빌었다. 그리고 사모님이 두부요리 전문식당 '두부 우카이(とうふ うかい)'로 안내하여 맛난 계절 요리를 대접받았다. 일식 요리집 2층 테이블 위에는 춘하추동 글씨 문양의 쟁반 받침 종이가 깔려 있고 다다미방 넓은 홀에는 천장에서 늘어뜨린 길쭉하고 둥그런 대나무 죽부인 모양의 통에 붙인 흰 전통 종이 4면 각각에 사계절별 대표 메뉴를 계절에 맞추어 대략 7·7조 붓글씨체로, "春は田楽, 夏は冷や奴, 秋はほろろ豆腐, 冬は湯とうふ(봄은 덴가쿠/된장구이두부, 여름은 히야약코/냉 날두부, 가을은 호로로두부, 겨울은 순두부)"라고 운치 있게 적혀 있어서, 마침 「일본문학 속의 사계」를 주제로 저서를 집필했었기 때문에 유심히 보고 사진을 찍기도 했다.

반주로 일본 죽통 토속주(지자케/地酒) 등을 마시고 사진도 찍고 교수님과의 추억을 회고하며 즐거운 시간을 보냈는데, 정원에는 따사로운 햇살이 비치고 연못엔 붉고 노란 비단잉어 여러 마리가 팔딱거리고 한창 싹이 터 파릇파릇한 버드나무 가지가 하늘하늘 봄바람에 흔들리던 때로, 하토리 교수님이 이 자리에 함께 한다면 얼마나 좋을까 하는 아쉬운 상념에 잠기기도 했다.

기무라 카즈아키(木村―信) 교수와의 만남

기무라 카즈아키 교수(리쓰메이칸[立命館]대학)에게 저서 『나카지마 아쓰시 론(中島 敦論)』(双文社出版, 1991/1986)을 받은 것은, 한국일본근대문학회 〈2003년-봄 학술대회〉 강연에 초청했을 때(2003. 3. 15, 한국외대)였다. 이 책 내용은 문학사상(文學史像)과 작품의 형성, 작품론, 나카지마 아쓰시의 제상(諸相), 연구사 등 다섯 부분으로 구성되어 있다. 대학 진학 전부터 관심을 갖고 있던 작가에 대해 저자가 연구자가 되어 초기 10여 년간 쓴 논문을 모은 역저다. 아쓰시의 「산월기(山月記)」「제자」「이릉(李陵)」 등 주요 대표작을 다룬 가운데, 저서 전반부 두 절에서 분석한 초기작 「호랑이 사냥(虎狩)」론을 흥미있게 읽었다.

아쓰시가 소년시절을 보낸 '경성(서울)'을 배경으로 한 이 작품에 대해 저자는, 〈일본인 '나'와 한국인(반도인) '조' 두 사람이 정신적 동질성을 갖는 설정〉이라고 보고, 〈인생의 선배로서의 역할을 다하는 '조'에게 이끌리어 여러 가지 경험을 하면서, '나'는 인생의 무게와 불가사의함을 느낀다.〉라고 요약한다. 그리고 당시(1935년 전후)의 시대상, 시대적인 것(조선 식민지 문제, 피압박민족의 고난과 비애), 사회상(전시 중의 예술적 저항과 사상 전향, 불황과 혼잡)을 표현하는 문단의 분위기 속에서 초기작의 미숙함에도 불구하고 이 「호랑이 사냥」은 작가가 그러한 시대의 추이와 동향을 시야에 두면서 본격적인 창작을 개시할 즈음의 작품으로서, '자아추구, 자기인식의 이야기'라는 주제 의식을 갖고 작가적 출발을 이룬 나카지마 아쓰시 문학의 기점으로 볼 수 있다고 한다.

나카지마 아쓰시 문학론의 연장선에서, 저서 『쇼와(昭和) 작가의 남양행(南洋行)』(2004)도 있는데, 이는 기무라 교수의 인도네시아대학 객원교수 체험도 반영되었다고 볼 수 있다.

기무라 교수가 리쓰메이칸대학이 규슈(九州)에 세운 아시아태평양대학의 학생부장(학생처장)으로 부임하여, 필자의 제자 유학생(허남훈, 리쓰메이칸대학 대학원 박사과정 수료. 허 군과의 인연으로 기무라 교수를 만남. 현재 일본 체재, 사업)을 일본어 교육담당 외국인 전임교원으로 채용해준 데 대한 감사 인사

겸 대학 견학, 세미나 참석차 벳푸(別府)를 방문한 적이 있다. 제자의 안내로 벳푸 온천 관광과 대학을 둘러보고 기무라 교수 주관의 연구발표회를 마친 후 벳푸항 부근의 횟집 만찬에 초대 받고 2차로 노래방(가라오케)에 가서 즐거운 한 때를 보낸 추억도 있다.

필자가 대학의 행정지원처장의 직책을 맡고 있을 때(2008년), 법학전문대학원 개설 준비차 일본의 대학을 시찰하기 위해 우리 대학의 총장(박철 교수, 스페인 문학, 「돈키호테」역자)을 수행하여 도쿄대학, 호세이대학 등 도쿄의 몇몇 대학과 관서지방의 대학 방문 시에 교토(京都)의 리쓰메이칸대학을 방문하였는데, 그때 기무라 교수가 문학부 학부장(문과대학장)으로서 우리 일행을 맞아 총장 면담과 도서관, 미술관 등 대학시설을 안내하고 만찬에 따로 초대해주어 게 요리를 만끽한 적도 있다.

또 하나 빼놓을 수 없는 것은 필자와 몇 차례 만나 서울과 교토에서 세미나와 심포지움 초청 등 학술 교류(예; '50주년 기념대회 심포지엄' 논문「한국의 일본문학연구 상황과 전망」게재, 『論究 日本文学』제1호, 立命館大学 일본문학회 50주년 기념호, 2005. 2. 한국일본근대문학회·일본근대문학회 관서지부 공동 2009년도-가을국제학술대회 개최, 간사이대학 등)를 진행하면서 기무라 교수는 내게 한일 문학 관련 저술을 함께 기획하여 출판하자는 제안을 하였다. 그래서 간행한 책이 기무라 카즈아키·최재철(木村一信·崔在喆) 편 『한류 100년의 일본어 문학(韓流百年の日本語文学)』(人文書院, 2009.10)이다. 필진은 한국과 일본 반반씩하고, 내용은 한일 상호 관련 있는 문학 작품 작가를 소재로 하기로 하였다. 실제 필자들(한국 7명, 일본 11명)이 기고한 글들을 편집한 각 장별 내용은 일본문학 속의 한국(인)상이라든지, 재일 한국인 문학, 한류 드라마('겨울연가' 외) 등이다.

책 〈머리말〉에서 필자는 "각 분야에서 한일 상호이해의 심화와 우호

친선의 발전은 양국의 현재와 미래를 위해 필수적인 과제이며, 현대의 우리들에게 부여된 책무라고 말할 수 있다. 특히, 기본적으로 중요한 문학 분야의 이와 같은 작업이 한일·일한의 비교문학·비교문화를 생각하는 데에 참고가 되기를 기대한다"라고 썼다.

기무라 교수는 〈후기〉에서, 2000년 무렵부터 일본과 아시아에 부는 '한류' 붐을 언급하면서 근세 에도시대 '조선통신사'를 접대한 주자학자 아메노모리 호슈(雨森芳州)의 '성심 있는 교린(交隣)'이라는 말을 염두에 두고 「한류」라는 단어를 책 제목에 붙였다고 밝히고, 책의 구상과 진행 과정, 간행이 늦어진 이유 등을 설명했다. 또한 한국의 일본근현대문학연구 논문 발표수의 증가와 일본문학관련 학회활동의 활성화 동향에 일본측 연구자가 무관심하면 안 되므로 적극적인 연구교류의 장을 만들고자 하는 시도의 하나로 본서를 기획했다고 썼다. 이렇게 해서 이 한일 공동의 편저서가 출간되었다.

오사카세이케이단기대학 학장으로 재임 중이던 기무라 교수의 전화를 받은 적이 있다(2015년 8월 초). 가족과 포천 아침고요수목원에 소풍을 갔었고, 기무라 교수는 췌장암 수술 후 암투병 중에 항암치료를 계속하고 있던 때였다. 그의 아들(木村有伸; 기무라 아리노부 씨)이 외국인에 대한 일본어교육 일을 하는 중에 경험을 쌓고자 희망하여 필자의 소개로 우리 대학에 일본어 네이티브 전임교원으로 2년간 근무하다가, 교토 도시샤(同志社) 대학(인터내셔널스쿨 일본어교육 전임)에 취직이 되어 귀국하게 되었다. 해외 현지 경력을 쌓게 해준 데 대한 감사와 아들이 갑자기 귀국하게 된 데 대한 미안함을 표현하기도 하면서, 8~9월 중 동부인하여 인사차 방한할 계획이라고 했다. 필자는 아드님이 잘 됐으니 다행이며 만나는 것은 반가운 일이지만 다음 기회가 있을 테니 무리 마시고 무엇보다 건강을 최우선으로 챙기시라고 조언하였다.

　그 이전 언젠가 서울 시내 전철 옆자리에 앉아 이동 중에 기무라 교수가 스스로 만든 잡기장을 보여준 적이 있는데, 그 작은 메모 노트 표지 안쪽에 그립을 붙여 잘 깎은 연필을 몽당연필 포함하여 몇 개를 각각 넣고 다니며 뭔가 생각이 떠오르면 기록하고 메모한다며 내용을 보여준 적이 있다. 깨알 같이 작은 글씨로 시간, 장소, 일정, 연상된 내용까지 빼곡히 적혀 있었다. 나도 메모를 많이 하는 편이지만(오랫동안 수첩에 적다가, 몇 년 전부터는 스마트폰 카렌다 메모 기능을 사용하여 기록 중인데, 메모 기록한 걸 e메일로 보내, 다시 한글 파일로 옮겨 내용을 정리하니까 편리하기도 함), 그 정도는 아니었기 때문에 놀랄 수밖에 없었다. 그래서 "이게 어떤 의미가 있을까요?" 하고 짐짓 물었다. 그랬더니, "글쎄 잘 모르겠다"라는 대답이 돌아왔다. 뭔가 의미가 있다고 생각하고 물어본 내가 머쓱해졌다. 그걸 의미 있게 활용할 거라는 믿음과 함께, 뭔가 의미를 거기서 꼭 찾는다고 하기보다는, 기록 자체에 의미가 있다고 생각하고 습관적으로 그저 기록해둔다는 것일 것이다. 일본인의 기록성은 가나(かな) 발견 이래 1000여 년간 이어져 왔으며 가히 역사적이라는 평소 생각을 뒷받침하는 또 하나의 예를 본 셈이다.

　그리고 얼마 지나지 않아 세상을 떴다는 소식을 접했다. 그 메모 기록들을 유용하게 활용할 기회를 얻지 못했을 것이라는 생각에 못내 안타까웠다. 그가 여름에 오겠다고 했는데 다시 서울에서 재회할 수도 없게 되었다. 그와의 인연은 여기까지인가. 좀 더 좋은 일을 더 많이 즐겁고 여유롭게 함께 할 수도 있었을 텐데……. 많이 아쉽다. 그러나 하늘의 뜻을 누가 거스를 수 있으랴. 그래도 개개인의 일상의 삶의 기록이 결국 역사의 한 페이지가 되는 경우는 허다하다. 그 메모 기록을 뭔가 실제의 글로 세상에 발표를 했든 안했든 그가 기록한 메모는 실재하는 것이니까. 그의 체취의 실존적 현상은 그 메모 기록 안에 고스란히 남아 있을 테니까, 그리 너무 슬퍼하지는 말자 하고 다짐해본다.

기무라 카즈아키(木村一信) 교수. 그의 메모 속에 나와 만난 일들을 어떻게 기록했는지는 조금 궁금하다. 아- 참, 그러고 보니, 언젠가 기무라 교수가 내게, "선생 같은 분('한국의 대학 교수로서, 학회장과 학교 직책 경력도 있는 이'라는 뜻인 듯)이 어떻게 그리 「기사쿠(気さく)」か、知らない(인지 모르겠다)" 운운 한 기억이 난다. 「気さく」라는 말의 사전적 의미는, '인품·성격이 산뜻하여 친해지기 쉬우며 쾌활하고 편안한 모습'이라는 뜻이다. 돌이켜 생각해보니 일본 분들에게 종종 이 단어를 들은 적이 있다. 남의 눈에 내가 더 잘 보이는 건가, 두렵다는 생각이 든다. 때로 누구의 유행가 가사처럼 '바보처럼 살아왔다'는 생각이 들 때도 있다. 아무튼 이제사 그 말이 맞는 거 같기도 하고 쑥스러운 생각이 든다.

기무라 카즈아키 교수가 별세했다는 통지를 받은 것은 아들 아리노부 씨 e메일(2015년 11월)로 작고(향년 69세) 후 한 달 이상 지난 후에 부음을 받았다. 폐를 끼치지 않기 위함이었다고 한다. 뒤늦게 명복을 기원한다는 답신 메시지는 보냈지만 이승을 하직하는 영전에 향도 피우지 못한 것이 못내 아쉬웠고 미안한 마음이 지금껏 남아 있다.

이후 지인들이 엮은 기무라 교수 추모문집을 받았을 때 또 한 번 아차 싶었다. 나도 뭔가 추도의 표시를 하고 싶었는데 사전에 인지를 하지 못해 기회를 놓쳤다. 그때 못한 숙제의 일단을 여기 피력할 수 있어서 스스로 작은 위로로 삼고자 한다.

오에 켄자부로(大江健三郞)와의 만남과
『애매한 일본의 나』에 대하여

오에 켄자부로(1935~) 작가가 노벨문학상 수상(1994년) 후 첫 해외 방문으로 한국을 택했다. 서울에 온 오에(大江)에게 수상 연설문과 같은 제목으로 출간 직후의 저서 『애매한 일본의 나(あいまいな日本の私)』(岩波新書, 1995. 1)를 받았다. 1995년 2월 4일 낮, 롯데호텔 32층인가의 기자회견장에서 대담 참석 전의 상견례 자리에서다. 『오에 겐자부로 소설문학 전집』(전24권) 편집위원으로서 〈추천의 말〉을 공동으로 쓴 김윤식(서울대), 김춘미(고려대) 교수와 함께였는데, 고려원에서 첫 권 출간기념을 겸하여 출판 홍보겸 주관한 행사였다. 책 제명(수상 연설) 「애매한 일본의 나」는 일본 최초로 1968년 노벨문학상을 수상한 『설국』의 작가 가와바타 야스나리가 한 수상 연설 〈아름다운 일본의 나, 그 서설〉을 의식하여 붙인 것으로, 진보적 작가 오에가 그에 대한 일종의 이의를 드러낸 것이다. 이 책 내용은 첫 장이 수상기념 강연 〈애매한(엠비규어스) 일본의 나〉로, 일본 작가 가와바타보다는 아일랜드의 시인 예이츠에게서 친근감을 느낀다고 하며, 장애 아들 히카리(光)의 음악을 통한 소통 등에 대해 이야기한다.

　　나는 예이츠의 역할을 배우고 싶다고 생각합니다. (-중략- 문명 때문에...) 또한 가까운 과거에 그 파괴에의 광신이 국내와 주변 여러 나라의 인간의 정기를 짓밟은 역사를 가진 나라의 인간으로서. 이와 같은 현재를 살며 이와 같은 과거에 새겨진 괴로운 기억을 가진 인간으로서 나는 가와바타와 목소리를 맞추어 「아름다운 일본의 나」라고 말할 수는 없습니다. 앞서 저는 가와바타의 애매함에 대해 말하면서 vague라는 말을 사용했습니다. 지금 저는 역시 영어권의 대시인 캐서린 레인이 블레이크에 씌운 《ambiguous 이지만 vague 는 아니다》라고 하는 정의에 따라 똑같이 '애매한'이라는 일본어를 '앰비규어스(ambiguous)'라고 번역하고 싶습니다. (『애매한 일본의 나』. 노벨상 수상 기념강연, 1994.12.7. 스톡홀름. 이하 인용 같음)

그리고 제2장 〈치유 받는 자〉 이하 8편의 글은 수상 이전의 강연을 모은 것으로, 제3장 〈새로운 히카리의 음악과 깊이에 관하여〉, 제4장 〈'가족의 유대'의 양의성〉 등이다. 제1장에서 스스로의 문학 스타일에 대해 말한다.

그러나 나의 문학의 근본적인 스타일이 개인적인 구체성에서 출발하여 그것을 사회, 국가, 세계에 연결하려고 하는 것입니다.

당시 한국외대 외국문학연구소에서 각국 작가의 명언을 매달 하나씩 넣어 카렌다를 제작할 때 필자가 위의 문구를 추천하여 인용·삽입한 적이 있다.
또한 휴머니즘에 대해서 아래와 같이 말한다.

나는 와타나베(도쿄대학 불문학과 은사)의 휴머니즘의 제자로서 소설가인 자신의 일이 언어에 의해 표현하는 자와 그 수용자와를 개인의, 또 시대의 고통으로부터 함께 회복시켜 각각의 혼의 상처를 치유하는 것이 되기를 바라고 있습니다.

그 전날(1995.2.3)에는 아카데미하우스(수유리)에서 김지하 시인과 대담이 있었다. 이 자리에서 김 시인이 '앞으로 세계의 중심이 아시아로 옮겨오지 않겠는가'라는 취지로 발언한 데 대해, 오에는, "누구나 자기 자신이 어디에 있든지 거기가 세계의 중심이다"라고 대답하여 김 시인의 발언을 무색하게 했다고 한다.(당시 대담 기사 참조) 오에는 이미 1975년(40세)에 군사정권의 김지하에 대한 탄압에 항의하고 석방운동에 참여한 바 있다.

오에와 편집위원들과의 대담과 기자 회견은 진지했고 때로 기자들이 오에의 한국관에 대한 날선 질문을 할 땐 약간의 긴장감이 돌기도 한 것으로 기억한다. 기자들 중에는 「한겨레신문」 문화부의 최재봉 기자도 있었다. 정작 전집 편집위원인 나는 대담자의 한 사람으로 작품과 관련하여 질문하고자 하는 것들이 있었는데, 기자들의 질의응답을 통역이 제대로 소화를 못하자 주최 측은 결례를 범하며까지 내게 통역 의뢰를 하는 것이었다. 어쩔 수 없이 통역을 맡다보니 노벨문학상 수상자로서 오에 자신의 생각과 문학에 대해 피력하는 내용이라서 통역에 바쁘긴 했지만 무난하게 해결은 한 셈인데 정작 대담자로서의 위상이 좀 그랬다.

그 후 2005년 봄, 대산문화재단 초청으로 제2회 〈서울국제문학포럼〉 참석차 서울을 다시 방문한 오에와 만찬장 옆자리에 동석하도록 자리가 배치되었다(5월 24일). 내 왼편쪽 자리에 있던 황석영 작가가 식사를 먼저 마치고 오에와 대화를 나누고 싶어 하며 내게 양해를 구해 자리를 내주었더니 영어로 이것 저것 얘기를 나누어 나는 또 내가 물어보고 싶었던 질문, 대표작의 하나로 거론되던 소설 『개인적인 체험』에 관해서나 초기작에서 『만엔 원년의 풋볼』에 이르는 작품 속의 한국인 묘사 등에 대해 작가의 고향에 배경과 모델이 있었던 것 아닌가 질문하고 싶었는데 기회가 없어져 아쉬웠다.

그러나 한국 작가가 노벨상 수상작가 오에와 적극적으로 대화를 나누고 한국문학이 소개되는 기회가 확산된다면 더할 나위 없겠다 싶었다. 실제로 그 이후 오에는 황석영에 대해 향후 노벨상을 받을 수 있는 후보군의 한 사람으로 거론하기도 했다. 사실 오에가 그 무렵 후보군으로 거론한 작가들, 그 때 함께 포럼에 참석한 터키의 오르한 파묵(2006)과 프랑스의 르 클레지오(2008년) 등은 실제 차례로 노벨문학상을 수상했다.

당시 오에와 각 나라의 대표 작가들과 함께 만찬장에서 포럼장으로 이동할 때 엘리베이터를 같이 탔는데 좁은 공간 안에서 오에가 이들 외국 작가들과 스스럼없이 친근하게 농담을 주고받는 모습이 인상적이었다.

그리고 그 만찬 다음날(5월 25일) 교보문고(강남) 8층 강당에서 노벨문학상 수상자 강연회(한국일본근대문학회·한국외대외국문학연구소 주관, 대산문화재단·한국문예진흥원 주최)「〈세계문학 거장 초청강연〉 아주 특별한 대화―오에 켄자부로」의 사회자로서 만났다. 강연 전에 대기실에서 미리 만났을 때 저서를 받은 답례 겸 『일본문학의 이해』를 증정하고 책 내용 중 제4장 4절「1990년대 일본문학의 흐름과 한국문학」의 '오에 켄자부로오의 노벨문학상 수상' 항목(오에의 문학세계, 대표작 해설, 한국 관련 작품, 우리 문학에 주는 시사점 등에 대한 내용)을 보여주며 설명했다. 그랬더니 오에 작가는 포럼 안내장 팜플렛에서 참여자(강연자, 발표자, 사회자 등 포함) 소개란(영문)에서 내 책 이름을 보아 기억하고 있다고 했다.

강연 후 질의응답 시간에는 질문자의 하나로 지목해 둔, 오에 작품 연구로 석사논문을 준비 중이던 대학원생(정상민, 현재 한국외대 강사)이 초기 작품(예,『싹 훑기 아이 사냥』 등)에 나타난 '형제의 이야기'에 대한 질문을 하자, 좋은 질문이라며 소상하게 답변해주었던 기억도 선명하다. 그러면서 관련 자료를 보내줄 테니 연락처를 적어 달라 해서 학생이 알려주었더니 귀국 후 자료를 우송해주어 논문에 참고하였고, 이 학생이 도쿄에 유학 가서 한 강연장으로 오에를 방문했더니 알아보고 반갑게 맞아주더라는 이야기를 나중에 전해 들었다. 참으로 인연이란 단순한 것이 아닌 것 같다. 이렇게 저렇게 인연의 끈이 이어져 간다는 느낌이 든다.

이러한 인연 등으로 TV 인터뷰나 신문, 잡지 등의 요청을 받고 여러 차례 오에 문학 소개를 하게 되었고, 번역도 하고 번역 작품집 해설도 썼다. 그런저런 계기로 오에 문학과 관련한 논문도 몇 편 썼다. 그 중에는 『개인적인 체험』을 통해 본 〈문학의 보편성〉에 관해서와 첫 장편소설 『싹 훑기 아이사냥』 등 초기작과 『만엔 원년의 풋볼』 등에 나타난 〈'조선인'상〉 등, 오에의 한국관에 관한 주제도 들어 있다.

한국 내 대개의 언론이나 일반 독자들로부터, 오에는 작품 속에서 한국(인)에 대해 부정적으로 묘사했다는 비판을 받아왔던 것이 사실이다. 그것은 재일한국인의 현실(무시 받고 소외 받는 이들, 정체성의 혼란, 범법자의 심리, 특별한 개성의 소유자 등)을 그대로 작품에 반영한데서 비롯되었다고 할 수 있다. 이와 관련하여 오에는 다음과 같이 말한다.

> 저는 그 비판을 괴로운 마음으로 받아 들였습니다. 그러나 의식적으로 제가 그런 감정을 가진 것이 아니고 더욱이 그것을 표현하려 한 것은 아닙니다. 〈중략〉 작품 자체에서 제가 진정으로 느끼고 생각해온 것을 나타낼 수 있지 않을까요? (오에 켄자부로 지음·오상현 옮김, 「한국인 친구와 문학에의 답례」, 『만엔 원년의 풋볼』, 고려원, 2006)

의도적으로 비하하거나 반한적인 감정을 표현하려고 한 것은 아니라는 말이다. 오에는 장애자나 핵폭탄 피폭자 등 소수집단과 소수자들, 소외 받는 이들에 대한 휴머니즘을 자주 표현한 작가로서, 일본인 자신들의 언행을 상대화, 객관화 하고자 할 때, 재일한국인이나 흑인, 소위 제3국인 등을 작품 속에 종종 등장시켰다.

오에의 대표 작품 중 하나인 『만엔 원년의 풋볼(万延元年のフットボール)』(1967)에 그려진 한국(조선)인은 '흑 같은 존재'로서의 소수자・외부인(아웃사이더)의 이미지다. 그러나 가해자 다수(일본인)가 거꾸로 피해자 의식을 강조하며 기억을 왜곡하는 것에 대하여 다음과 같이 반문하는 등장인물(일본인)의 말은 시사하는 바가 크다.

> "원래 조선인들은 본인이 원해서 계곡에 들어온 것이 아니야. 그들은 모국에서 강제 연행되어 온 노예 노동자라고. 그리고 내가 아는 한 골짜기 마을 사람들이 그들에게 적극적으로 피해를 입은 사실은 없어! 전쟁이 끝난 후 조선인부락의 토지문제만 해도 그것 때문에 마을사람 개인이 직접 손해 본 일은 없잖아? 왜 자신의 기억을 왜곡하는 거야?"(『만엔 원년의 풋볼』)

또한, 처음에는 마늘을 먹는 한국인을 냄새 난다고 경멸하며 무시하다가, 나중에는 재일한국인이 '치마키'(찹쌀을 쪄서 삼각형 떡 모양으로 만들어 조릿대잎사귀로 싸 골풀로 묶은 먹거리)에 마늘을 넣어 먹기 시작하자, 어느새 일본인들이 그 음식에 빠져들어 유행하게 되었다는 이야기도 들어 있다. 일본인이 자신들의 편견을 스스로 수정하고, 재일한국인이라는 타자(외부인)에 의해 융합된 또 다른 음식 문화를 자기들의 것으로 받아들이게 된 것이다. 여기서 오에가 절묘하게 예로 등장시킨 '마늘 넣은 치마키'의 유행상품화는 이문화의 마찰과 갈등, 융합 재창조와 수용, 한일 상호 문화의 차이 이해에 대한 비교문화적 방면의 좋은 본보기를 제시해주고 있다.(「오에 켄자부로 문학 속의 '조선인'상-『만엔 원년의 풋볼』을 중심으로」, 『일본연구』 제60호, 한국외대 일본연구소, 2014.6) 현재 일본에서 유행하는 '한류'(한식, K-뷰티, K-pop 등)의 원조를 보는 것 같다.

오에 켄자부로에게서 받은 인상은, 온유한 모습과 진솔함이 묻어나는 말씨와 억양, 세계적인 작가로서의 풍모와 겸양지덕을 겸비했다는 느낌을 받았다.

여기 필자가 만난 분 들은 모두 열려진 마음으로 세계와 타자를 보려고 했으며, 한국에 대해서도 편견 없이 관심을 갖고 상호 이해를 위해 교류에 힘쓴 일본인들이라고 할 수 있다.

기억한다는 것

이 글을 쓰려고 증정 받은 저서들을 찾아 정리해보면서 느낀 점 하나는 책을 받고서 아직 제대로 읽지 않았고 저자에게 독후 소감을 전하지 못한 책들이 많다는 사실이다. 그냥 차례와 머리말, 관심 있는 부분을 열어보고 일부 읽었을 뿐 본격적으로 통독한 책이 그리 많지 않다는 점을 반성하게 된다. 이제라도 찬찬히 읽어보고 읽은 소감을 저자들께 전해야겠다. 그런데 이미 이승을 떠난 저자들에겐 어찌하랴. 송구하고 안타까운 마음이 교차한다. 읽을 때와 인사할 때를 놓쳤구나! 차근차근 읽고 나서 안부 겸 유족에게라도 그 뜻을 전하리라 다짐해본다.

'기억한다는 것'의 의미에 대해

하나의 만남은 헤어짐이나 죽음으로 그 인연이 모두 끝난다고는 생각하지 않게 되었다. 죽음이 끝이 아니다. 만남의 흔적이 너무 많다. 남겨진 이들(남은 자들; 유족이나 지인들)이 교류 소통하며 이야기하게 되고 생전의 추억이 우리들의 기억 속에 남아 있으며 삶의 족적이 여기저기 많이 남겨져 있다는 사실이다. '기억한다는 것'의 의미는, 그러니까 남겨진 자들이 먼저 떠난 이들을 반추함으로써 외롭지 않음을 확인하며 혼자가 아니라고 되뇌는 과정을 통해 외롭지 않기, 외로워하지 않기를 실행하는 데에 있는 것 같다. 추모한다는 것, 즉 떠난 자를 소환하는 행위(추도식, 추모문집, 회고담, 기념회 등)는 산 자들의 기억을 회생시키고자 하는 일련의 과정, 몸부림으로 기능한다는 점에서 의미가 있다. 그러나, 한 켠에는 기억한다는 것의 의미를 무화시키는 생각도 자리하고 있다. 우주 만물 가운데 인생은 혼자 왔다 혼자 떠나는 외로운 존재인 것을……. 어이하랴. 살아가는 동안에 '여럿이서 혼자서' 사는 세상, 그렇게 지내다가 훌쩍 떠나가면 홀로 떠난 이보다 남겨진 여럿의 외로움이 오히려 더 큰 것이 아닐까. 그래서 추모라는 행위 · 회고를 통해 '외롭지 않기'를 의식적으로 실행하는 것으로써 '기억의 의미'도 여기서 찾을 수 있을 것이다.

부록

| 보물 · 국보 |

보물 제285호 금동보살입상(金銅菩薩立像), 이 책 162쪽의 컬러 사진
(출처: 대한민국 문화재청 국가문화유산포털 문화재 검색)

일본의 국보 호류사(法隆寺) 관음보살입상(觀音菩薩立像), 이 책 163쪽의 컬러 사진
(출처: 야후재팬, 法隆寺 救世觀音菩薩像으로 검색)

| 필자소개 |

가나다순(이름, 호, 출생년도, 경력/현직/대표업적)

김종덕 金鐘德, 무학(舞鶴), 1952년

문학박사(도쿄대학). 한국외대 일본언어문화학부 교수, 한국외대 대학원장·부총장, 한국일어일문학회·한일군사문화학회 회장/ 한국외대 명예교수/
번역『겐지 모노가타리』지만지 2020. 공저『東アジアの文学圏』笠間書院 2017. 저서『겐지 이야기의 전승과 작의』제이앤씨 2014.『헤이안 시대의 연애와 생활』제이앤씨 2015.

김태정 金泰定, 벽운(碧雲), 1941년

오사카대학 법학부 대학원 박사과정 수료. 한국외대 동양학대학 학장, 국제지역대학원장, 한국일어일문학회 회장/ 한국외대 명예교수/
俳句集『餘白』永田書房 2007. 논문「『日本書紀』에 표れた 對韓觀」(『先史·古代の韓國と日本』) 築地書館 1988.「야스쿠니 신사 국영화, 문제의 배경과 본질」(『일본인의 삶과 종교』) 제이앤씨 2007.

박희태 朴熙泰, 만광(晩光), 1928년

리츠메이칸대학, 한국외대 대학원. 한국외대 용인캠퍼스 부총장, 한국일어일문학회 회장/ 만광일본언어문화연구소 소장/
논문「日本語の子音体系とその音声教育について―韓国人を対象とした場合」(석사학위논문) 한국외대 대학원 1975.「한일 양국어음의 음향음성학적 대조고찰」(『논문집』제19집) 한국외대 1986.「한일 양국어음의 동태구개도(動態口蓋圖)에 의한 일고찰」(『일본문화연구』) 한국외대 일본문화연구회 1987.

신근재 慎根縡, 우촌(祐村), 1929년
도쿄내학 대학원 사회학연구과 수료. 문학박사, 동국대 인문과학대학 학장, 도쿄대학 객원교수, 동국대 일본학연구소장/ 저서『한일근대문학의 비교연구』일조각 1995.『日韓近代小說の比較研究』明治書院 2006. 공저『신 일본문학의 이해』시사일본어사 2001.

유상희 柳相熙, 동우(東隅), 1946년
문학박사(중앙대). 전남대 조교수, 전북대 학생지원처장·평생교육원장, 한국일본어문학회 회장/ 전북대 명예교수/ 저서『나쓰메 소세키 연구』보고사 2001.

이덕봉 李德奉, 필명 : 리산(里山), 1947년
언어학 박사(츠쿠바대학 심리언어학). 동덕여대 대학원장, 한국일본학회 회장, 한국교육문화융복합학회 초대 회장, 릿쇼대학 심리학부 초빙교수/ 동덕여대 명예교수, 칼럼니스트/ 저서『メタファーの心理學』誠信書房 1990.『比喩の意味論的研究』築波大學; 박사論文 1995.『일본어 교육의 이론과 방법』시사일본어사 1998, 2001 개정판.『綜合的日本語敎育を求めて』國書刊行會 2002.

이종덕 李鐘德, 보광(普光), 1932년
고려대 문과대학, 한국외대 대학원, 문학박사(데이쿄대학). 세종대 교수, 인문대학 학장/
공저『일본사정』일본어뱅크 1992. 번역『하트 비즈니스』(『ハートビジネス』一条真也 지음) 세종서적 1998. 논문「島崎藤村研究―『破戒』におけるキリスト教思想を中心に」(『磁界』第4号) 1994.1.

임영철 任榮哲, 웅호(熊湖), 1949년
학술박사(오사카대학). 중앙대 외국어교육원 원장, 한국일본어학회 회장, 일본『社會言語科學』에디터, 도쿄대학·오사카대학 객원연구원, 사이타마대학·도쿠시마대학 초빙교수/ 저서『箸とチョッカラクーことばと文化の日韓比較』大修館書店 2004.『韓国人による日本社会言語学研究』おうふう 2006.『한국어와 일본어 그리고 일본인과의 커뮤니케이션』 태학사 2008.

최재철 崔在喆, 거현(巨峴), 1952년
도쿄대학 대학원 석·박사과정 수료. 한국외대 교수, 일본연구소장, 외국문학연구소장, 도서관장, 일본어대학 학장, 세계문학비교학회장, 한국외대 명예교수/ 한일비교문화연구소장/ 저서『일본문학 속의 사계(四季)—한국문학과의 비교를 통하여』소명출판 2016.『일본 근대문학의 발견』한음출판 2019. 공저『講座 森鷗外』(1) 新曜社 1997.

황윤주 黃胤周, 현당(玄堂), 1932년
서울대 법대, 한국외대 대학원. 경일고등학교 교장, 상명대 사범대학 학장, 대학원장, 학교법인 상명학원 감사/
논문「文章の類型と作家」『상명사대 논문집7』1978「白丁民과 傀儡子族」『상명사대 논문집8』1980.「<オヤコ>社會考」『상명대 논문집14』1984.

| 목근회 이모저모 |

세미나 풍경
2020년 1월 16일(목)
한일비교문화연구소(마포한화오벨리스크 오-13F)

2020년 신년회 오찬. 1월 16일(목), 「해초성」(마포한화오벨리스크 B1F)

『**일본을 생각하다**-목근춘추3』 **편집회의**. 2020년 11월 19일(목) 목근회

목근회 오찬 후 「황생가칼국수」(북촌)
2020. 11. 19(목).

| 목근회 발자취 |

1998년 3월 7일 창립–2020년 12월 31일 현재

1. 창립 모임
목근회는 박희태, 손대준, 신근재, 이영구, 황성규의 발기로 '재경 일본학 정년교수 친목회' 창립 모임을 1998년 3월 7일 오후 5시 한국일본학회 사무실(종로구 견지동 견지빌딩 5층)에서 가지다.
참석자 권만혁, 박희태, 손대준, 신근재, 유제도, 이상태, 이영구, 정치훈, 황성규
(가나다순) 이상 9명

2. 명칭
창립 모임에서 '목근회'로 잠정 결정한 뒤, 1998년 5월 20일 두 번째 모임에서 확정하다.

3. 목근 일화
목근(木槿)은 나라꽃인 무궁화를 가리키며, 수필가 고 김소운님께서 「サンデー毎日(선데이 매일)」가 동란 하의 한국을 가리켜 '지옥'이라 하고, 일본을 '천국'이라 한 좌담회 기사(1951.7)에 분개하여 「대한신문」에 일본에 보내는 공개서한 형식인 '목근통신'을 연재한 바 있다. 1951년 11월 그 번역문을 「中央公論(중앙공론)」에 특별기고 함으로써 '목근'이라는 이 꽃 이름은 일본에 널리 알려지게 된다.

4. 창립 회원
김성연, 박희태, 권만혁, 신근재, 유제도, 이영구, 이상태, 손대준, 정치훈, 황윤주, 이종덕, 황성규(연령순) 이상 12명

5. 영입 회원 및 작고 회원
- 영입 회원
2001년 5월 포산 곽영철
2004년 3월 영월 오영진
2007년 3월 공산 김동수, 벽운 김태정, 현암 박무희,
2012년 3월 동우 유상희, 7월 리산 이덕봉
2014년 9월 리송 임팔용, 연명 이한섭

2015년 3월 서석 유길동, 웅호 임영철
2019년 1월 거현 최재철, 무학 김종덕

- 작고 회원

古岩 황성규 1999.1.19.　　泰仁 유제도 2000.10.21.　　雨江 이상태 2005.3.14
勝山 정치훈 2005.6.4.　　周亨 손대준 2010.8.17.　　靈月 오영진 2014.2.21
秋崗 김성연 2014.9.15.　　景山 권만혁 2018.12.27.　　瑞松 이영구 2020.2.3

6. 역대 회장

1998.3 만광 박희태　　1999.3 경산 권만혁　　2000.3 우촌 신근재
2001.3 서송 이영구　　2002.3 우강 이상태　　2003.3 주형 손대준
2004.3 승산 정치훈　　2005.3 현당 황윤주　　2006.3 보광 이종덕
2007.3 포산 곽영철　　2008.3 공산 김동수　　2009.3 벽운 김태정
2010.3 영월 오영진　　2011.3 현암 박무희　　2012.3 만광 박희태
2013.3 우촌 신근재　　2014.3 서송 이영구　　2015.3 동우 유상희
2016.3 공산 김동수　　2017.3 벽운 김태정　　2018.3 현암 박무희
2019.3 리산 이덕봉　　2020.3 웅호 임영철

7. 간행물

1) 2006년 12월 31일 첫 번째 문집『구름 따라 세월 따라』발행하다.
   (ISBN 978-89-957355-4-6), 영강사, 348쪽.
   2013년 7월 모임에서 목근회 요람을 발행하자는 서송 이영구의 발의에 따라 동년 9월에 편집위원회(우촌 신근재, 벽운 김태정, 동우 유상희, 리산 이덕봉)가 결성되었다.
2) 2014년 10월 30일 두 번째 문집『목근춘추』발행하다.
   (ISBN 978-89-92346-51-5), 온북스, 280쪽.
   2019년 7월 모임에서 세 번째 문집을 발행하자는 서송 이영구의 발의에 따라 리산 이덕봉 책임 하에 출판하기로 결정하다. 편집위원을 웅호 임영철, 거현 최재철이 맡기로 하다.
3) 2020년 12월 30일 세 번째 문집『일본을 생각하다-목근춘추3』발행하다
   (ISBN 979-11-965593-3-5 03800) 한음출판, 384쪽.

8. 특강

1998년 5월 20일 모임 때마다 돌아가면서 20분 정도의 특강을 하기로 결정하다.

- 특강 기록

1998. 7.31.	추강 김성연	「海馬테스트에 대해서」
1998.11.27.	승산 정치훈	「枕絵에 대해서」
1999.1.29.	태인 유제도	「R.Wagner에 대해서」(1999년부터 2010년까지의 기록 유실)
2012.7.19.	보광 이종덕	「相撲에 대해서」
2012.9.21.	서송 이영구	「경성제국대학의 설립 초기 상황」
2012.11.16.	우촌 신근재	「평양 방문기」
2013.1.18.	만광 박희태	「모음과 장단음에 대하여」
2013.3.22.	만광 박희태	「성매매특별법 논란으로 본 성매매 규제의 역사」
2014.3.20.	보광 이종덕	「반일이라는 이름의 만병통치약」
2014.5.2.	고양 꽃박람회 답사 후, 벽운 김태정 주재로 句會 1부	
2014.6.19.	동구릉 답사 후, 벽운 김태정 주재로 句會 2부	
2014.7.17.	벽운 김태정	「품위 있는 유머에 대하여」
2014.9.18.	벽운 김태정	「ミヤコホテル論争」
2014.11.7.	포산 곽영철	「新性理學」
2014.12.5.	현당 황윤주	「禪心 : 隨波逐浪」 보광 이종덕 「天聲人語」
	리산 이덕봉	「화투의 文化記號」
2015.1.22.	만강 박희태	「춘향시조 만물상」
2015.3.20.	우촌 신근재	「한일 외교 야화 및 한일회담」
2015.5.22.	보광 이종덕	「창씨개명에 대한 소고」
2015.9.17.	현당 황윤주	「歌二首 朝鮮朝의 統治形態와 朋黨의 特色」
2015.11.4.	서송 이영구	「平家物語の哀歌五首」
2016.1.21.	동우 유상희	「미움 받을 용기」해제
2016.3.17.	우촌 신근재	「고구려 고분벽화와 平山郁夫」
2016.5.18.	만광 박희태	「황혼부부의 졸혼에 대하여」
2016.7.21.	만광 박희태	「安倍晋太郎の家系について」
2017.5.11.	전원 방담	「桜について」
2019.3.21.	서송 이영구	「하이쿠의 국제화 가능성에 대하여」
2019.5.16.	리산 이덕봉	「정약용의 생애와 사상」

2019.7.18.	서석 유길동 「배우가 본 연극 이야기」
2019.9.19.	벽운 김태정 「俳句の作り方と形式」
2019.11.21.	무학 김종덕 「일본 고대문학에 나타난 한국의 이미지」
2020.1.16.	거현 최재철 「모리 오가이(森鷗外)와 한국, 그리고 나」
2020.9.17.	웅호 임영철 「일본어의 시장가치」

9. 현재 회원 (2020년 12월 현재)
만광 박희태,　　우촌 신근재,　　현당 황윤주,　　보광 이종덕,
포산 곽영철,　　공산 김동수,　　벽운 김태정,　※현암 박무희,
동우 유상희, ※리산 이덕봉,　　서석 유길동,　　웅호 임영철,
거현 최재철,　　무학 김종덕,　※표는 2020년 9월부터 휴면 회원임.

10. 회칙
1998년 3월 7일 창립 모임 때 초안을 작성하여 1998년 11월 27일 다섯 번째 모임에서 회칙 확정하다.

제1장 총칙
제1조(목적)본 회는 회원 서로의 건강관리, 여가선용 등에 관한 정보를 교환하고 친목을 도모하는 데 그 목적이 있다.
제2조(명칭)본 회의 명칭은 목근회(木槿會)라 한다.
제3조(장소)본 회의 사무실은 서울에 둔다.

제2장 회원
제4조(회원)본 회의 회원은 일본학(일어일문학)계에서 활동하다가 정년퇴임한 교수로서 수도권에 거주하는 남자로 한다.
제5조(입회)본 회의 회원이 되고자 할 때는 본 회의 전체 회원의 동의를 받아야 한다.
제6조(탈퇴)회원이 탈퇴하고자 할 때는 탈퇴서를 제출하여야 한다.

제3장 모임 및 총회
제7조(모임)본 회의 모임은 정기 모임, 비정기 모임으로 구분한다. 정기 모임은 홀수 달 셋째 목요일에 가지며, 비정기 모임은 필요에 따라 가질 수 있다.
제8조(정기 모임)정기 모임에서 할 일은 회원 간의 우의를 돈독히 하며 친목에 필요한

행사를 갖는다.
제9조(총회)총회는 년 1회 3월에 개최하며, 3월 정기 모임과 겸해서 개최할 수 있다.
총회에서 할 일은 다음과 같다.
  1. 회칙의 제정 및 개정
  2. 입회비 및 연회비의 조정
  3. 예산 및 결산의 승인
제10조(의결)모임의 의결은 재적 회원 과반 수 이상의 출석과 출석 회원 과반 수 이상의 찬성으로써 이루어진다.

제4장 임원
제11조(임원)임원은 회장 겸 총무를 한 사람 둔다. 회장은 필요시 모임을 소집할 수 있다.
제12조(선출)회장 겸 총무는 총회에서 선출하고 임기는 1년을 원칙으로 한다.

제5장 재정 및 회계
제13조(재정)본 회의 재정은 회원의 회비 및 찬조금으로 충당한다.
제14조(회비)회비는 총회의 의결로 정한다. 입회비는 입회 시점의 본 회의 총 자산을 회원 수로 나눈 금액으로 정한다.
제15조(회계)본 회의 회계연도는 매년 3월 1일부터 다음 해 2월 말일로 한다.

제6장 부칙
제16조(발효)본 회칙은 목근회 창립일(1998년 3월 7일)로부터 발효한다.
제17조(기타)본 회칙에 명시되지 않은 사항은 관례에 따른다.
제18조(개정)본 개정 회칙은 2012년 3월 15일부터 시행한다.
제19조(개정)본 개정 회칙은 2014년 7월 17일부터 시행한다.

(*정리: 회장)

1집 『구름 따라 세월 따라』 - 목근회 회고록 〈차례〉

_ 2006. 12. 31, 영강사, 348쪽, 14000원

발간사	박희태
京都回想	곽영철
武士道有感	권만혁
일본의 문화	김성연
木槿會員 여러분과 더불어	박희태
나의 일본연구	손대준
삼각산 오르듯이	신근재
무궁화동산에 벚꽃을 피우다	오영진
나와 일본문학	이영구
生老病死에 대한 긍정적 사고	이종덕
日本的 傳統美 片考	황윤주
	(가나다순)

2집 『목근춘추』〈차례〉
_2014. 10. 30, 온북스, 280쪽, 14000원

1. 그리운 이야기
박희태_나의 이야기
황윤주_현재옥과 박단자
이영구_우수사려의 미와 생
이종덕_어느 일본인과의 만남

2. 소꿉 이야기
신근재_페르시아의 무인조각상
신근재_신륵사 앞에서 만난 오브제
김동수_판소리에 대해서
이덕봉_초인목의 만남

3. 가본 이야기
박희태_고구려 사적지 백두산 탐방기
신근재_태산이 어디메냐
권만혁_충절과 예절의 고장 논산에서
박무희_키타큐슈시에 가다 1
박무희_키타큐슈시에 가다 2
이덕봉_오키나와에서 본 고려인의 미소

4. 일궈온 이야기
곽영철_정년 이후 내가 걸어온 길

5. 알아본 이야기
김태정_일본의 국민성에 대한 생각
김태정_막말·명초의 번역시대와 번역어의 문제
유상희_망국의 유생 정암 이태현
이덕봉_언어를 버리는 지혜

| 편집후기 |

　목근회 2020년 신년회 겸 세미나 때(1월 16일, 木), 「목근춘추」 2집 편집을 맡았던 전 회장 리산 선생님이 추천하여 기꺼이 이번 3집 편집을 맡게 되었다. 올해 안에, 한음출판에서, 책을 내자는 데까지 대략 의견이 모아졌다. 원고 모집은 회원 단체카톡방을 개설하여 1월 30일부터 3차에 걸쳐서 안내했고 늦어지는 필자를 위해 추가 제출 기일을 공지하여 원고가 일단 1차로 모아진 후, 11월 19일(木) 목근회 편집회의를 열고 책 제명과 부제, 차례, 장 분류 및 명칭(안)을 협의했다. 두셋 용어를 고치는 정도로 대개 편집담당자 초안 그대로 확정되었다.
　각 장별 절 배열은 필자 연배순(만 92~68세)이었던 초안을 우촌 선생님 제안으로 글 내용 우선으로 바꾸고, 필자소개는 저역서 등 대표업적을 추가하여 본문 맨 뒤로 배치하기로 했다. 필자 원고수정 기간을 다시 한 번 갖고 재정리한 원고를 12월 20일 출판사 편집부에 넘겼다.
　내용이나 글이 각양각색이다. 전문분야와 관련된 에세이도 있고 개인적인 취향으로 적은 글도 있으며 기억을 더듬어 회고담을 적은 수필도 있다. 공통점은 다소간에 일본과 관련된 글이라는 점이다. 그것은 필자들이 일어일문학, 일본학 관련 학과 교수 경력자들이라는 점과 통한다.
　여기 실린 글은 필자의 생각에 따라 자유롭게 각자가 쓴 글을 단순히 모은 것이므로 관점이나 시각이 서로 다른 민감한 내용에 대해서는 고충도 좀 있었다. 편집회의에서 〈차례〉가 완성된 이후에 임의로 원고를 추가 제출하거나, 편집교정 마지막 단계에 기고 취하를 한 경우엔 당황한 적도 있었지만, 대개는 즐거운 마음으로 편집에 임했다. 현당 선생님은 사전에 상의한 바에 따라 회고담 내용을 그때그때 생각나는 대로 카톡에 적어 10여 회 전송해주셔서 그야말로 '손가는 대로 쓴' 수필이 되었다.

책 '표지'와 '필자소개' 란에 실은 대부분의 사진을 포함하여, 그동안 수시로 찍어둔 스냅 컬러 사진이 유용했다. 그 중 몇 장을 골라 새로 '목근회 이모저모' 란을 만들었다. 성탄절 무렵부터 연말연시까지 이 책「일본을 생각하다—목근춘추3」편집·교열에 집중한 셈이다. 당초에 출간 예정일을 12월 말로 하기로 했으니 마음이 바빠졌기 때문이다. 실제, 여러 필자의 글에 대한 체제의 통일은 쉬운 일이 아니어서, 부호 등을 되풀이 교열하는 데만도 상당한 시간이 소요되었다. 부지런히 추진하면 목표대로 목근회 신년회모임 전까지는 간행하여 회원들 손에 들려지게 될 것이다.

편집 과정을 함께 하며 많은 도움을 주신 웅호 회장님과 최고령 만광 은사님, 보광 선생님, 원로들의 열성과 기억력엔 감복할 때가 많았다. 부디 강건하시길 기원하며 여러 선배 회원님들의 적극적 참여에 감사드린다.

책이 나오면 어떤 모양일까, 궁금하고 아쉬움도 남는다. 1, 2집에 비해 쪽수가 두툼하고 내용도 다양해진 것 같다는 생각이 든다. 그저 틈날 때 읽히고 '기억'나는 책으로서, 그리고 한일 상호 이해에 조금이나마 도움이 됐으면 하는 바램이 실현되길 기대하며 독자 여러분의 관심과 성원, 충고를 바란다. (2020.12.27. 喆)

일본을 생각하다
목근춘추 3

펴낸날	2020년 12월 29일 초판 1쇄 인쇄
	2020년 12월 30일 초판 1쇄 발행
엮은이	목근회
펴낸이	최장호
펴낸곳	한음출판
출판등록	제2017-000279호
주소	(04167) 서울시 마포구 마포대로 33
	한화오벨리스크 오피스텔 1306호
전화	02-703-3411
팩스	02-704-3411
전자우편	haneumbooks@naver.com
블로그	blog.naver.com/haneumbooks

값 19,500원
ISBN 979-11-965593-3-5 03800

ⓒ 목근회, 2020.
* 잘못된 책은 바꾸어 드립니다.
* 이 책은 저작권법의 보호를 받으므로 무단 전재와 복제를 금합니다.
* 이 책의 전부 또는 일부를 이용하려면 사전에 한음출판의 동의를 받아야 합니다.